"十四五"职业教育国家规划教材

"十三

"十二五"职业教育国家规划教材
经全国职业教育教材审定委员会审定

普通高等教育"十一五"国家级规划教材

U0607305

国际金融实务（第6版）

Guoji Jinrong Shiwu

主　编　李翠君

副主编　冷　静　顾丹丹

参　编　雷　娜　郭　哲　谭寒冰

重庆大学出版社

内容提要

本书以教育部关于加强高等职业教育的有关文件为指导,结合金融企业的业务实践编写而成。全书分为11章,内容包括货币报价、国际货币体系、国际收支平衡表、外汇管制、外汇交易的运行系统、外汇业务、外汇衍生业务、汇率的预测与风险管理、银行提供的融资业务、政府提供的融资业务、国际金融机构提供的融资业务。此外,为了方便教学,还设有学习目标、引例、知识链接、技能训练、案例分析、实训项目等板块,以帮助学生加深对内容的理解、消化和吸收。

本书主编和副主编都是国际金融精品课的负责人,其他编写人员都是来自教学一线的专业教师。本书采取以案说理的写作方法,在理念、体系、体例、内容和政策等方面突出"新"和"实"。本书可作为金融、理财和国际贸易、国际商务、财务管理、企业管理等非金融专业的高等职业教育的教材,也可作为金融领域从事国际业务的人士、外贸企业的管理人员和业务人员培训用书,还可以作为与外汇打交道的个人或对金融理财感兴趣的读者的参考书。

图书在版编目(CIP)数据

国际金融实务 / 李翠君主编. -- 6 版. -- 重庆:
重庆大学出版社,2022.12(2025.2 重印)
高职高专财经类专业系列教材
ISBN 978-7-5624-8899-6

Ⅰ. ①国… Ⅱ. ①李… Ⅲ. ①国际金融—高等职业教
育—教材 Ⅳ. ①F831

中国版本图书馆 CIP 数据核字(2022)第 011264 号

高职高专财经类专业系列教材

国际金融实务

(第 6 版)

主 编 李翠君
副主编 冷 静 顾丹丹
参 编 雷 娜 郭 哲 谭寒冰
策划编辑:沈 静
责任编辑:王 波 沈 静   版式设计:沈 静
责任校对:姜 凤   责任印制:张 策

*

重庆大学出版社出版发行
出版人:陈晓阳
社址:重庆市沙坪坝区大学城西路 21 号
邮编:401331
电话:(023)88617190 88617185(中小学)
传真:(023)88617186 88617166
网址:http://www.cqup.com.cn
邮箱:fxk@ cqup.com.cn(营销中心)
全国新华书店经销
重庆正文印务有限公司印刷

*

开本:787mm×1092mm 1/16 印张:16.75 字数:388 千
2003 年 8 月第 1 版 2022 年 12 月第 6 版 2025 年 2 月第 9 次印刷
印数:17 501—18 500
ISBN 978-7-5624-8899-6 定价:45.00 元

第6版前言

《国际金融实务(第5版)》于2019年11月出版,距今已经3年。在此期间,新冠肺炎疫情肆虐全球,俄乌冲突不断升级,西方国家对俄罗斯实施极端金融制裁,欧洲通货膨胀严重,世界经济严重衰退,国际金融市场剧烈动荡,全球金融秩序遭受重创,当此之时,党的二十大召开,面对世界百年变局,中国的抉择是:促进世界和平与发展,推动构建人类命运共同体。目前国际金融环境发生了很大的变化。为了使教材紧扣实际,我们决定再次修订,出版第6版。

《国际金融实务(第6版)》相对于《国际金融实务(第5版)》的主要变化有以下几个方面。

1. 对每章开头的"引例"进行了更换。"引例"的目的是激发学生的好奇心和求知欲,好的引例一定要与时俱进,生动有趣。

2. 对每章课后的大部分"技能训练"和全部的"案例分析"进行了重新设计。因为"技能训练"和"案例分析"是用来检验学生解决实际问题的能力和学习效果的,所以其内容密切联系当前国际金融市场才有意义。

3. 根据国际货币基金组织最新版《国际收支手册(第6版)》的要求对国际收支平衡表的内容分类进行了调整。同时,因为国际收支差额的分析又有了新的变化,所以也做了相应改动。

4. 外汇管制部分增加了这两年我国资本项目的相关改革内容。

5. 国际金融机构提供的融资业务这一章改动较大。《国际金融实务(第6版)》对一些国际金融机构的新目标、新业务、新的组织机构变化做了补充;把新冠肺炎疫情期间国际金融机构的具体作用融合在具体案例里;删除了第10章第5节"我国与国际金融机构的联系",把相关内容融合在国际金融机构的介绍里。

6. 更新了大量的数据,体现最新的国际金融市场信息。

修订后的教材具有以下特点。

1. 将国际金融实务知识与课程思政相结合,把社会主义核心价值观的培育和塑造,融入教材。党的二十大报告指出践行社会主义核心价值观。在书中,有大量的案例体现诚信、公正、平等、法治、和谐以及风险意识、底线意识等,巧妙地寓社会主义核心价值观的精髓要义于教材内容之中。

2. 优秀的编写团队。本书的主编和副主编都是国际金融校级精品课的负责人,所有编写人员都曾参与国家规划教材的编写。本书第4版还邀请了金融企业专家作为第一副主编深度参与,使教材内容更贴近企业岗位需求。

3. 编写理念、体例、内容和资料突出"新"和"实"。本书从国际金融投资、企业国际融资、银行经营外汇、外汇理财的新理念出发论述问题、组合内容和介绍国际业务产品。本书编写风格新颖,力求语言生动,深入浅出,图文并茂。新版本介绍了国际金融的新动态、新业务、新政策。新版本案例与时俱进,全部进行了更新。"实"字体现在内容实用,材料翔实,资料可靠。

4. 内容编排突出相关职业能力培养,同时考虑相关资格证书考试的内容。因为国际金融实务课程是外销员、外贸业务员、国际商务师等职业资格考试的核心内容之一,所以我们在内容编排时注意引进行业标准,把相关资格证书考试的内容融入教材,同时,根据国际金融实务课程的特点,突出学生的职业能力培养。

5. 本书是立体化教材,有丰富的配套资源。本书是石家庄职业技术学院校级网络开放精品课程"国际金融"的配套教材,平台资源丰富,有电子教案、PPT、微课视频、视频资料、名师课堂、技能训练、案例分析、视野拓展、章节小测、课后习题、问题讨论等。充分借用手机、平板电脑等移动终端,不仅满足了学生随时随地学习、沟通、答疑、解惑等需要,提高了学习效果,而且方便教师授课,提高了授课效果。

本书由石家庄职业技术学院李翠君担任主编,负责全书的统稿和部分章节的编写。山东外贸职业学院冷静和石家庄职业技术学院顾丹丹担任副主编,负责部分章节的编写和初稿的修改。河北地质大学雷娜和石家庄职业技术学院郭哲、谭寒冰担任参编。具体分工如下:李翠君编写第3章、第4章、第5章、第6章、第10章;冷静编写第1章、第9章;顾丹丹编写第7章;雷娜编写第2章;郭哲编写第8章;谭寒冰编写第11章。

在《国际金融实务(第6版)》的编写过程中,作者参阅了许多教材、专著和网络上的材料,这些材料已在主要参考资料中列出。由于本人从事国际金融的教学与研究已有26年的历史,参考的资料众多,《国际金融实务(第6版)》的编写也比较匆忙,可能会遗漏相关参考文献或标注不当,如果有这种情况发生,敬请与本人联系,以便及时纠正。在此谨向有关的作者、编者致以谢意。

由于作者写作水平有限,书中难免有谬误之处,敬请广大读者批评指正。

编　者
2022年10月

第5版前言

时光飞逝,自本书第1版出版发行至今,已经过去16年了。本书于2003年8月首次出版,发行后,各方面反映很好,于2006年成功入选普通高等教育"十一五"国家级规划教材,于2013年获"十二五"职业教育国家规划教材立项。2014年7月,本书正式经全国职业教育教材审定委员会审定,确定为"十二五"职业教育国家规划教材。

《国际金融实务(第4版)》出版发行后,随着世界经济国际化进程加快,我国金融业进入实质性的对外开放阶段。党的十九大报告指出:"开放带来进步,封闭必然落后。中国开放的大门不会关闭,只会越开越大。"中国正逐步地、渐进地推动资本市场开放,越来越多的企业融入国际经济的大循环中,许多企业和个人面对各种各样的外汇金融产品无所适从,面对变幻莫测的国际金融形势束手无策。人们渴望学习国际金融的有关知识。与此同时,我国高等职业教育改革进行得如火如荼,新的教学模式和教学手段不断出现。教材应不断推陈出新,与时俱进,紧跟学科发展的前沿,适应新的教学要求。为满足这些需求,我们于2019年对教材再次进行修订出版《国际金融实务(第5版)》。

修订以后的教材具有以下特点。

1.根据国际金融实务的课程特点和高职培养目标设计教材体系

本书根据国际金融实务课程难(有一定难度)、杂(有的问题包罗万象)、远(有的内容距离实际生活较远)、热(有些内容是社会热点)的特点和高职高专培养目标精心设计教材体系,既体现科学性和逻辑性,又体现很强的职业性。各章开头设有"学习目标"和"引例导入",正文插入知识链接,章后有技能训练、案例分析和实训项目。

2. 内容新颖,实用性强

本书内容包括近年来发生的亚投行、英国脱欧、上海国际金融中心建设行动计划(2018—2020 年)、人民币加入 SDR、特朗普对人民币施加压力、中美贸易战等热点问题。书中以"知识链接"的形式,将银行及企业的最新做法融入教材。除此之外,还在传授基本理论、基本知识和基本技能的基础上,增选来自实际的新案例,供学生演练,以达到提前触摸实际,提高动手能力的目的。

3. 相关章节有专门的部分介绍我国做法

我国金融业务是国际金融的重要部分。本书在论述国际金融知识、国际金融市场和各种国际业务的同时,相关章节有专门部分论述我国金融业务的相关内容,让读者不仅了解了国际惯例和国际化的要求,而且熟悉了国内的有关情况。

4. 丰富的配套资源结合现代化的教学手段

《国际金融实务》是石家庄职业技术学院校级网络开放精品课程"国际金融"的配套教材,平台资源包括章节 PPT、电子教案、课后习题解答、微课小视频等。学生可以通过线上平台的在线小测试检测课堂学习效果,也可以用手机登录超星学习通 APP,或通过微信扫描二维码登录,授课教师还可以使用云班课 APP 辅助教学。

本书由石家庄职业技术学院李翠君担任主编,负责全书的统稿和部分章节的编写。山东外贸职业学院冷静、石家庄职业技术学院顾丹丹担任副主编,负责部分章节的编写和初稿的修改。具体分工如下:李翠君编写第 3 章、第 4 章、第 5 章、第 6 章,冷静编写第 1 章、第 11 章,顾丹丹编写第 7 章、第 9 章,河北交通职业技术学院雷娜编写第 2 章,石家庄职业技术学院郭哲编写第 8 章,石家庄职业技术学院谭寒冰编写第 10 章。

在《国际金融实务(第 5 版)》的编写过程中,作者参阅了许多教材、专著和网络上的材料,这些材料已在主要参考资料中列出。由于本人从事国际金融的教学与研究已有 24 年,参考的资料众多,可能会遗漏有关参考文献,若有这种情况发生,敬请与编者联系,以便及时纠正,在此谨向有关作者、编者致以谢意。

由于作者写作水平有限,书中难免有不足之处,敬请广大读者批评指正。

编　者

2019 年 6 月

第4版前言

本书于2003年8月首次出版,众多高职院校和部分企业将本书选为学生的教材和从业人员的培训用书,受到广大读者的一致好评。本书于2006年入选普通高等教育"十一五"国家级规划教材,其间修订完善出版了第2版和第3版。2013年本书获"十二五"职业教育国家规划教材立项,并于2014年通过全国职业教育教材审定委员会审定。近几年高等职业教育改革提出了新的要求,为了适应新的教学模式,作者对本书再次进行修订,出版《国际金融实务(第4版)》。

修订后的本书具有以下特点:

1. 内容与时俱进。本次修订对原有的内容和结构进行了较大的调整和更新,介绍了国际金融的新动态、新业务、新政策。教材案例全部进行了更新,具有时代气息。

2. 行业专家的参与。本书特聘中国农业银行河北分行行长张建军作为副主编,张建军行长既有丰富的实践经验,又有一定的理论水平,对本书的金融业务部分进行了指导。

3. 体例新颖。对本书的体例进行了精心设计。每章开始设置"学习目标"和"引例","学习目标"任务具体,特色鲜明,"引例"生动有趣,循循善诱。每一章中穿插的"知识链接"有助于读者增长知识,开阔眼界和思路。每一章的最后都有"职业能力训练",以帮助学生加深对内容的理解、消化和吸收。全书语言表达生动,深入浅出,图文并茂。

4.突出职业能力培养。本书根据高职高专学生的认知特点，以典型工作任务为主线来设计教材内容，同时每章内容都有典型的贴近实际的案例操作，每章最后都设计了"技能训练"、"案例分析"和"实训项目"3项内容来锻炼学生的职业能力。

本书由蒋琳(贵州财经大学)、李翠君(石家庄职业技术学院)担任主编，负责全书的统稿和部分章节的编写工作；姬玉倩(河北经济管理学校)、张建军(中国农业银行河北分行)担任副主编，负责部分章节的编写和初稿修改；张卿(石家庄职业技术学院)为本书主审。具体分工按章节顺序如下：李翠君编写第1—4章、第6章、第7章、第9章；姬玉倩编写第5章；庄军(石家庄职业技术学院)编写第8章；雷娜(河北交通职业技术学院)编写第10章；郭全洲(石家庄职业技术学院)编写第11章。

在本书的编写过程中，作者参阅了许多著作和网格上的材料，这些材料已在参考资料中列出，由于本人从事国际金融的教学与研究已有近20年，参考的资料众多，编写比较匆忙，可能会遗漏有关参考文献或标注不当，若有这种情况发生，敬请与本人联系，以便及时纠正，在此谨向有关的作者致以谢意。

由于作者写作水平有限，书中难免有谬误之处，敬请广大读者批评指正。

编 者

2015 年 1 月

MULU

目　录

MULU

第 1 章
货币报价

【学习目标】

1. 能够识别常见的货币名称和货币代码。

2. 能够读懂并正确判断外汇交易的报价并进行货币兑换的计算。

3. 能够正确使用买入价和卖出价。

4. 能够熟练掌握汇率的套算。

5. 能够在国际贸易中正确进行出口报价的折算和进口报价的权衡。

【引 例】

下面这 3 张表(表 1.1、表 1.2 和表 1.3)是东方财富网行情中心 2022 年 1 月 5 日显示的外汇报价,这 3 张表是有区别的,你能正确解读吗?

表1.1 外汇行情中心——基本汇率（2022-01-05）

代码	名称	最新价	涨跌额	涨跌幅	今开	最高	最低	昨收
EURUSD	欧元兑美元	1.130 0	0.001 4	0.12%	1.128 6	1.130 3	1.127 7	1.128 6
CHFUSD	瑞郎兑美元	1.092 6	0.001 2	0.11%	1.091 4	1.092 8	1.090 7	1.091 4
USDAUD	美元兑澳元	1.382 0	0.000 7	0.05%	1.381 3	1.384 4	1.380 4	1.381 3
GBPUSD	英镑兑美元	1.353 2	0.000 4	0.03%	1.353 1	1.354 0	1.352 3	1.352 8
USDJPY	美元兑日元	115.978 0	−0.170 0	−0.15%	116.102 0	116.243 0	115.902 0	116.148 0
USDGBP	美元兑英镑	0.739 0	−0.000 2	−0.03%	0.739 0	0.739 5	0.738 5	0.739 2

表1.2 外汇行情中心——交叉汇率（2022-01-05）

代码	名称	最新价	涨跌额	涨跌幅	今开	最高	最低	昨收
JPYAUD	100日元兑澳元	1.191 7	0.002 4	0.20%	1.190 6	1.193 8	1.188 2	1.189 3
CHFAUD	瑞郎兑澳元	1.510 4	0.002 8	0.19%	1.507 9	1.511 1	1.506 4	1.507 6
EURCAD	欧元兑加元	1.436 5	0.002 5	0.17%	1.433 8	1.437 1	1.432 4	1.434 0
GBPCAD	英镑兑加元	1.721 1	0.002 3	0.13%	1.719 0	1.721 5	1.717 6	1.718 8
JPYHKD	100日元兑港币	6.719 1	0.008 6	0.13%	6.713 2	6.724 1	6.704 5	6.710 5
EURHKD	欧元兑港币	8.806 7	0.009 9	0.11%	8.796 7	8.809 5	8.789 0	8.796 8
HKDAUD	港币兑澳元	0.177 4	0.000 2	0.11%	0.177 2	0.177 6	0.177 1	0.177 2
CHFGBP	瑞郎兑英镑	0.807 0	0.000 2	0.02%	0.806 5	0.807 6	0.806 0	0.806 8
EURGBP	欧元兑英镑	0.834 6	0.000 2	0.02%	0.834 2	0.835 2	0.833 5	0.834 4

表1.3 外汇行情中心——中国银行外汇牌价（2022-01-05）

代码	名称	现汇买入价	现钞买入价	现汇卖出价	现钞卖出价	更新时间
BOCUSD	美元（USD）	635.950 0	630.780 0	638.650 0	638.650 0	2022-01-05 16:06:00
BOCSGD	新加坡元（SGD）	468.340 0	453.880 0	471.620 0	473.970 0	2022-01-05 16:06:00
BOCJPY	日元（JPY）	5.475 1	5.305 0	5.515 3	5.523 9	2022-01-05 16:06:00
BOCHKD	港币（HKD）	81.580 0	80.930 0	81.900 0	81.900 0	2022-01-05 16:06:00
BOCGBP	英镑（GBP）	860.320 0	833.590 0	866.650 0	870.490 0	2022-01-05 16:06:00
BOCEUR	欧元（EUR）	717.750 0	695.450 0	723.040 0	725.370 0	2022-01-05 16:06:00
BOCCHF	瑞士法郎（CHF）	693.900 0	672.490 0	698.780 0	701.770 0	2022-01-05 16:06:00
BOCCAD	加拿大元（CAD）	499.380 0	483.610 0	503.060 0	505.280 0	2022-01-05 16:06:00
BOCAUD	澳大利亚元（AUD）	459.400 0	445.120 0	462.780 0	464.830 0	2022-01-05 16:06:00

（资料来源：东方财富网，2022-01-05）

1.1　认识外汇

1.1.1　外汇的概念

货币报价离不开外汇,所以首先应该认识外汇。外汇的概念有动态和静态之分。

1)动态概念

动态的外汇是指一国的货币兑换成另一国的货币,然后以汇款或托收的方式,借助于各种信用工具对国际之间清偿关系进行非现金结算的专门性经营活动。动态的外汇是一种行为。

例如,我国某公司从日本进口一批设备,合同中约定的结算货币为日元,但该公司只有人民币存款。为了解决支付问题,该公司可以以自己的人民币存款向我国的外汇银行兑换日元,然后汇往日本,日本的出口公司凭借汇款凭证向当地银行取得日元货款。这就是动态的外汇。

2)静态概念

静态的外汇有广义和狭义之分。静态的外汇是一种资产。

①广义的静态外汇泛指一切以外币表示的资产。各国的外汇管理法令中一般沿用这一概念。在《中华人民共和国外汇管理条例》中,外汇的内容包括:外国货币(包括纸币、铸币)、外币支付凭证(包括票据、银行存款凭证、邮政储蓄凭证等)、外国的有价证券(包括政府债券、公司债券、股票等)、特别提款权、其他外汇资产。

②狭义的静态外汇是指以外币表示的用于国际结算的支付手段。具体而言主要包括以外币表示的银行汇票、支票、银行存款等。这里所说的外币必须是能够被普遍接受的可自由兑换的货币。

外汇业务中人们通常使用的外汇概念主要是狭义的外汇,而在理论研究中,人们使用的外汇概念主要是指广义的外汇。外汇概念的分类如图 1.1 所示。

图 1.1　外汇概念的分类

特别提款权

特别提款权(Special Drawing Right,SDR),又称"纸黄金",是国际货币基金组织(International Monetary Fund,IMF)于 1969 年创设的一种新的国际储备资产。它是由 IMF 按照成员国缴纳的基金份额多少分配给成员国使用。特别提款权的价值由一篮子货币加权计算,目前以美元、欧元、人民币、日元和英镑 5 种货币组成一个"篮子"计价。特别提款权是一种无形货币,用于充当储备资产、清偿与 IMF 之间债务、缴纳份额、向 IMF 捐款或贷款,但不能直接用于贸易或非贸易的支付。因为它是国际货币基金组织原有的普通提款权以外的一种补充,所以被称为特别提款权(SDR)。

特别提款权设立时价值相当于 1 美元,1974 年 7 月 1 日以后改用一篮子 16 种货币定值。1981 年 1 月 1 日以后又改用美元、马克、法郎、英镑、日元 5 种货币定值。1999 年 1 月 1 日,欧元诞生,相应的特别提款权的定值货币减至 4 种,美元、欧元、日元和英镑,所占权重分别为 44% ,34% ,11% 和 11% 。2016 年 10 月 1 日人民币加入特别提款权,特别提款权的价值又改为美元、欧元、人民币、日元、英镑这 5 种货币所构成的一篮子货币的当期汇率确定,所占权重分别为 41.73% ,30.93% ,10.92% ,8.33% 和 8.09% 。

3)外汇应具备的要素

作为外汇的外币支付凭证必须具备 3 个要素。

(1)具有真实的债权债务基础

没有真实的债权债务关系的凭证,不能算作外汇。如空头支票、拒付票据不能作为外汇。

(2)票面所标示的货币一定是可自由兑换货币

可自由兑换货币主要指该货币的发行国对该国的经常项下的支付和资本项下的收支不进行管制或限制。

根据国际货币基金协定第 30 条 F 款可知自由兑换货币是指:

①该货币在国际支付领域中被广泛采用。

②该货币在国际外汇市场上是主要的买卖对象。

③英镑、美元、日元、欧元是主要的自由兑换货币。

非自由兑换货币主要是指该货币发行国对该国经常项下的支付和资本项下的收支进行管制和限制。

(3)是一国外汇资财,能用以偿还国际债务

这表明以外币所标示的支付凭证,可以用作偿付外国的债务。

1.1.2 国际标准化货币代码

为了能够准确而简易地表示各国货币的名称,便于开展国际贸易、金融业务和

计算机数据通信,1973 年国际标准化组织在其他国际组织的通力合作下,制定了一项适用于贸易、商业、银行的货币和资金代码,即 ISO-4217 三字符货币代码,见表1.4。代码前两个字符表示该种货币所属的国家和地区,第三个字符表示货币单位,如美国为 US,美国货币单位 D(Dollar 的第一个字母),两者组成美元通用代码 USD。

表1.4 常用国家和地区的货币代码

国别/地区	货币名称	货币代码	辅币进位制
亚 洲			
中国	人民币元	CNY	1 CNY = 10 jiao(角)
中国香港	港元	HKD	1 HKD = 100 cents(分)
中国澳门	澳门元	MOP	1 MOP = 100 avos(分)
越南	越南盾	VND	1 VND = 10 角 = 100 分
日本	日元	JPY	1 JPY = 100 sen(钱)
马来西亚	马元	MYR	1 MYR = 100 cents(分)
新加坡	新加坡元	SGD	1 SGD = 100 cents(分)
泰国	泰铢	THP	1 THP = 100 satang(萨当)
印度尼西亚	盾	IDR	1 IDR = 100 cents(分)
大洋洲			
澳大利亚	澳大利亚元	AUD	1 AUD = 100 cents(分)
新西兰	新西兰元	NZD	1 NZD = 100 cents(分)
欧 洲			
欧洲货币联盟	欧元	EUR	1 EUR = 100 euro cents(生丁)
俄罗斯	卢布	SUR	1 SUR = 100 kopee(戈比)
瑞士	瑞士法郎	CHF	1 CHF = 100 centimes(分)
英国	英镑	GBP	1 GBP = 100 new pence(新便士)
美 洲			
美国	美元	USD	1 USD = 100 cents(分)
加拿大	加元	CAD	1 CAD = 100 cents(分)
墨西哥	墨西哥比索	MXP	1 MXP = 100 centavos(分)
非 洲			
埃及	埃及镑	EGP	1 EGP = 100 piastres(皮阿斯特)
南非	兰特	ZAR	1 ZAR = 100 cents(分)

1.2 汇率及其报价

因为货币报价反映汇率变化,所以,还要进一步认识汇率。

1.2.1 汇率的概念

汇率又称汇价或外汇行市,是指一国货币以另一国货币表示的价格,即两种不同货币之间的兑换价格。例如,美元/日元代表 1 美元可以兑换多少日元,"/"前的货币称为单位货币或基准货币,"/"后的货币称为计价货币。汇率是以 5 位数字来显示的,其最小变化单位为 1 点,即最后一位数变化 1 个数字,称为 1 个汇价基点,简称点。假设昨日英镑/美元=1.290 0,代表 1 英镑可以兑换 1.290 0 美元,但今天英镑/美元=1.270 0,代表 1 英镑可以兑换 1.270 0 美元,即汇价跌了 200 点。

1.2.2 汇率的报价

确定两种不同货币之间的比价,首先要确定用哪个国家的货币作为基准。由于确定的基准不同,因此产生了几种不同的汇率报价方法。

汇率

1) 直接报价法和间接报价法

直接报价法,是以 1 个单位或 100 个单位的外国货币作为标准,折算为一定数额的本国货币来表示其汇率。在直接报价法下,外国货币为基准货币,数额固定不变,本国货币为报价货币。在直接报价法下,一定单位外币折算的本国货币减少,说明外币汇率已经下跌,即外币贬值或本币升值。我国以及世界上大多数国家都采用直接报价法,如本章引例中的表 1.3,中国银行的外汇牌价。

间接报价法,是以 1 个单位或 100 个单位的本国货币为标准,折算为一定数额的外国货币来表示其汇率。在间接报价法下,本国货币的数额固定不变,汇率的涨跌都以相对的外国货币数额的变化来表示。一定单位的本国货币折算的外币数量增多,说明本国货币汇率上涨,即本币升值或外币贬值;反之,一定单位本国货币折算的外币数量减少,说明本国货币汇率下跌,即本币贬值或外币升值。在国际外汇市场上,欧元、英镑、澳大利亚元和新西兰元等为间接报价法。

2) 美元报价法和非美元报价法

这是对美国以外的国家而言的。美元报价法又称纽约报价法,在美元报价法下,各国均以美元为基准来衡量各国货币的价值,即以一定单位的美元为标准来计算应该汇兑多少其他国家的货币。而非美元货币之间买卖时,则是根据各自对美元的汇率套算出双方货币的汇率。这里注意,除英镑、欧元、澳元和新西兰元外,美元报价法基本已在国际外汇市场上通行。

在美元报价法下，美元作为基准货币，其他货币是报价货币；在非美元报价法下，非美元货币作为基准货币，美元是报价货币。如 EUR/USD 1.074 4，即 1 欧元＝1.074 4 美元。

3）直盘报价法和交叉盘报价法

在外汇交易中，如果涉及的两种货币都是外币，并且两种外币都是非美元货币，仅以美元报价法和非美元报价法区分报价方法则不妥。例如，我国个人外汇实盘买卖的报价中就有两种外币都是非美元货币的情况。

在外汇买卖中，直盘报价法指的是基准货币或者报价货币中有一个是美元，如本章引例中的表 1.1；而交叉盘报价法指的是无论基准货币还是报价货币都是非美元货币，见表 1.2。

知识链接 1.2

外汇牌价和个人外汇买卖行情

外汇牌价，即外汇指定银行外汇兑换挂牌价，是各银行（指总行，分支行与总行外汇牌价相同）根据中国人民银行公布的人民币市场中间价以及国际外汇市场行情，制定的各种外币与人民币之间的买卖价格。各家银行的外汇牌价可以不同，但所有银行的外汇牌价都在跟随国际市场行情实时变动。

"个人外汇买卖（外汇宝）行情"提供的是外币与美元之间的买卖汇率和美元之外的两种外币之间的交叉汇率。这种价格是不断变动的，类似于股市行情的不断更新，因此这种价格在一天中有最高价和最低价等。"个人外汇买卖（外汇宝）行情"实际上是国际外汇市场在国内某地区、某外汇指定银行的局部延伸。作为"市场价格"当然是变动较大，见表 1.1 和表 1.2。

1.2.3　汇率的种类

在实际应用中，汇率的种类繁多，可以从不同角度划分为不同的种类。

外汇和汇率

1）从银行买卖外汇的角度分类

从银行买卖外汇的角度来看，可分为买入汇率、卖出汇率、中间价和现钞价。

（1）相关概念

①买入汇率也称买入价或汇买价，是银行从同业或客户那里买入外汇时所使用的汇率。

②卖出汇率也称卖出价或汇卖价，是银行向同业或客户卖出外汇时所使用的汇率。

③中间汇率也称中间价，即买入和卖出汇率的算术平均数，多在理论分析和媒体报道中使用。

④现钞价指的是银行买入外币现钞所使用的汇率,现钞的卖出价与现汇的卖出价一样。

(2)买卖差价

银行从事外汇的买卖活动很大程度上是为了赢利,所以当其买入外汇时往往以较低的价格买入,而卖出外汇时则以较高的价格卖出。通过低买高卖以赚取买卖差价,即为银行的经营费用和利润,买卖价差率一般为0.1%～0.5%。

国际金融市场所公布的买卖差价有三大特点。

①大银行所确定的买入与卖出汇率差价比较小,一般为0.2%～0.3%;小银行所规定的差价比较大,一般超过0.3%。

②发达国家的银行确定的买入与卖出汇率差价小,发展中国家的银行一般差价大。

③主要储备货币的买入与卖出差价小,非主要储备货币的差价则相对大。

(3)买入价和卖出价的位置

在不同的标价方式下,买入价、卖出价的位置是不同的。

①在直接标价法下,前面较低的价格为买入价,后面较高的价格为卖出价。

汇率的标价方法

例如,某月某日巴黎外汇市场上美元对欧元汇率为:USD 1 = EUR 0.705 0～0.706 0。前者(0.705 0)是银行从客户手中买入1美元所付出的欧元数额,是买入价;后者(0.706 0)是银行卖出1美元时所收取的欧元数额,是卖出价。

②在间接标价法下则相反,前面价格较低的是卖出价,后面价格较高的是买入价。

例如,某月某日伦敦外汇市场上的美元对英镑汇率为GBP 1 = USD 1.304 0～1.305 0,则前者(1.304 0)是银行收入英镑即卖出美元的价格,为卖出价,银行卖出1.304 0美元外汇收取1英镑;后者(1.305 0)是银行付出英镑即买入美元的价格,为买入价,银行买入1.305 0美元付出1英镑。

此外,在外汇牌价表中除列有买入与卖出汇率外,还经常公布现钞价。我国与其他国家一样,所规定的现钞买入价,比银行购买汇票等支付凭证的价格低。这是因为银行购入外币汇票等支付凭证以后,通过航邮划账,可以很快存入外国银行,开始生息、调拨动用。而银行收入现钞,要经过一定时间,积累到一定数额后,才能将其运送并存入外国银行调拨使用。在此以前,买进钞票的银行要承受一定的利息损失。将现钞运送并存入外国银行的过程中,还有运费、保险费等支出,银行要将这些损失及费用开支转嫁给出卖现钞的顾客,所以银行买入外钞所出的价格低于买入各种形式的国际结算凭证的价格。而银行卖出外币现钞时使用的汇率则与现汇的卖出价相同。

2)按汇率制定的不同方法分类

按汇率制定的不同方法,可分为基本汇率和套算汇率。

①基本汇率也称基础汇率或基准汇率,是指本国货币对关键货币的汇率。关键货币是指国际上普遍接受的,该国国际收支中使用最多,外汇储备中所占比例最大的可自由兑换的外币。大多数国家,不是一一单独确定本币与各国货币的汇率,而是选

择关键货币作为本国汇率的制定标准,由此确定的本币与关键货币之间的汇率是本币与其他各国货币之间汇率套算的基础,因此称为基础汇率。目前,美元、欧元、日元为大多数国家的关键货币。

人民币基准汇率

基准汇率是本币与对外经济交往中最常用的基本外币之间的汇率,目前,各国一般都以美元为基本外币来确定基准汇率。我国基准汇率包括5种:人民币与美元之间的汇率、人民币与日元之间的汇率、人民币与欧元之间的汇率、人民币与英镑之间的汇率以及人民币与港币之间的汇率。人民币基准汇率是由中国人民银行根据前一日银行间外汇市场上形成的美元对人民币的加权平均价,公布当日主要交易货币(美元、英镑、欧元、日元和港币)对人民币交易的基准汇率,即市场交易中间价。

②套算汇率又称为交叉汇率,是指两种货币通过各自对第三国的汇率套算出来的汇率。世界外汇市场只公布按美元标价计算的外汇汇率,不能直接反映其他外币之间的汇率,要换算出其他各种货币之间的汇率,就要用各种货币对美元汇率进行套算。一个国家制定出基本汇率后,对其他国家货币的汇率,都可以按基本汇率套算出来。套算汇率的计算规则见表1.5。

表1.5 套算汇率的计算规则

货 币	货 币	
	美元作为单位货币 (USD/A)	美元作为计价货币 (C/USD)
美元作为单位货币(USD/B)	交叉相除	同边相乘
美元作为计价货币(D/USD)	同边相乘	交叉相除

例如,2018年2月15日纽约市场,英镑对美元的汇率为GBP 1=USD 1.235 6/85,美元对瑞士法郎的汇率为USD 1=CHF 1.526 5/90,在这两个基础汇率的基础上可以套算出英镑对瑞士法郎的汇率为:

GBP 1=CHF 1.886 1(1.235 6×1.526 5)~1.893 7(1.238 5×1.529 0)

例如,2018年2月15日纽约市场,英镑对美元的汇率为GBP 1=USD 1.235 6/85,欧元对美元的汇率为EUR 1=USD 1.223 1/60,在这两个基础汇率的基础上可以套算出英镑对瑞士法郎的汇率为:

GBP 1=EUR 1.007 8(1.235 6/1.226 0)~1.012 6(1.238 5/1.223 1)

3)按外汇交易支付通知方式分类

按外汇交易支付通知方式可分为电汇汇率、信汇汇率和票汇汇率。

①电汇汇率是指银行卖出外汇后,以电讯方式向国外的分行或代理行发出解付指令所使用的一种汇率。电汇速度快,银行不能利用客户资金,因此电汇汇率最高。

②信汇汇率是指银行卖出外汇后,用信函方式向国外的分行或代理行发出解付指令所使用的一种汇率。由于航邮比电信通知需要时间长,银行可以在邮程期内利用客户的资金,因此信汇汇率较电汇汇率低。

③票汇汇率是指银行在卖出外汇时,开立一张由其国外分支机构或代理行付款的汇票交给汇款人,由其自带或寄往国外取款时所使用的一种汇率。由于票汇方式从卖出外汇到支付外汇有一段间隔时间,银行可以在这段时间内占用客户的资金,因此票汇汇率一般比电汇汇率低。

4)按外汇交易交割期限长短分类

按外汇交易交割期限长短不同,分为即期汇率和远期汇率。

①即期汇率也称现汇汇率,即外汇买卖成交后,买卖双方在当天或在两个营业日内进行交割所使用的汇率。一般在外汇市场上挂牌的汇率,除特别标明远期汇率以外,一般指即期汇率。

②远期汇率也称期汇汇率,是由外汇买卖双方事先签订合同,约定在未来某一时间进行外汇实际交割所使用的汇率。

5)按国际汇率制度分类

按国际汇率制度不同,可分为固定汇率和浮动汇率。

①固定汇率是在金本位制度下和布雷顿森林体系下通行的汇率制度,这种制度下本国货币与其他国家货币之间维持一个固定比率,汇率波动被限制在一定范围内。

②浮动汇率是本国货币与其他国家货币之间的汇率不由官方制定,而由外汇市场供求关系决定,可自由浮动,官方在汇率出现过度波动时才出面干预市场,这是布雷顿森林体系解体后西方国家普遍实行的汇率制度。

1.3 进出口报价

1.3.1 出口报价的折算

1)本币折算外币时,应该用买入价

如某香港出口商的商品底价原为本币(港元),但客户要求改用外币报价,则应按本币与该外币的买入价来折算。出口商将本币折外币按买入价折算的道理在于:出口商原收取本币,现改收外币,则需将所收外币卖予银行,换回原来的本币。出口商卖出外币,即为银行买入,故按买入价折算。

例如,2018年10月30日香港市场美元对港元的汇率是:

$$USD 1 = HKD 7.789 0 \sim 7.791 0$$

设某港商出口机床的底价为100 000港元,现外国进口商要求以美元向其报价,

应报多少美元?

　　分析:该港商应使得美元报价在折算为港元后仍收入 100 000 港元。7.789 0 为买入价,7.791 0 为卖出价。因此应报价:100 000/7.789 0 = 12 838.6 美元。如果报价 100 000/7.791 0 = 12 835.32 美元,则折成港元为: 12 835.32×7.789 = 99 974.31 港币,少于原定底价。

2)外币折算本币时,应该用卖出价

　　出口商的商品底价原为外币,但客户要求改用本币报价时,则应按该外币与本币的卖出价来折算。出口商将外币折成本币按卖出价折算的道理在于:出口商原收取外币,现改收本币,则需以本币向银行买回原外币。出口商的买入,即为银行的卖出,故按卖出价折算。

　　例如,2018 年 10 月 25 日香港市场美元对港元的汇率是:

$$USD 1 = HKD 7.788 9 \sim 7.791 5$$

　　设某港商出口货物底价为 100 000 美元,现外国进口商要求以港元向其报价,应报多少美元?

　　分析:该港商应使得港元报价在折算为美元后仍收入 100 000 美元。7.788 9 为买入价,7.791 5 为卖出价。外币折算成本币,用卖出价折算。所以,出口商报价时应用卖出价计算。即报价为:

$$100 000×7.791 5 = 779 150 港币$$

3)以一种外币折算为另一种外币,按国际外汇市场牌价折算

　　无论是用直接标价市场的牌价,还是用间接标价市场的牌价,外汇市场所在国家的货币视为本币。如将外币折算为本币,均用卖出价;如将本币折算为外币,均用买入价。

　　例如,我国向英国出口商品,原报价商品单价为 10 000 美元,英国进口商要求我方改用英镑报价,按下列即期汇率我方应报价多少?

　　如果当时伦敦外汇市场 1 英镑兑换美元 1.608 5/1.609 0,纽约外汇市场美元兑英镑 0.616 7/0.617 2。

　　根据伦敦外汇市场 1 英镑兑换美元牌价 1.608 5/1.609 0,英镑视为本币,外币折本币用卖出价。美元报价改为英镑报价:(10 000÷1.608 5)英镑 = 6 216.97 英镑。

　　根据纽约外汇市场美元兑英镑牌价 0.616 7/0.617 2,美元视为本币,本币折外币用买入价。美元报价改为英镑报价:(10 000×0.617 2)英镑 = 6 172 英镑。

　　上述买入价、卖出价折算原则,不仅适用于即期汇率,也适用于远期汇率。买入价与卖出价的折算运用是一个外贸工作者应掌握的原则,但在实际业务中应结合具体情况,灵活掌握。例如,出口商品的竞争能力较差,库存较多,款式陈旧而市场又较呆滞,这时出口报价也可以按中间价折算,甚至还可以给予适当折让,以便扩大商品销售。但实际工作者对这个原则要“心中有数”。

1.3.2 进口报价的权衡

对进口商而言,如果一种商品有两种货币报价(既有本币报价也有外币报价或两种外币报价),那么选择哪种货币报价有利呢?

一般以即期汇率表作为确定进口报价可接受水平的主要依据。

一种商品有两种货币报价时,只能换算同一种货币,然后比较其价格是否可以接受。

例如,我国进口的商品,一般在我国国内销售,因此可以和人民币进行比较用以计算成本和利润。

例题:

我国某公司从德国进口商品,对方以欧元报价,每件商品为 100 欧元;另外以美元报价,每件商品为 128.83 美元。这两种货币没有可比性,只能折算为同一种货币进行比较。

①将两种报价折成第三国或本国货币进行比较。

当日我国某银行外汇牌价:EUR/CNY 1 073.75/1 076.98

USD/CNY 826.4/828.89

欧元报价折人民币为 1 076.98 元。

美元报价折人民币为 1 067.86 元。

将两种报价折成的人民币进行比较,美元报价的人民币成本低于欧元报价的人民币成本。如果不考虑其他因素,我国进口商可以接受美元报价。

②将两种报价折成其中一种货币进行比较。

同一商品不同货币的进口报价,按国际外汇市场的即期汇率表,统一折算进行比较。

如上例以当天国际外汇市场的欧元兑美元的比价:EUR/USD 1.289 3,将欧元折算成美元,再与美元进行比较,从中选择合算的货币报价。

按此比较,每个商品 100 欧元的报价折成美元为 100×1.289 3 = 128.93 美元。

同理,如果不考虑其他因素,我国进口商可以接受美元报价。

本章主要内容概要

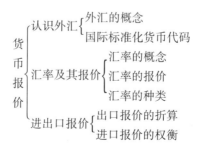

技能训练

1. 家住重庆的王丽准备 2020 年 2 月 2 日带女儿去澳大利亚旅行,并于 2020 年 1 月 28 日去中国银行购买了 1 500 澳大利亚元现钞。2020 年 2 月 1 日,受新冠肺炎疫情影响,澳大利亚总理斯科特·莫里森宣布,即日起,禁止从中国大陆赴澳的所有旅客入境,澳大利亚公民、永久居民(PR 非 TR)及其直系亲属和使用适当个人防护措施的机组人员除外。鉴于此,王丽取消了行程。2020 年 3 月 16 日,王丽去中国银行把 1 500 澳大利亚元现钞卖给中国银行。王丽交易时的外汇牌价见表 1.6。

表 1.6 王丽交易时的外汇牌价

货币名称	现汇买入价	现钞买入价	现汇卖出价	现钞卖出价	中行折算价	发布时间
澳大利亚元	470.29	455.68	473.75	475.38	471.33	2020-01-28 09:02:28
澳大利亚元	428.41	415.10	431.56	433.04	432.86	2020-03-16 15:26:40

问题:

(1)2020 年 1 月 28 日王丽去中国银行购买 1 500 澳大利亚元现钞需要支付多少人民币?

(2)2020 年 3 月 16 日,王丽去中国银行把 1 500 澳大利亚元现钞卖给中国银行,银行支付给王丽多少人民币?

(3)王丽因为买卖 1 500 澳大利亚元损失了多少人民币?

2. 王丽向纽约某银行询问瑞士法郎对泰铢的汇价,该银行回报如下。

1 美元 = 瑞士法郎 1.281 5 ~ 1.285 7

1 美元 = 泰铢 31.501 1 ~ 31.504 8

问:瑞士法郎对泰铢的汇价是多少?

案例分析

案例分析 1

恒太公司是我国一家向美国生产出口旅游鞋的厂家,其出口产品的人民币底价原来为每箱 5 500 元,按照原来市场汇率 USD 1 = CNY 7.15,公司对外报价每箱为 661.85 美元。但是由于外汇市场供求变动,美元开始贬值,美元对人民币汇率变为 USD 1 = CNY 6.95,此时恒太公司若仍按原来的美元价格报价,其最终的人民币收入势必减少。因此,公司经理决定提高每箱旅游鞋的美元定价,以保证最终收入。

分析:

1. 恒太公司要把美元价格提高到多少？才能保证其人民币收入不受损失。

2. 若公司为了保持在国际市场上的竞争力而维持美元价格不变,则在最终结汇时,公司每箱旅游鞋要承担多少人民币的损失？

案例分析2

人民币疯狂升值,中国会被美国薅羊毛吗?

2020年7月以来,人民币经历了大幅度的升值,人民币对美元汇率曾经接近6.3。按一般大家了解的经济学规律,人民币汇率快速地升值必然带来出口企业竞争力的下降,也让人想起日本在广场协议之后,经济陷入长达几十年的低迷期。那么,这一轮人民币汇率的上涨,会带来什么呢？会让中国再次成为美国人的提款机吗？

汇率升值一般会导致出口产品的价格提升。这样的话,在国际市场当中自然会出现竞争力下降的情况。不过,时过境迁,现在我国经济结构正在转型,低端制造业逐渐向外转移到越南、印度等国家,主要的出口企业已经对汇率的变化没有那么敏感了。

而且在疫情期间,由于中国疫情防控得力,而世界其他国家由于疫情失控导致工厂大量停工,其间需求集中到了中国,使得中国的产品成为刚需,中国出口数据大幅度增长。人民币升值后,以人民币为计量货币的投资标的也受到境内、境外投资者的喜爱,人民币资产吸引力较强,在国际收支资本和金融账户下,无论股票市场还是债券市场,外资流入也促使人民币表现出"超预期"的韧性。

另一方面,由于欧美央行大量印刷钞票投放市场,使得大宗商品的价格不断上涨。中国作为最大的原材料进口国,受大宗商品价格上涨的压力非常大,企业的成本上升,迫切需要人民币升值来抵消一定的成本上升压力。

正因为如此,人民币汇率进入上升轨道,并不是什么大问题。要知道,当年日本在日元升值之后,经济并没有急转直下,而是在高端制造业遭到美国打压、经济空心化之后才进入经济低迷期。只要我们认真地完成国内制造业从低端向高端的升级转型,那么,中国经济的持续发展是可以得到保证的。

(资料来源:网易,2021-10-31)

分析:你怎么看待2020年以来人民币升值问题？ 人民币升值对老百姓的生活有哪些影响？

实训项目

1. 实训目的
学会查阅和看懂各种汇率报价。

2. 实训形式
实地调查,网上调研。

3. 项目内容
要求学生查阅各种汇率报价,并说明汇率报价表中数字的含义以及如何运用。

4. 调研对象

国有银行、股份制银行和外资银行各选两家。

5. 实训指导

第一步：调查。分组进行，每组进行相同类型银行的调查，每个成员选择一家银行进行实地调查。

第二步：除每人写出实训报告外，以组为单位，在整理、汇总和分析的基础上写出每组的实训报告。

第三步：课堂交流。根据实训报告，每组推荐代表在课堂上进行交流，交流时以多媒体展示。

视野拓展

汇率的产生是继货币后人类的又一伟大发明，当不同的货币在同一市场相遇时，汇率的公平和稳定尤为重要，主权国家的货币博弈主要在于货币之间汇率的较量，而这种较量与国际贸易的发展息息相关。外汇市场上的任何汇率波动，都深刻影响个人生活、公司业绩甚至是国家财富。为了让大家更加深入了解汇率在世界范围内的发展之路，汇率与经济和金融的关系，汇率带给世界经济格局的变化，推荐观看中央电视台纪录片《货币》第 8 集《汇率之路》。

第 2 章
国际货币体系

【学习目标】

1. 了解国际货币体系的含义。

2. 知道国际金本位制、布雷顿森林体系、牙买加体系的形成和主要内容。

3. 能够运用所学知识正确评价各类国际货币体系。

4. 能够正确认识和评价现行国际货币体系存在的问题。

5. 能够正确认识人民币在现行国际货币体系中的地位和作用。

6. 能够构建未来国际货币体系的发展格局。

【引　例】

人民币国际化稳步向前，为世界经贸体系增添新活力

2019 年 5 月，环球同业银行金融电讯协会（SWIFT）报告称，人民币连续第 7 个月维持国际支付第 5 大活跃货币，份额从 4 月的 1.88% 升至 1.95%，创 4 个月以来新高。2019 年国际货币论坛也指出，人民币国际化指数近 10 年跃升近 150 倍，凸显人民币国际化的成果。

SWIFT 数据显示，全球已有超过 1 900 家金融机构使用人民币作为支付货币，有 28 个国家宣布使用人民币进行贸易结算。业内人士指出，人民币国际化进程的提升，关键在于非居民持有和使用人民币的意愿增强。全球各国政府和金融机构将人民币作为支付货币，将为人民币的国际流通提供

更广阔的空间。

很多国家已经意识到，单一的美元挂钩体系已难以承担国际货币的职责，不能完全适应以资本自由化和贸易自由化为主要内容的多边经济制度的发展需要，以中国为代表的新兴经济体在国际货币体系中逐渐扮演越来越重要的角色，新兴经济体积极加入人民币结算行列中，已成为人民币国际化进程中的重要合作伙伴。

（资料来源：新京报，2019-07-09）

思考：人民币国际化对于未来的国际货币体系演进有哪些影响？

2.1　认识国际货币体系

2.1.1　国际货币体系的概念和内容

1）国际货币体系的概念

国际货币体系就是各国政府为适应国际贸易与国际支付的需要，对货币在国际范围内发挥世界货币职能所确定的原则、采取的措施和建立的组织形式的总称。

国际货币体系在国际金融领域内具有基础性制约作用，它对国际贸易的支付结算、资本流动、汇率的调整、各国的外汇储备及国际收支等都会产生重大影响。目前，各国都在积极谋求办法达成新的协议，以建立一个新的国际货币体系，来维持各国经济往来的稳定性。

2）国际货币体系的主要内容

①确定关键货币作为国际货币。关键货币是在国际货币体系中充当基础性价值换算工具的货币，是国际货币体系的基础。只有确定了关键货币，才能进而确定各国货币之间的换算率、汇率的调整以及国际储备构成等。

②确定各国货币的比价。根据国际交往而产生的国际支付的需要，货币在执行世界货币职能时，各国之间的货币一定要确定一个比价，即汇率。

③货币的兑换性和对国际支付所采取的措施。各国政府一般会颁布金融法令，规定本国货币能否对外兑换和对外支付是否进行限制。

④国际结算的原则。一国的对外债权债务，或者定期进行结算，并实行限制的双边结算；或者立即进行结算，并在国际结算中实行自由的双边结算。

⑤国际储备资产的确定。为保证国际支付的需要，各国必须保持一定的国际储备，保存一定数量的、为各国所接受的国际储备资产，是构成国际货币体系的一项主要内容。国际储备资产在各个历史时期有着不尽相同的内容。

⑥国际收支的调节。世界各国国际收支的平衡发展是国际货币体系正常运转的基础。在有些情况下，一国的国际收支失衡通过本国所采取的国内经济政策或外汇政策就可以恢复平衡；在有些情况下，就需要根据国际协定通过国际金融组织、外国

政府贷款,或通过各国政府协调政策,干预市场达到国际收支平衡。

⑦黄金和外汇的流动与转移是否自由。

布雷顿森林体系是"金本位制"崩溃后一个新的国际货币体系,又称"黄金—美元本位制",它使美元在战后国际货币体系中处于中心地位,起到了世界货币的作用。推荐观看央视纪录片《华尔街——布雷顿森林体系》。

欧洲货币体系:欧洲央行体系已经诞生 20 多年,但欧元区与欧洲央行体系的发展经历了相当漫长的过程。推荐观看视频《欧洲央行发展史》。

2.1.2　国际货币体系的演变历程

国际货币体系是规范国家间货币行为的准则,是世界各国开展对外金融活动的依据。它的形成方式基本上有两种。

一种是通过惯例和习惯演变而成的,当相互联系的习惯或程序形成以后,一定的活动方式就会得到公认,国际金本位货币制度就是这样形成的国际货币体系。

另一种是通过国际性的会议建立体系。例如,布雷顿森林体系和现行的牙买加体系。这种体系的特点:有法律条文的约束力,建立时间短。这样的体系也不能完全排斥某些约定俗成的传统做法。

无论是通过哪种途径形成的国际货币体系,都是世界经济发展的必然产物。

1)国际金本位体系

国际金本位制度是以黄金作为国际本位货币的制度。英国于 1816 年率先实行金本位制度,19 世纪 70 年代以后欧美各国和日本等国相继仿效,因此许多国家的货币制度逐渐统一,金本位制度由国内制度演变为国际制度。国际金本位制按其货币与黄金的联系程度,可以分为金币本位制、金块本位制和金汇兑本位制。

(1)金币本位制

金币本位制是以黄金作为货币金属进行流通的货币制度,它是 19 世纪末到 20 世纪上半期各资本主义国家普遍实行的一种货币制度。金币本位制的特点如下:

①用黄金来规定货币所代表的价值,每一货币都有法定的含金量,各国货币按其所含黄金的重量有一定的比价。

②金币可以自由铸造,任何人都可以按法定的含金量自由地将金块交给国家造币厂铸造成金币,或以金币向造币厂换回相当的金块。

③金币是无限法偿的货币,具有无限制支付手段的权利。

④各国的货币储备是黄金,国际结算也使用黄金,黄金可以自由输出或输入。

（2）金块本位制

第一次世界大战时期,各帝国主义国家为准备战争,加紧对国内外黄金的掠夺以及银行券的大量发行,使金币本位制运转机制受到破坏。1922年,在意大利热那亚城召开的世界货币会议上决定采用"节约黄金"的原则,实行金块本位制和金汇兑本位制。实行金块本位制的国家主要有英国、法国、美国等。德国、意大利、奥地利、丹麦、挪威等30多个国家则实行金汇兑本位制。金块本位制的特点如下:

①金币仍然是本位货币,但在国内不流通,而以纸币代替金币流通。

②不允许人们自由铸造金币。

③当人们在国际支付和工业方面需要黄金时,可按规定的数量向中央银行兑换金块。

④严格限制黄金输出。

（3）金汇兑本位制

这是一种在金块本位制或金币本位制国家保持外汇,准许本国货币无限制地兑换外汇的金本位制。金汇兑本位制的特点如下:

①实行金汇兑制国家的货币必须与某个实行金币或金块本位制的货币之间保持固定汇率,并在该国存放大量的外汇和黄金,作为维持本币汇率的平准基金。

②纸币不能自由地直接兑换黄金,只能将兑换到的外汇在实行金币或金块本位制的国家兑换黄金。

（4）国际金本位体系的评价

①金本位制的积极作用。汇率基本固定,有利于国际贸易和国际投资;自动调节国际收支,促进了各国经济之间的协调;限制政府或银行滥发纸币的权力,不易造成通货膨胀。

②金本位制的局限性。运行的前提难以维持,各国政府出于本国内部经济均衡考虑会违反游戏规则;货币供应受到黄金数量的限制,不能适应经济增长的需要;黄金生产不能持续满足需求,央行无法增加其国际储备;当一国出现国际收支赤字时,往往可能由于黄金输出,货币紧缩,而引起生产停滞和工人失业。

2）布雷顿森林体系

在第二次世界大战中,许多国家的经济都受到不同程度的打击,国际经济秩序一片混乱。第二次世界大战即将结束时,西方盟国开始着手重建国际经济秩序,在国际金融领域中重建经济秩序就是建立能够保证国际经济正常运行的国际货币制度。1944年7月1—22日,在美国新罕布什尔州的布雷顿森林城举行了由44个国家参加的"联合国货币金融会议",围绕战后国际货币制度的结构和运行等问题,会议通过了以"怀特计划"为基础的《国际货币基金组织协定》和《国际复兴开发银行协定》,总称《布雷顿森林协议》,开始实行新的国际货币制度,即布雷顿森林体系。

（1）布雷顿森林体系的主要内容和特点

①建立黄金中美元本位制,即以美元为中心的国际金汇兑本位制。具体表现为"双挂钩"原则:美元与黄金挂钩,各国货币与美元挂钩。美元按每盎司黄金35美元的官价与黄金挂钩,美国承担用黄金兑回各国官方持有的美元的义务,各国货币按固

定比价与美元挂钩。为了维护这一黄金官价不受国际金融市场金价的冲击,各国政府需协同美国政府干预市场的金价。

②建立国际货币基金组织这个永久性的国际金融机构,促进国际货币合作。

③实行黄金—美元本位制下的固定汇率制。它规定国际货币基金组织的成员国与美元挂钩,即各国货币与美元保持稳定的汇率。各国货币与美元的汇率,按照各自货币的含金量与美元含金量的比较确定;或者不规定本国货币的含金量,只规定与美元的汇率。这意味着国际货币基金组织成员国之间的汇率是固定汇率,各国不能任意改变其货币的含金量,如果某种货币的含金量需要做 10% 以上的调整,就必须得到国际货币基金组织的批准。国际货币基金组织允许的汇率波动幅度为 1% 。只有在成员国的国际收支发生根本性不平衡时,才能改变其货币平价。

④在储备方面,美元取得了与黄金同等地位的国际储备资产的地位。

⑤由国际金融机构提供贷款来缓解成员国之间的国际收支失衡。

⑥取消外汇管制。要求成员国不得限制经常项目支付,不得采取歧视性的汇率政策,并实行自由多边结算制度。

(2)布雷顿森林体系的评价

①布雷顿森林体系的积极作用。布雷顿森林体系对整个世界战后经济的重振发挥了极其重要的作用。布雷顿森林体系时期,世界经济发展处于人类历史上少有的黄金时代,国内生产总值增长很快,物价比较稳定,国际贸易和国际投资也得到较快的发展。具体来讲:

A. 实行固定汇率制度,汇率的波动受到严格的限制,因此汇率相对稳定,有利于贸易的发展和国际资本的流动。

B. 美元作为主要的国际储备资产和国际支付手段,可作为黄金的补充,弥补了黄金产量的不足。随着美元不断流向世界,在一定程度上解决了当时普遍存在的国际清偿能力不足的问题,刺激了世界市场的需求和世界经济增长。

C. 国际货币基金组织和世界银行的建立对世界经济的复兴起到了积极的作用。一方面,基金组织提供的短期贷款暂时缓和了国际收支危机;另一方面,世界银行提供和组织的长期贷款和投资不同程度地解决了成员国战后恢复和发展经济的资金需要。

②布雷顿森林体系的缺陷。

A. 金汇兑制本身的缺陷。美元与黄金挂钩,享有特殊地位,加强了美国对世界经济的影响。其一,美国通过发行纸币而不动用黄金进行对外支付和资本输出,有利于美国的对外扩张和掠夺。其二,美国承担了维持金汇兑平价的责任。当人们对美元充分信任,美元相对短缺时,这种金汇兑平价可以维持;当人们对美元产生信任危机,美元拥有太多,要求兑换黄金时,美元与黄金的固定平价就难以维持。

B. 储备制度不稳定。布雷顿森林体系以一国货币作为主要国际储备货币,在黄金生产停滞的情况下,国际储备的供应完全取决于美国的国际收支状况。美国的国际收支保持顺差,国际储备资产不敷国际贸易发展的需要;美国的国际收支保持逆差,国际储备资产过剩,美元发生危机,危及国际货币制度。这种难以解决的内在矛盾,国际经济学界称为"特里芬难题",它决定了布雷顿森林体系的不稳定性。

C.国际收支调节机制的缺陷。该制度规定汇率浮动幅度需保持在 1% 以内,汇率缺乏弹性,限制了汇率对国际收支的调节作用。这种制度着重于国内政策的单方面调节。

D.内外平衡难统一。在固定汇率制度下,各国不能利用汇率杠杆来调节国际收支,只能采取有损于实现国内经济目标的经济政策或采取管制措施,以牺牲内部平衡来换取外部平衡。

到了 20 世纪 70 年代,美元国际信用严重下降,各国争先向美国挤兑黄金。为此,美国于 1971 年宣布实行"新经济政策",停止各国政府用美元向美国兑换黄金。1973 年美元危机中,美国再次宣布美元贬值,导致各国相继实行浮动汇率制代替固定汇率制。美元停止兑换黄金和固定汇率制的垮台,标志着布雷顿森林体系瓦解。

3)牙买加体系

（1）牙买加体系的形成

布雷顿森林体系崩溃之后,国际货币基金组织着手创建新的国际货币制度。1976 年 1 月,国际货币基金组织理事会"国际货币制度临时委员会"在牙买加首都金斯敦举行会议,会议结束时达成了《牙买加协议》。同年 4 月,国际货币基金组织理事会又通过了以修改《牙买加协议》为基础的《IMF 协定第二修正案》,形成了新的国际货币体系——牙买加货币体系。

（2）《牙买加协议》的基本内容

①浮动汇率制合法化。基金组织承认固定汇率制度和浮动汇率制度同时并存;成员国可以自由选择决定汇率制度,汇率政策应受基金组织的监督;实行浮动汇率制的成员国应根据条件逐步恢复固定汇率制,并防止采取损人利己的货币贬值政策;在国际经济基本稳定后,基金组织经过 85% 的总投票权同意,可以恢复"稳定的但也可调整的汇率制度",即固定汇率制度。

②黄金非货币化。取消成员国之间、成员国与基金组织之间以黄金清偿债权债务的义务,各成员国中央银行可按市价从事黄金交易,降低黄金的货币作用,逐步处理基金组织持有的黄金;其中 1/6(2 500 万盎司)按市价出售,收入中超过官价(每盎司 42.22 美元)的部分作为援助发展中国家的资金,1/6 由原缴纳的成员国按官价买回,剩余的黄金须经总投票权 85% 的多数通过,决定向市场出售或由各成员国买回。

③确定以特别提款权作为主要的国际储备资产,逐步取代黄金和美元的储备地位。规定成员国在基金组织的账户中所持的资产一律以特别提款权表示。成员国可以用特别提款权自由进行交易,不必征得基金组织同意。特别提款权是国际货币基金组织 1969 年为解决国际清偿能力不足而创立的一种国际储备资产和记账单位,代表成员国在普通提款权之外的一种特别使用资金的权利。普通提款权是基金组织提供的最基本的普通贷款,用以解决受贷国因国际收支逆差而产生的短期资金需要。

特别提款权按照成员国在基金组织认缴份额比例进行分配。分配到的特别提款权可通过基金组织提取外汇,可同黄金、外汇一起作为成员国的储备,故又称"纸黄金"。其设立时价值相当于 1 美元。1974 年 7 月 1 日以后改用一篮子 16 种货币定值。1981 年 1 月 1 日以后又改用美元、马克、法郎、英镑和日元 5 种货币定值。

1999 年 1 月 1 日,欧元诞生,相应的特别提款权的定值货币减至 4 种,美元、欧元、日元、英镑所占权重分别为 44%,34%,11%,11%。2016 年 10 月 1 日,人民币加入特别提款权,特别提款权的价值是由美元、欧元、人民币、日元、英镑这 5 种货币所构成的一篮子货币的当期汇率确定,所占权重分别为 41.73%,30.93%,10.92%,8.33% 和 8.09%。

④扩大对发展中国家的资金融通。基金组织用出售黄金所得收益建立信托基金,以优惠条件向最贫穷的发展中国家提供贷款。将基金组织的贷款额度从 100% 提高到 145%,并提高基金组织"出口波动补偿贷款"在份额中的比重,由 50% 增加到 75%。

(3)牙买加体系的特点

①国际储备多元化。尽管《牙买加协议》提出了用特别提款权代替美元的方案,但是由于特别提款权只是一个计账单位,现实中需要有实在的货币作为国际经济交往的工具,虽然美元的地位下降,但它仍是最主要的国际货币,并且德国马克、日元的国际货币地位也日益加强。因此,牙买加体系出现了以美元为主导的多元化国际储备体系。美元仍是主要的国际储备、国际计价单位和国际支付手段。目前,美元在各国官方外汇储备所占比重仍在 60% 左右,是最重要的国际储备。同时,黄金的货币功能虽说一直在减弱,但还是一种重要的储备资产,并且在紧急情况可迅速变现,作为最后的支付手段,偿付国际债务。

②以浮动汇率制为主的混合汇率制。《牙买加协议》规定,成员国可以自行安排汇率。到目前为止,各个主要工业国家都实行了浮动汇率制,其中,美国、英国、日本、加拿大、瑞士等国采取独立浮动,欧洲货币体系和其后的欧元区等国采取联合浮动,大多数发展中国家则采取管理浮动、独立浮动或盯住浮动汇率制。而且,世界许多国家都在不断调整自己的汇率政策,以适应本国和世界经济的发展。

③国际收支调节的灵活性加大。各国既可以动用本国储备,又可以借入国外资金或国际货币基金组织的贷款,也可以通过调整汇率调节国际收支,在新的国际货币制度下,成员国具有较大的灵活性。

(4)牙买加体系的评价

牙买加协议是国际社会在布雷顿森林体系解体后的一种权宜之计。一方面,它的灵活性适应了当时世界经济形势发展的需要,对国际贸易和世界经济的正常运转起到了一定的积极作用。另一方面,由于该体系在许多方面缺乏硬性的统一规定,因此被人们称作"无体制的体制",在复杂多变的国际经济关系面前,日益暴露出存在的一些严重问题。

首先,储备货币管理复杂化。布雷顿森林体系崩溃以后,国际货币基金希望建立特别提款权本位予以替代,但最终没有建立,而美元本位也无力维持,出现了储备货币多元化的趋势。储备货币的多元化使各国摆脱了原先对美元的过分依赖,分散了汇率风险,促进了国际货币的合作与协调,缓解了国际清偿能力不足,对缺少资金的发展中国家有一定的好处。然而,在多元化国际储备格局下,储备货币发行国仍享有

"铸币税"等多种好处。同时,多种储备体系缺乏统一稳定的货币标准,这本身就容易造成金融市场的不稳定,使得主要的储备货币的汇率经常发生波动,这对于发展中国家是很不利的。发展中国家的经济基础薄弱,又缺乏应对金融动荡的经验和物质准备,所以,它们在国际贸易和储备资产方面遇到重大的困难,并往往成为各种游资冲击的最早、最直接的对象。

其次,汇率波动经常化。牙买加体系确认了浮动汇率制的合法化,对世界经济的发展起到了一定的有利作用。各国可以根据市场供求状况自发调整汇率,使其不再长期偏离实际价值。可以缓解硬通货国家在固定汇率制度维持汇率稳定的义务。其使一国的财政政策和货币政策更具有独立性和有效性,不再为了外部经济而牺牲内部经济。各国为避免汇率风险采取的各种措施,客观上促进了国际金融业务的创新和发展。

但是,在浮动汇率制下,汇率波动频繁而急剧,致使国际贸易和金融市场受到严重影响。浮动汇率制提高了全球的物价,加剧了通货膨胀。汇率的经常波动使发展中国家的外汇储备和外债问题也变得复杂化等。20世纪90年代以来,国际金融市场的不稳定性更加频繁,这与浮动汇率制有很大的关系。

最后,国际收支调节机制不健全。在牙买加体系下,可以通过多种调节机制对国际收支进行调节,这在一定程度上克服了布雷顿森林体系后期调节机制失灵的困难,但是,牙买加体系运行多年以来,全球性的国际收支失衡问题非但没有得到妥善解决,反而更趋严重,各种调节机制难以发挥完善的作用。汇率的过度浮动只是增加了市场上的不稳定性,甚至恶化了各国的国际收支状况,就连大力支持浮动汇率制的主要储备货币国之间的贸易不平衡都无法通过汇率变动来调节。国际货币基金组织的贷款机制并不能很好地促进国际收支的平衡。虽然基金组织的主要任务是维护多边支付体系和货币的自由兑换,但是,除非国际收支失衡已经或即将导致债务危机或金融危机,否则基金组织不会轻易出手。

知识链接2.1

铸币税到底是什么

所谓"铸币税"并不是一种真正的税种,而是理论上对货币发行收入的界定。它是指发行货币的组织或国家,在发行货币并吸纳等值黄金等财富后,货币贬值,使持币方财富减少,发行方财富增加的经济现象。这个财富增加方,通常是指政府。财富增加的方法,通常是增发货币,当然也有其他方法。

举一个简单的例子,一张100美元的钞票印刷成本也许只有1美元,但是却能购买价值100美元的商品,其中的99美元差价就是铸币税,它是政府财政的重要来源。一个国家使用别的国家的货币,就是主动放弃了大量的财富。

2.2 认识欧洲货币体系

2.2.1 欧洲货币体系的建立

第二次世界大战结束以后,西欧6国(法国、前联邦德国、意大利、荷兰、比利时、卢森堡)为了加强相互间的政治、经济合作,于1958年1月1日成立了"共同市场",又称欧洲经济共同体。布雷顿森林体系瓦解之际,欧洲经济共同体国家为了减少世界货币金融不稳定对区内经济的不利影响,同时也为了实现西欧经济一体化的整体目标,1971年2月宣告成立"欧洲经济和货币同盟"。

这个同盟的规划是从1971—1980年的10年内分3个阶段实现货币同盟的目标,建立一种与美元抗衡的西欧货币。

①1971年初至1973年底,缩小成员国货币汇率的波动幅度,着手建立储备基金,以支持稳定汇率的活动,加强货币与经济政策的协调,减少成员国经济结构的差异。

②1974年初至1976年底,集中成员国的部分外汇储备以巩固货币储备基金,进一步稳定各国货币间的汇率,使共同体内部的资本流动逐步自由化。

③1977年初至1980年底,使共同体成为一个商品、资本、劳动力自由流动的经济统一体,固定汇率制向统一的货币发展,货币储备基金向统一的中央银行发展。

但1973年秋欧洲发生石油危机,1974年西方又爆发严重的经济危机,各国忙于解决自身的经济困难,使得"欧洲经济和货币同盟"的计划未能完全实施。

1978年12月,在法、德两国推动下,欧共体各国在布鲁塞尔达成协议,决定建立欧洲货币体系(EMS)。1979年3月,欧洲货币体系正式启动,最初参加EMS的国家有法国、前联邦德国、意大利、荷兰、比利时、爱尔兰和丹麦。

2.2.2 欧洲货币体系的主要内容

欧洲货币体系主要有3个组成部分:欧洲货币单位、欧洲货币合作基金、稳定汇率机制。

1)欧洲货币单位(ECU)

欧洲货币单位是欧共体国家共同用于内部计划结算的一种货币单位,是一个"货币篮子",由成员货币组成,每一种货币在ECU中所占的权重,主要根据各成员国的国内生产总值及其在欧共体内贸易额所占的比重加权平均计算,权重一般5年调整1次。以这种方法计算出来的欧洲货币单位具有价值稳定的特点。该计算方法也决定了ECU的组成货币中,德国马克、法国法郎和英国英镑是最为重要的3种货币。

ECU的主要作用:

①作为决定成员国货币中心汇率标准。

②作为成员国之间的结算工具。

③成为各国货币当局的储备货币。

2)欧洲货币合作基金

为了保证货币体系的正常运转,欧共体于1979年4月设立了欧洲货币合作基金,集中成员国各20%的黄金储备和外汇储备,作为发行欧洲货币单位的准备。其作用主要是:向成员国提供相应的贷款,以帮助其进行国际收支调节和外汇市场干预,保证欧洲汇率机制的稳定。

3)稳定汇率机制

即在成员国货币之间实行固定汇率制,而对非成员国实行联合浮动,欧洲货币体系为加强对内的固定汇率制,建立了汇率双重稳定机制。

①平价网体系。即规定各成员国货币之间的中心汇率和围绕该中心汇率波动的界限,原则上该界限不得超过中心汇率上下各2.25%。

②货币篮体系,即规定各国货币与ECU的中心汇率和围绕该中心汇率波动的界限,该界限比平价网界限小,而且在ECU货币篮中的比重越大的货币,规定的界限越小,对稳定货币篮承担的责任就越大。

此外,欧洲货币体系对货币篮还采取了早期报警系统,其作用就是要求各国货币当局,在其货币对ECU的中心汇率波动幅度达到最大允许界限的75%时,就应该采取措施进行干预。这种双重稳定机制减少了双边汇率调整的频率,也保持了ECU对其他货币汇率的稳定。

2.2.3 欧洲货币体系的发展

为实现欧洲经济和货币联盟,推进欧洲市场的统一,1991年12月,欧共体在荷兰马斯特里赫特峰会上签署《关于欧洲经济货币联盟的马斯特里赫特条约》,简称《马约》。《马约》的目标是:最迟在1999年1月1日前建立"经济货币同盟",届时将在同盟内实现统一的货币,统一的中央银行以及统一的货币汇率政策。为实现这一目标,《马约》要求分3步走。第一阶段(1990年7月1日至1993年底)的主要目标是:实现所有成员国加入欧洲货币体系的汇率机制,实现资本的自由流动,协调各成员国的经济政策,建立相应的监督机制;第二阶段(1994年1月1日至1996年底)的主要目标是:进一步实现各国宏观经济政策的协调,加强成员国之间的经济趋同,建立独立的欧洲货币管理体系——欧洲货币局(EMI),为统一货币作技术上和程序上的准备,各国货币汇率的波动在原有基础上进一步缩小并趋于固定;第三阶段(1997年初至1999年1月1日)的主要目标是:最终建立统一的市场和独立的欧洲中央银行。

经过不懈努力,欧共体各成员国议会于1993年10月底通过了《马约》,1993年11月1日,欧共体更名为欧盟。1995年《马德里决议》将单一货币的名称正式定为欧元(EURO)。欧洲货币一体化自动开始进入了稳定的发展阶段。1998年5月1日,欧盟布鲁塞尔首脑特别会议确认比利时、法国、德国、意大利、西班牙、荷兰、卢森堡、葡萄牙、奥地利、芬兰和爱尔兰共 11 国为欧元创始国。1998 年 7 月 1 日,欧洲中央银行取代原欧洲货币局,行址设在德国法兰克福。1999 年 1 月 1 日,欧洲"经济货币联盟"进入第三阶段。欧元如期启动,进入账面流通,欧洲中央银行接过确定货币政策的大权,各成员国货币的汇率最终锁定。2002 年 1 月 1 日,欧元纸币和硬币正式进入欧元区流通市场。截至 2020 年年底,欧元区共有 19 个成员,另有 9 个国家和地区采用欧元作为当地的单一货币。欧盟自成立以来,先后经历了 6 次扩容,2013 年 7 月 1 日克罗地亚签约入盟,成员国从最初的 6 国发展到 28 国。

2016 年 6 月 23 日,英国就是否留在欧盟举行全民公投。投票结果显示,支持"脱欧"的票数以微弱优势战胜"留欧"票数,英国将脱离欧盟。2018 年 11 月 25 日,欧盟各成员国首脑在布鲁塞尔特别峰会上通过了英国退出欧盟的条约,并就未来双边关系发表一项政治声明。2019 年 1 月 15 日,英国议会下院投票否决了此前英国政府与欧盟达成的"脱欧"协议。2019 年 10 月 17 日,欧盟委员会与英国政府就英国"脱欧"达成协议。当天,除英国外的欧盟 27 个成员国领导人一致通过决议,支持欧盟委员会与英国政府达成的最新"脱欧"协议。当地时间 2020 年 1 月 30 日,欧盟理事会投票通过英国"脱欧"协议。格林尼治时间 1 月 31 日 23:00,英国正式离开欧盟,结束了其 47 年的欧盟成员国身份,并自 2 月 1 日起进入为期 11 个月的"脱欧"过渡期。

知识链接 2.2

申根国家、欧盟国家、欧元区国家区别

申根国家、欧盟国家、欧元区国家是 3 个不同的概念,它们的范围是不同的。

申根国家是指履行 1985 年在卢森堡申根镇签署的《申根协议》的 26 个欧洲国家。对于国际旅行者而言,这些国家所组成的区域非常像一个单独的国家,进出这一区域需要经过边境管制,而在该区域内的各个国家之间却几乎不存在边境管制。目前,申根国共有 26 个,包括奥地利、比利时、丹麦、芬兰、法国、德国、冰岛、意大利、希腊、卢森堡、荷兰、挪威、葡萄牙、西班牙、瑞典、匈牙利、捷克、斯洛伐克、斯洛文尼亚、波兰、爱沙尼亚、拉脱维亚、立陶宛、马耳他、瑞士和列支敦士登。其中,申根国家除挪威、冰岛、瑞士、列支敦士登外均为欧盟国家。相反,爱尔兰、塞浦路斯、罗马尼亚和保加利亚是欧盟国家,但不是申根协定的成员国。

欧盟国家:要加入欧盟,必须达到哥本哈根标准所要求的政治条件和经济条件,必须承认欧盟已经存在的法律,并得到已经存在的成员国同意。截至 2020 年年底,有 27 个欧盟国家:法国、德国、荷兰、比利时、卢森堡、西班牙、葡萄牙、意大利、希腊、奥地利、芬兰、瑞典、丹麦、捷克、斯洛伐克、波兰、斯洛文尼亚、匈牙利、爱沙尼亚、拉脱维亚、立陶宛、马耳他、爱尔兰、塞浦路斯、罗马尼亚、保加利亚和克罗地亚。

欧元区国家:欧盟成员国加入欧元区的时间并没有固定的要求,但必须达到加入标准,每一个成员国根据自己国家的情况,按照自己的时间表加入。截至 2020 年年底,加入欧元区的一共有 19 个国家:法国、德国、荷兰、比利时、卢森堡、西班牙、葡萄牙、意大利、希腊、奥地利、芬兰、斯洛伐克、斯洛文尼亚、爱沙尼亚、马耳他、爱尔兰、塞浦路斯、拉脱维亚、立陶宛。

2.3 国际金融危机和国际货币体系改革

自牙买加体系建立以来,世界经济几乎每隔10年爆发1次大规模的国际金融危机。20世纪80年代的拉丁美洲债务危机,20世纪90年代的东南亚金融危机,21世纪初的全球金融危机(美国的次贷危机和欧洲主权债务危机),揭示着现行国际货币体系存在某些深层次的缺陷。

2.3.1 国际金融危机

1)拉丁美洲债务危机

1982年8月12日,墨西哥因外汇储备已下降至危险线以下,无法偿还到期的公共外债本息(268.3亿美元),不得不宣布无限期关闭全部汇兑市场,暂停偿付外债,并把国内金融机构中的外汇存款一律转换为本国货币。墨西哥的私人财团也趁机纷纷宣布推迟还债。继墨西哥之后,巴西、委内瑞拉、阿根廷、秘鲁和智利等国也相继发生还债困难,纷纷宣布终止或推迟偿还外债,债务危机全面爆发。

拉美债务危机的成因源于20世纪70年代油价暴涨带来的过剩流动性和流入发展中经济体的石油出口国储蓄。在低利率资金的诱惑下,阿根廷、巴西、墨西哥和秘鲁等拉美国家借入了大量以硬通货计价的债务。然而,随着利率上升、资本流向逆转、发展中国家货币面临贬值压力,拉美的负债率上升到了不可持续的水平。

2)东南亚金融危机

1997年7月2日,泰国中央银行宣布泰铢实行浮动汇率制,取消泰铢对一揽子货币的固定汇率制,当天泰铢下跌20%。由于泰国官方和私人企业借有大量短期外债、房地产及证券价格暴跌、银行坏账大幅上升、企业倒闭数量增多,从而引发了全面金融危机。危机迅速蔓延到其他东南亚国家,后又一路北上,在韩国肆虐,从而发展为东南亚金融危机。

东南亚金融危机的破坏性极大,菲律宾中央银行于1997年7月11日被迫宣布允许比索在更大的范围内与美元兑换。当天比索暴跌11.5%,创4年来最大跌幅;缅甸元下跌33.28%。至8月,泰铢贬值23%,印度尼西亚盾贬值20%,马来西亚林吉特和菲律宾比索跌到了历史最低点。通常比较坚挺的新加坡元也创下了新低。受东南亚货币贬值的影响,东南亚股市也在劫难逃。菲律宾股市和印度尼西亚股市均创下了日历史最大跌幅;泰国股市和马来西亚股市也创下新低;在短短4个月内,马来西亚吉隆坡股市综合指数下跌近33%,倒退到1993年8月的水平。香港股市8月28—29日连续两天暴跌,累计跌幅达1 397点。连巴西证券市场也受到影响,拉美最大的股票交易所——圣保罗股票交易所的指数下跌了15%,相当于道·琼斯工业股票指数下跌 1 200 点。

3)美国次贷危机

次贷即"次级按揭贷款","次"的意思是信用低,还债能力低。次级抵押贷款是一个高风险、高收益的行业,是指一些贷款机构向信用程度较差和收入不高的借款人提供的贷款。与传统意义上的标准抵押贷款的区别在于:次级抵押贷款对贷款者信用记录和还款能力要求不高,贷款利率相应地比一般抵押贷款高很多。那些因信用记录不好或偿还能力较弱而被银行拒绝提供优质抵押贷款的人,会申请次级抵押贷款购买住房。房价高涨时期,由于抵押品价值充足,贷款不会产生问题。2006 年,随着美国住房市场的降温尤其是短期利率的提高,次贷还款利率也大幅上升,购房者的还贷负担大为加重。同时,住房市场的持续降温也使购房者出售住房或者通过抵押住房再融资变得困难。这种局面直接导致大批次贷的借款人不能按期偿还贷款,银行收回房屋,却卖不到高价,大面积亏损,引发了次贷危机。美国的次贷危机是从 2006 年春季开始逐步显现的,2007 年 8 月开始席卷美国、欧盟和日本等世界主要金融市场,随后发展成全球性的金融危机。

美国次贷危机在全球范围引起了超级恐慌,美国标普 500 指数跌了 41%,创下 1929—1933 年"大萧条"时期以来最大跌幅。2008 年全年美国股市市值"蒸发"达创纪录的 7.3 万亿美元。英、法、德 3 大股市全年的跌幅都在 4 成左右,日本股市则暴挫 42%,创历史跌幅之最。发达经济体如此,以往一直以"免疫力"强著称的新兴市场也未能幸免。其中,受到油价下跌和金融危机双重打击的俄罗斯股市全年跌幅超过 70%,高居全球之首。"金砖四国"中的另外 3 国——中国、印度和巴西,股市全年跌幅都超过 40%,甚至高达 60%。此次危机成为第二次世界大战以来最严重的国际金融危机,使得各国与次级贷款有关联的银行、对冲基金、私人基金以及国家主权基金等都蒙受了巨大的亏损,同时,给各个国家的股市、债市、汇市都带来了巨大的波动,并引发了世界经济的严重衰退。

4)欧洲主权债务危机

2008 年全球金融危机爆发后,各国政府采取了史无前例的救助措施,全球市场由雷曼破产后的极度恐慌逐渐趋于平静。正当世界经济开始步履蹒跚迈动复苏步伐之时,欧洲主权债务危机在希腊爆发。2009 年 10 月 20 日,希腊政府宣布当年财政赤字占国内生产总值的比例将超过 12%,远高于欧盟设定的 3% 上限。同年 12 月,全球 3 大评级公司相继下调希腊主权信用评级,希腊危机愈演愈烈,欧洲主权债务危机率先在希腊爆发。欧元区作为一个整体,内在联系十分紧密。2010 年年初,欧洲其他国家也相继陷入这场主权债务危机中,包括比利时这些外界认为比较稳健的国家,以及欧元区内经济实力较强的西班牙,都预报未来 3 年预算赤字居高不下,希腊已非危机主角,整个欧盟都受到债务危机困扰。欧洲主权国家债务危机直接影响了欧元区的经济增长,给全球经济复苏增加了较大的不确定性,甚至被称为"经济的一次 9 级地震"。在世界经济复苏基础仍然薄弱的形势下,希腊主权债务危机造成的"蝴蝶效应"迅速在全球范围引发恐慌。

2010 年 5 月 9 日,欧盟多国财长通过一个总值 7 500 亿欧元的全面救助计划,用以成立一个欧洲金融稳定基金(EFSF),希望借以确保欧洲整体的金融稳定。欧洲主权债务危机,主要源自希腊急于援用巨额融资来设法支付大量到期公债,以避免出现债务违约的风险。有鉴于此,欧元区国家与国际货币基金组织在 2010 年 5 月 2 日同意向希腊提供总值 1 100 亿欧元贷款,但条件是希腊需要厉行一系列的紧缩开支措施。继希腊之后,爱尔兰在同年 11 月也获得总值 850 亿欧元的救助方案,而葡萄牙则在 2011 年 5 月获得另一个总值 780 亿欧元的援助。在 2011 年 5 月,债务危机因为希腊再度在支付到期公债方面出现问题而重新涌现。不少希腊国民因反对政府计划推出的紧缩开支措施而示威游行,群情激愤。一直到 2011 年 6 月底,希腊政府勉强通过新一轮的紧缩开支方案,从而获得欧盟领袖承诺提供援助支持希腊经济,该国引发的危机才得以得到控制。

欧债危机的源头是次贷危机。一国在繁荣时期私人债务相对较高,但危机之后,财政收入减少,经济下滑,抗衰退支出增加,财政状况恶化,主权债务会增加。所以,欧债危机实际上是美国次贷危机引发的国际金融危机的延续和深化。

2.3.2　国际货币体系改革

现行国际货币体系改革的核心问题是国际储备货币问题、汇率制度问题和各国在国际金融机构话语权问题。进一步改革的难点也在于这 3 个问题。

首先,国际储备货币问题。布雷顿森林体系之所以瓦解,其原因在于:国际储备货币的充足和人们对其信心的维持是难以兼顾的,即存在"特里芬难题"。虽然现行体系下出现了储备货币多元化的趋势,但仍然没有解决这一问题。美元依然主导着现行体系下的国际储备资产的供给和价值高低,发展中国家只能被动地接受发达国家输出的储备资产。国际货币体系的重心仍向美国等发达国家倾斜,发展中国家难以摆脱对美国等发达国家经济与金融的依赖。

其次,汇率制度问题。现行体系下的汇率制度,难以建立起稳定的汇率形成机制,存在发达国家对汇率制度的主动安排和发展中国家被动选择的矛盾。发达国家以市场经济充分发展为基础,一般实行浮动汇率制,并能左右国际汇率水平及其变动趋势。而大多数发展中国家由于其经济与金融发展的依附性,只能被动地选择盯住美元等少数几种货币的盯住汇率制,汇率缺乏弹性,且极具脆弱性,汇率水平难以反映发达国家和发展中国家的实际水平,削弱了汇率杠杆对经济发展的调节作用,且在大规模无序的国际资本流动中,维持盯住汇率制度的成本很大,破坏了发展中国家货币政策的独立性。

再次,话语权问题。国际货币基金组织(IMF)有一项规定,有关国际货币体系改革的任何重要问题,如修改协定、调整份额等,必须有 85% 以上的投票权才能通过。而美国目前在 IMF 中的投票权是 16.76%,欧盟作为一个整体拥有 30% 的投票权,美国和欧盟具有一票否决权,这增加了货币体系改革的难度。发展中国家在国际金融机构中难以发挥应有的作用,发展中国家的利益也难以得到体现。

针对现行体系的诸多缺陷,尤其是 2008 年爆发的金融危机,国际社会对牙买加体系进行了一些改革,主要有:改革 IMF 的内部治理机构,增加发展中国家的份额和话语权;向发展中国家和转轨国家转移 4.59% 的投票权;成立金融稳定委员会,对全球宏观经济和金融市场上的风险实施监督;将 G20 峰会作为协商世界经济事务的主要平台;加强金融监管,制定新的《巴塞尔协议 Ⅲ》,进一步严格银行资本金和流动资金标准。但上述的这些改革措施并没有从根本上解决现行体系所存在的诸多缺陷,国际货币体系急需进一步改革。

本章主要内容概要

国际货币体系
- 认识国际货币体系
  - 国际货币体系的概念和内容
  - 国际货币体系的演变历程
- 认识欧洲货币体系
  - 欧洲货币体系的建立
  - 欧洲货币体系的主要内容
  - 欧洲货币体系的发展
- 国际金融危机和国际货币体系改革
  - 国际金融危机
  - 国际货币体系改革

技能训练

目前,在全球流通的美元现钞超过 9 000 亿美元,大约 2/3 在美国境外流通,这意味着美国征收的存量铸币税至少为 6 000 亿美元。美国平均每年能获得大约 250 亿美元的铸币税收益,第二次世界大战以来累计收益在 2 万亿美元左右。也就是说,其他国家为使用美元向美国无偿支付了高额的费用。

中国是美国的最大债权国,根据你所学的知识,分析我国如何摆脱美元的束缚。

案例分析

国际货币体系的改革方向

最近 30 年来,国际金融危机频繁爆发,深刻地暴露出当前美元本位制的根本缺陷,使改革当前国际货币体系的呼声越来越强烈。关于当前国际货币体系改革的倡议,主要可以分为 3 类,这恰好也反映了未来国际货币体系的 3 大潜在改革方向。

方向一,在目前的美元本位制基础上进行修补,特别是建立以美联储为核心的双边本币互换机制,来作为应对各国金融风险的新机制。本轮全球金融危机爆发后,美联储将其在次贷危机期间与部分发达国家央行签署的双边美元互换机制永久化,就体现了这方面的努力。这种改革方向的优点包括:第一,属于存量改革而非增量改革,因此面临的阻力较小;第二,新增的双边美元互换机制能够在紧急时刻提供必要的国际流动性,从而缓解危机爆发时的紧张情绪。

方向二,随着美元地位逐渐衰落,欧元与人民币地位逐渐上升,最终形成美元、欧元与人民币三足鼎立、共同充当全球储备货币的格局。国际货币体系多极化最显著优点是在美元、欧元、人民币各自发行当局之间形成了一种竞争机制。如果哪种货币发得过多,那么市场就会采用"用脚投票"的办法,减持该货币而增持其他货币。这种竞争机制一方面能够部分克服广义"特里芬难题";另一方面,使得各储备货币发行国在制定本国货币政策时,不得不兼顾全球经济对流动性的需求状况。

方向三,在现有的国际储备货币之外另起炉灶,创建一种全新的超主权储备货币。2009 年 3 月,中国人民银行行长周小川公开提出,在国际储备中扩大"特别提款权"(SDR)用途,从而降低对美元依赖的建议,用超主权储备货币来充当全球储备货币。一来可以从根本上克服广义"特里芬难题",即将储备货币的发行与任何国家的经常账户逆差脱离开来;二来可以避免储备货币发行国国内货币政策对全球经济造成的负外部性;三来可以在铸币税的分享与使用方面兼顾全球公平,因此是一种理想的改革方案。然而,要从无到有创建一种全新超主权货币,不仅需要美国这样的既得利益者做出重大让步,而且需要全球各经济体集体行动,创建类似全球央行的机构。

综上所述,当前国际货币体系改革的 3 个潜在方向,既具有各自的独特优势,又具有各自的缺点。不过,从深层次来看,这 3 个改革方向并不是相互排斥与替代的关系,很可能是相互补充的。从时间维度来看,对现有体系进行修补,形成多极化的储备货币体系,创建超主权储备货币,更像是国际货币体系改革在短期、中期与长期内的不同层次的目标。从大方向上来看,国际货币体系的改革正在由一个国家主导向由多个国家甚至国家群体主导的体系演进。

分组讨论:

1. 现行的国际货币体系有哪些弊端?
2. 国际货币体系改革的 3 个潜在方向,你认为分别有哪些缺点?
3. 中国作为世界第二大经济体,参与国际货币体系改革有哪些途径?

实训项目

利用网络视频观看中央电视台 10 集大型纪录片《货币》,包括以下内容:

第 1 集　《有价星球》
第 2 集　《从哪里来》
第 3 集　《黄金命运》
第 4 集　《银行历程》
第 5 集　《权力之争》
第 6 集　《通胀之殇》
第 7 集　《三条红线》
第 8 集　《汇率之路》
第 9 集　《跨越国界》
第 10 集　《未来多远》

看完后撰写一份观后感,具体包括以下内容:

1. 简述国际货币体系的发展历程。

2. 论述人民币在国际货币体系中的地位。

3. 展望国际货币体系的发展趋势。

视野拓展

随着全球贸易的日趋成熟,货币已经超越本国国界,在世界各国间流通使用,货币背后是国家间经济实力的较量,人民币在中国经济全球化的同时也走上国际化道路,推荐观看央视纪录片《货币》第10集《未来多远》。

第 3 章
国际收支平衡表

1. 能够看懂国际收支平衡表。
2. 能够在国际收支平衡表中正确记录各笔国际经济交易。
3. 能够编制国际收支平衡表。
4. 能够对国际收支平衡表的各个项目进行分析。
5. 能够针对不同的国际收支失衡问题采用正确的调节手段。
6. 能够在实际中运用国际收支平衡表。
7. 能够办理国际收支申报业务。

【引 例】

国家外汇管理局公布 2021 年三季度及
前三季度我国国际收支平衡表

2021 年三季度,我国经常账户顺差 4 762 亿元;资本和金融账户逆差 3 119 亿元。其中,非储备性质的金融账户顺差 847 亿元,储备资产增加 3 973 亿元。其中,由国际货币基金组织分配特别提款权形成的储备资产增加 2 716 亿元。

2021 年前三季度,我国经常账户顺差 12 712 亿元;资本和金融账户逆差 6 779 亿元。其中,非储备性质的金融账户顺差 2 682 亿元,储备资产增加 9 467 亿元。

按 SDR 计值,2021 年三季度,我国经常账户顺差 518 亿 SDR;资本和金融账户逆差 340 亿 SDR,其中,非储备性质的金融账户顺差 91 亿 SDR,储备资产增加 432 亿 SDR,其中,由国际货币基金组织分配特别提款权形成的储备资产增加 295 亿 SDR。

按 SDR 计值,2021 年前三季度,我国经常账户顺差 1 373 亿 SDR;资本和金融账户逆差 731 亿 SDR,其中,非储备性质的金融账户顺差 292 亿 SDR,储备资产增加 1 023 亿 SDR。

按美元计值,2021 年三季度,我国经常账户顺差 736 亿美元,其中,货物贸易顺差 1 360 亿美元,服务贸易逆差 319 亿美元,初次收入逆差 341 亿美元,二次收入顺差 35 亿美元。资本和金融账户逆差 483 亿美元,其中,资本账户顺差 1 亿美元,非储备性质的金融账户顺差 130 亿美元,储备资产增加 614 亿美元,其中,由国际货币基金组织分配特别提款权形成的储备资产增加 419 亿美元。

按美元计值,2021 年前三季度,我国经常账户顺差 1 963 亿美元,其中,货物贸易顺差 3 742 亿美元,服务贸易逆差 825 亿美元,初次收入逆差 1 056 亿美元,二次收入顺差 102 亿美元。资本和金融账户逆差 1 044 亿美元,其中,资本账户顺差 1 亿美元,非储备性质的金融账户顺差 418 亿美元,储备资产增加 1 464 亿美元。

(资料来源:中国政府网,2022-01-03)

3.1　国际收支平衡表的编制

3.1.1　国际收支和国际收支平衡表的概念

1)国际收支的概念

国际收支是指在一定时期内(1 年或 1 季度),对一国居民与非居民之间所进行的全部经济交易的系统记录。对于这一概念,应从以下几个方面理解。

①国际收支记录的是居民与非居民之间的经济交易。那么,什么是居民和非居民?划分居民与非居民的依据不是以国籍为标准,而是以居住地、从事生产、消费等经济活动所在地作为划分的标准。因此,在所在国居住或从事经济活动 1 年以上的本国和外国的自然人与法人就是所在国的居民。注:居住 1 年以上只是作为一个指导原则,并不是一个不可变动的尺度。

知识链接 3.1

中国居民

根据居民与非居民的划分原则,中国居民是指:

1. 在中国境内居留 1 年以上的自然人,外国及中国香港地区、中国澳门地区、中国台湾地区在境内的留学生、就医人员,外国驻华使馆领馆外籍工作人员及其家属。

2.中国短期出国人员(在境外居留时间不满1年)、在境外留学人员、就医人员及中国驻外使馆领馆工作人员及其家属。

3.在中国境内依法成立的企业事业法人(含外商投资企业及外资金融机构)和境外法人的驻华机构(不含国际组织驻华机构、外国驻华使馆领馆)。

4.中国国家机关(含中国驻外使馆领馆)、团体、部队。

除此以外的自然人或法人应视为非中国居民。

②国际收支记录的是全部的国际经济交易。全部的国际经济交易包括进出口贸易、服务贸易、易货贸易、国际信贷、国际捐赠和援助捐款等。它既包括国际有偿交易,也包括国际无偿往来。

③国际收支的记录是以交易为基础的,而不是以收支为基础。因此,国际收支既包括立即结清的各种到期支付的交易,也包括未到期的交易。

2)国际收支平衡表的概念

国际收支的外在表现是国际收支平衡表。国际收支平衡表是指在一定时期内(通常指1年或者1季度)的全部国际经济交易,根据交易的内容与范围,按照经济分析的需要设置账户或项目,进行分类统计的一览表。

国际货币基金组织(IMF)规定其各成员国有义务定期向该组织报送本国的国际收支数据资料。IMF逐年编制各成员国的国际收支平衡表,并以年鉴形式出版。

3.1.2 国际收支平衡表的内容

IMF提出了一套有关构成国际收支平衡表的项目分类的建议,称为标准组成部分。各个成员国会在IMF推荐的标准组成部分的基础上,结合本国的具体情况作一定的调整。下面,以2021年前三季度中国国际收支平衡表(表3.1)为例,剖析国际收支平衡表的主要内容。

表3.1 2021年前三季度中国国际收支平衡表

项　目	行次	亿元	亿美元	亿SDR
1.经常账户	1	12 712	1 963	1 373
贷方	2	180 059	27 829	19 451
借方	3	−167 348	−25 866	−18 079
1.A 货物和服务	4	18 877	2 917	2 039
贷方	5	163 139	25 214	17 624
借方	6	−144 262	−22 297	−15 585
1.A.a 货物	7	24 210	3 742	2 615
贷方	8	147 850	22 851	15 972
借方	9	−123 640	−19 109	−13 357

续表

项 目	行次	亿元	亿美元	亿SDR
1.A.b 服务	10	−5 333	−825	−576
贷方	11	15 290	2 363	1 652
借方	12	−20 622	−3 188	−2 228
1.B 初次收入	13	−6 828	−1 056	−738
贷方	14	14 688	2 270	1 586
借方	15	−21 515	−3 326	−2 324
1.C 二次收入	16	663	102	72
贷方	17	2 232	345	241
借方	18	−1 570	−243	−170
2. 资本和金融账户	19	−6 779	−1 044	−731
2.1 资本账户	20	6	1	1
贷方	21	14	2	1
借方	22	−7	−1	−1
2.2 金融账户	23	−6 785	−1 045	−731
资产	24	−41 119	−6 353	−4 433
负债	25	34 334	5 308	3 702
2.2.1 非储备性质的金融账户	26	2 682	418	292
2.2.1.1 直接投资	27	10 620	1 640	1 145
资产	28	−5 524	−854	−597
负债	29	16 144	2 495	1 742
2.2.1.2 证券投资	30	2 857	445	311
资产	31	−6 425	−992	−691
负债	32	9 283	1 437	1 001
2.2.1.3 金融衍生工具	33	240	37	26
资产	34	588	91	63
负债	35	−348	−54	−38
2.2.1.4 其他投资	36	−11 036	−1 704	−1 190
资产	37	−20 291	−3 134	−2 185
负债	38	9 255	1 430	996

续表

项　目	行次	亿元	亿美元	亿SDR
2.2.2 储备资产	39	−9 467	−1 464	−1 023
3. 净误差与遗漏	40	−5 933	−919	−642

注:

1. 根据《国际收支和国际投资头寸手册(第6版)》编制,资本和金融账户中包含储备资产。

2. "贷方"按正值列示,"借方"按负值列示,差额等于"贷方"加上"借方"。表3.1除标注"贷方"和"借方"的项目外,其他项目均指差额。

3. 季度人民币计值的国际收支平衡表数据,由当季以美元计值的国际收支平衡表,通过当季人民币对美元平均汇率中间价折算得到,季度累计的人民币计值的国际收支平衡表由单季人民币计值数据累加得到。

4. 季度SDR计值的国际收支平衡表数据,由当季以美元计值的国际收支平衡表,通过当季SDR对美元平均汇率折算得到,季度累计的SDR计值的国际收支平衡表由单季SDR计值数据累加得到。

5. 本表计数采用四舍五入原则。

6. 细项数据请参见国家外汇管理局门户网站"统计数据"栏目。

7.《国际收支平衡表》采用修订机制,最新数据以"统计数据"栏目中的数据为准。

(资料来源:国家外汇管理局门户网站,2022-01-07)

1)经常项目(Current Account, CA)

经常项目是经常发生的交易。经常账户反映一国与他国之间实际资源的转移,是国际收支平衡表中最基本的项目。经常项目包括货物与服务、初次收入和二次收入3个子项目。

(1)货物与服务

该账户记录一国居民和非居民之间的交易,即通常讲的贸易往来。

货物是经常项目乃至整个国际收支平衡表中最重要的项目,该项目记录一国商品的进出口,又称有形贸易。

服务反映的是一国服务的输入和输出,即一国利用外国的服务数额和外国利用本国的服务数额,又称无形贸易。服务的种类很多,包括运输、保险、通信、旅游、建筑、金融、计算机和信息服务等。

(2)初次收入

该账户记录一国由于提供劳务、金融资产和出租自然资源而获得的回报。主要包括雇员报酬和投资收益两大项。其中,雇员报酬记录的是个人在与企业的雇佣关系中因对生产过程的劳务投入而获得的酬金回报,包括现金或实物形式的工资、薪金和福利。投资收益记录的是提供金融资产所得到的回报,包括直接投资项目下的利润、利息收支和再投资收益、证券投资收益等。

(3)二次收入

该账户记录经济体的居民在没有同等经济价值回报的情况下,与非居民之间发生的提供或接收经济价值的单方面交易行为,也称经常转移。经常转移包括政府的经常转移和私人部门的经常转移。政府的经常转移通常有政府间经济和军事援助、战争赔款以及捐款等;私人部门的经常转移主要有侨民汇款、企业年金以及赠予等。

2）资本和金融账户(Capital and Financial Account，KA)

资本和金融账户反映资产所有权在国际的转移，包括资本账户和金融账户。

（1）资本账户

该账户记录居民与非居民之间的资本转移以及非生产非金融资产的取得和处置。

①资本转移。反映涉及固定资产所有权的变更以及债权债务的减免。资本转移有别于经常转移。资本转移涉及固定资产所有权的变更，不直接影响双方当事人的可支配收入和消费，不经常发生，规模相对较大。而经常转移涉及非固定资产所有权的变更，直接影响捐助者或受助者的可支配收入和消费，经常发生，规模较小。

②非生产非金融资产的取得和处置。包括不是由生产创造出来的有形资产（如土地、矿产权、林权、水资源权等自然资源）和无形资产（如专利、版权、商标以及经营权等）的取得和处置。关于无形资产，经常账户的服务项下记录的是无形资产运用引起的收支，而在资本账户下记录的是无形资产所有权的买卖引起的收支。

（2）金融账户

该账户记录的是居民与非居民之间的金融资产与负债交易，反映资本的流入和流出。金融账户分为非储备资产性质的金融账户和储备资产两大类。

①非储备资产性质的金融账户。该账户按照资产负债的性质以及功能不同分为直接投资、证券投资、金融衍生工具和其他投资4类。

直接投资是直接投资者寻求在本国以外运行企业获取有效发言权为目的的投资。直接投资通常包括股本资本、用于再投资的收益和其他资本。直接投资者通常在国外投资的企业拥有10%及以上的普通股或投票权，对该企业的管理拥有有效的发言权。

证券投资是指跨越国界的股权和债券投资。这里的股权投资通常拥有10%以下的普通股，10%以下通常对该企业的管理没有发言权。

金融衍生工具除了我们熟悉的期货、期权以及互换等，还包括雇员认股股权，也就是在既定日期创建的、授予雇员可以在一定时间内，以约定价格购买一定数量雇主股票的权利，雇员认股股权显然是一种报酬形式。在IMF公布的《国际收支手册（第5版）》中并没有对金融衍生工具单独统计。随着金融衍生工具的发展，特别是2008年美国次贷危机之后，人们对金融衍生工具的认识有所加强，因此，在《国际收支手册（第6版）》中IMF要求各国必须在国际收支平衡表中单独反映金融衍生工具项目。

其他投资是指除了直接投资、证券投资、金融衍生工具和储备资产之外的居民和非居民之间进行的其他金融交易，包括其他股权、货币和存款、贷款、保险和养老金、贸易信贷等。

②储备资产。该账户反映一国或地区中央银行所拥有的对外资产。储备资产包括4项内容：货币性黄金、特别提款权、外汇储备和在国际货币基金组织中的储备头寸。

货币性黄金是一国货币当局持有的作为金融资产而使用的黄金，与其他经济实体使用的黄金不同。

特别提款权，也称纸黄金，是指IMF对会员国根据其份额分配的、可以用来归还IMF的贷款和会员国政府之间偿付国际收支赤字的一种账面资产。IMF分配给的且尚未用完的特别提款权,构成了一国储备资产的一部分。

外汇储备是指国家货币当局持有的外汇资产。2016 年 10 月 1 日,人民币正式纳入国际货币基金组织特别提款权(SDR)货币篮子,成为国际储备货币。即日起,IMF在其官方外汇储备数据库中单独列出人民币资产,以反映 IMF 成员人民币计价储备的持有情况。IMF 的"官方外汇储备货币构成"调查以统计总量的形式列出会员国所持有的外汇储备货币构成。目前,美元、欧元、英镑、日元、瑞士法郎、澳元、加元和人民币属于调查单独列出的货币,所有其他货币则合并列示。

在国际货币基金组织中的储备头寸又称普通提款权,是成员国按照规定从基金组织提取一定数额款项的权力。普通提款权分为 3 个部分:黄金份额贷款(成员国向基金组织认缴份额时,认缴份额 25% 的黄金或外汇部分),国际货币基金组织为满足其他会员国的资金要求而使用掉的本国货币,国际货币基金组织向该国借款的净额。

3)净误差和遗漏(Errors and Omissions, E&O)

国际收支平衡表是按照会计学的复式簿记原理记账的,所有账户的借方总额与贷方总额应该相等,国际收支平衡表应该是一份总的净值为零的统计报表,但是,一国国际收支平衡表不是出现净的借方余额就是出现净的贷方余额。余额的原因是统计资料有误差和遗漏,从而形成统计残差项。造成统计资料误差和遗漏的原因有:第一,资料不能统计完整,比如,商品走私、资本潜逃等是难以统计出来的。第二,统计数字的重复算和漏算,比如有的统计资料来自海关报表,有的来自银行报表,有的来自政府主管部门的统计,难免口径不一造成重算和漏算。第三,有的统计数字可能是估算出来的。另外,国际资本流动中由于短期资本本身的特点,流入流出异常迅速。加之投机性极强,有时方式较隐蔽,为逃避外汇管制和其他官方限制,超越正常的收付渠道出入国境,很难得到真实资料。因此,人为设立一个净误差和遗漏账户,以抵补前面所有借方、贷方项目之间的差额,从而使借贷双方最终达到平衡。如果经常账户和资本金融账户这两个项目的贷方出现余额,就要在净误差和遗漏账户的借方列出与余额相等的数字。反之,如果这两个项目的借方出现余额,则在净误差和遗漏账户的贷方列出与余额相等的数字。

3.1.3　国际收支平衡表的编制原理和记账方法

1)编制原理和记账方法

(1)编制原理

国际收支平衡表采用复式簿记形式编制。它以"借"和"贷"为记账符号,以"有借必有贷,有贷必有借,借贷必相等"为记账原则。借方记录资产的增加和负债的减少,贷方记录资产的减少和负债的增加。每一笔交易都会产生金额相等的借方和贷方两笔记录。凡是引起本国外汇收入(或外汇供给)的交易,都记入贷方(或称正号项目),记为"+"(通常省略);凡是引起本国外汇支出(或外汇需求)的交易,都记入借方(或称负号项目),记为"-"。当收入大于支出而有盈余时,称为顺差;反之则称为逆差,应在逆差数字前冠以"-"号。也有人称逆差为"赤字",而称顺差为"黑字"。

储备资产增加记入借方(负号项目),动用官方储备即储备资产减少记入贷方(正号项目)。

与经常账户和资本账户按照总额记录不同,金融账户采用净额记录,贷方记录金融资产的净获得,借方记录负债的净发生。例如,直接投资记录本国对外国的直接投资和外国对本国的直接投资,本国对外国直接投资则本国金融资产增加。如果投资撤回则金融资产减少,投出去减去撤回来的差额即净额,才会记录在直接投资下的金融资产净获得一方,即贷方。

(2)记入借方和贷方的具体项目

①借方项目。

A. 货物或服务的进口。

B. 非居民为本国居民提供劳务或从本国取得的收入。

C. 本国居民对非居民的单方面转移。

D. 本国居民获得外国资产。

E. 本国居民偿还非居民债务。

F. 官方储备增加。

②贷方项目。

A. 货物或服务的出口。

B. 本国居民为非居民提供劳务或从外国取得的收入。

C. 本国居民收到的国外的单方面转移。

D. 非居民获得本国资产或对本国投资。

E. 非居民偿还本国居民债务。

F. 官方储备减少。

(3)进出口商品的计算

进出口商品均采用离岸价格(FOB)计算。

2)需要说明的问题

在国际收支平衡表的实际运用中需要说明以下问题。

①国际收支平衡表所表示的是一个流量而不是一个存量。它是在一段时期的发生额,而不是某个时点的持有额。

②国际惯例。为统一口径,减少重复计算,国际货币基金组织建议国际收支中的进出口都采用离岸价格(FOB)计算。

③记账单位和折算办法。每个国家汇总记账单位与汇总全球的数据通用的记账单位应当是统一的,折算时一般采用交易期最短时期内的平均汇率。我国目前编制的国际收支平衡表使用的货币单位是美元,所采用的折算办法是使用国家外汇管理局制定的各种货币对美元统一折算率进行折算。

④明确经济交易记录日期。经济交易有关的日期有签约日期、到期日期等。通常认为,交易时间的确定要遵守权责发生制的原则。为统一记录口径,按照国际货币基金组织规定,登录国际收支平衡表时,应以商品、劳务和金融资产所有权变更的日

期为准。实质上是以债权债务的发生日为准。所有权变更可能反映在法律上,也可能反映在实物上或涉及计价上的控制权和占有权。当所有权的变更不明显时,则根据惯例将交易双方入账的时间定为所有权变更时间。商品和金融资产的交易,当它们不再是原所有人账上的资产而成为新的所有人账上的资产时,就应加以记录。

例题:

1. 某国 2018 年对外经济活动的资料如下。

(1)A 国从该国进口 180 万美元的纺织品,该国将此笔货款存入美联储银行。

(2)该国从 B 国购入价值 3 600 万美元的机器设备,由该国驻 B 国的银行机构以美元支票付款。

(3)该国向 C 国提供 8 万美元的工业品援助。

(4)该国动用外汇储备 60 万美元,分别从 A 国和 D 国进口小麦。

(5)E 国保险公司承保(2)(4)项商品,该国支付保险费 2.5 万美元。

(6)该国租用 F 国的船只运送(2)(4)两项商品,运费 12 万美元,付款方式同(2)。

(7)外国游客在该国旅游,收入为 15 万美元。

(8)该国在海外的侨胞汇回本国 25 万美元。

(9)该国对外承包建筑工程 30 万美元,分别存入所在国银行。

(10)外国在该国直接投资 1 500 万美元。

(11)该国向 G 国出口 25 万美元的商品,以清偿对 G 国银行的贷款。

(12)该国在国外发行价值 100 万美元的 10 年期债券,该笔款项存入国外银行。

(13)该国向国际货币基金组织借入短期资金 30 万美元,以增加外汇储备。

(14)据年底核查,该国外汇储备实际增加了 75 万美元。

2. 数据分析如下。

(1)A 国从该国进口 180 万美元的纺织品。该国将此笔货款存入美联储银行(贷方:贸易出口项目;同时,这笔货款支出由 A 国在国外的银行支付给该国,引起该国短期资本的增加,故应记入借方:金融账户的其他投资)。

(2)该国从 B 国购入价值 3 600 万美元的机器设备(收入记入借方:贸易进口项目);同时,这笔货款支出由该国在国外的银行支付,这是短期资本的减少,故应记入贷方:金融账户的其他投资,由该国驻 B 国的银行机构以美元支票付款。

(3)该国向 C 国提供 8 万美元的工业品援助(借方:无偿转移支出;贷方:贸易出口)。

(4)该国动用外汇储备 60 万美元,分别从 A 国和 D 国进口小麦(借方:贸易进口;贷方:储备资产减少)。

(5)E 国保险公司承保(2)(4)项商品,该国支付保险费 2.5 万美元(借方:非贸易输入;贷方:金融账户的其他投资)。

(6)该国租用 F 国的船只运送(2)(4)两项商品,运费 12 万美元,付款方式同(2)(借方:非贸易输入;贷方:金融账户的其他投资)。

(7)外国游客在该国旅游,收入为 15 万美元(借方:储备资产;贷方:非贸易输出)。

(8)该国在海外的侨胞汇回本国 25 万美元(借方:储备资产;贷方:无偿转移收入)。

（9）该国对外承包建筑工程 30 万美元,分别存入所在国银行(贷方:非贸易输出;借方:金融账户的其他投资)。

（10）外国在该国直接投资设备 1 500 万美元(借方:非贸易输入;贷方:金融项目中的直接投资)。

（11）该国向 G 国出口 25 万美元的商品,以清偿对 G 国银行的贷款(借方:金融账户的其他投资;贷方:贸易出口)。

（12）该国在国外发行价值 100 万美元的 10 年期债券,该笔款项存入国外银行(借方:金融账户的其他投资;贷方:金融账户的证券投资)。

（13）该国向国际货币基金组织借入短期资金 30 万美元,以增加外汇储备(借方:储备资产增加;贷方:金融账户的其他投资)。

（14）据年底核查,该国外汇储备实际增加了 75 万美元(由于借方储备资产最终增加 75 万美元,那么净误差和遗漏 X 必须满足平衡式: $X+15+25+30-60=75$ 万美元,从而计算出: $X=75-15-25-30+60=65$ 万美元,大于 0,所以应记入贷方净误差与遗漏)。

3. 编制国际收支平衡表草表(表 3.2)。

表 3.2　国际收支平衡表草表

单位:万美元

借　方		贷　方	
贸易进口	3 600(2)	贸易出口	180(1)
	60(4)		8(3)
			25(11)
非贸易输入	2.5(5)	非贸易输出	15(7)
	12(6)		30(9)
	1 500(10)		
无偿转移支出	8(3)	无偿转移收入	25(8)
资本项目		资本项目	
非储备性质金融项目	25+180+30+100 (11)(1)(9)(12)	金融项目	100+3 600+2.5+12+30+1 500 (12)(2)(5)(6)(13)(10)
储备资产增加	30(13)	储备资产减少	60(4)
	15(7)		
	25(8)		
	65		
净误差与遗漏		净误差与遗漏	65
合计	5 652.5	合计	5 652.5

4.编制国际收支平衡表(表3.3)。

表3.3　国际收支平衡表

单位:万美元

	借　方	贷　方	差　额
一、经常项目	5 182.5	283	−4 899.5
1.商品	3 660	213	−3 447
2.服务	1 514.5	45	−1 469.5
3.收益			
4.经常转移	8	25	17
二、资本和金融项目	335	5 244.5	4 909.5
1.资本项目			
2.金融项目			
非储备资产	335	5 244.5	4 909.5
储备资产		65	65
三、净误差与遗漏	135	60	−75

3.2　国际收支平衡表的差额分析

3.2.1　国际收支平衡表的差额

国际收支平衡表由经常账户、资本和金融账户、净误差与遗漏 3 个项目构成,每一个项目下又有若干个子项目。国际收支平衡表的每个项目都有借方、贷方和差额 3 栏数字,分别反映一定时期内各项对外经济活动的发生额。由于国际收支平衡表以会计复式记账法编制,因此表的借方总额和贷方总额总是相等的。但其中的某些项目或账户可能出现盈余或赤字,形成了不同的项目差额。主要的项目差额有以下几种。

1)贸易差额

贸易差额是货物和服务进出口的差额。余额在贷方表明该国出现了贸易顺差,余额在借方表明该国出现了贸易逆差,又称贸易赤字。贸易差额是短期内反映一国国际收支状况的重要指标。

贸易收支只是整个国际收支的一部分,但对于有的国家来讲,贸易收支在整个国际收支中所占的比重较大,甚至贸易差额对国际收支有决定性的影响,贸易收支可以近似代表国际收支。另外,一国的货物和服务进出口情况可以综合反映一国的产业结构、产品质量和劳动生产率状况,反映该国产业的国际竞争能力。即使资本项目比重很大的发达国家,仍然非常重视贸易收支差额,贸易收支具有不可逆转性。

2) 经常账户差额

经常账户差额是贸易差额、初次收入差额和二次收入差额之和。余额在贷方表明该国经常账户顺差,余额在借方表明该国经常账户逆差。经常账户差额具有不可逆性,是国际收支差额中的稳定部分。

因为经常账户差额不仅包括贸易差额,而且包括收益和经常转移差额,所以经常账户差额是反映一国国际收支状况更全面、更重要的指标,是一个国家制定国际收支政策和产业政策的重要依据。同时,国际经济协调组织也经常采用这一指标对成员国的外部经济状况进行分析。经常账户差额反映一国全部生产部门在国际市场的竞争能力,是衡量国际收支情况的一项重要指标。在对一国国际收支状况进行分析的过程中,学者们通常以该国的经常账户差额与该国 GDP 的比值来衡量一国国际收支失衡的程度,一般这个比值超过 5% 表明该国外部失衡严重。2005—2008 年,我国这个比值连续 4 年在 5% 以上,2007 年达到最高值 10.02%,说明我国经常账户盈余超过正常比例过多,国际收支失衡较为严重。

3) 资本账户差额

资本账户差额是非生产非金融资产账户差额和资本转移账户差额之和。余额在贷方表明出现了顺差,余额在借方表明出现了逆差。资本账户通常在整个国际收支平衡表中所占比重较小。

4) 金融账户差额

金融账户差额是直接投资账户差额、证券投资账户差额、金融衍生工具和雇员认股权账户差额、其他投资账户差额和储备资产账户差额之和,金融账户差额反映一国金融资本流出流入的情况。余额在贷方表明顺差,有净资本的流入;余额在借方表明逆差,有净资本的流出。

IMF《国际收支手册(第6版)》出版后,我国统计部门对国际收支平衡表的编制方法进行了调整,把储备资产纳入金融账户,把金融账户分为非储备性质的金融账户和储备资产两大类。我们通常所说的金融账户是指非储备性质的金融账户。对金融账户差额的分析很重要,它反映了一国金融市场的开放程度和金融市场的发展程度,是一国制定货币政策和汇率政策的重要依据。但因为其具有可逆性特征,是国际收支差额中的不稳定部分,所以不如经常账户差额重要。

5) 综合差额

综合差额是经常账户差额、资本账户差额、非储备性质的金融账户差额和净误差和遗漏账户差额之和。综合差额和储备账户差额的关系如下:

综合差额=-储备资产账户差额

综合差额反映一国需要动用(或增加)储备的方式来弥补的差额,反映了一国国际收支状况对一国储备资产造成的压力。当综合差额为逆差时,对于实行固定汇率制度的国家来说,就需要动用储备的方式来弥补该逆差。因此,对于实行固定汇率制度的国家来说,该差额非常重要。但对于实行浮动汇率制度的国家来说,综合差额不平衡时,可以通过汇率的变动进行调节,无须通过储备的变动来融通,因此该差额没有那么重要。

综合差额将除了储备资产以外的其他所有交易作为自主性交易放在线上,是衡量和分析一国国际收支状况的最全面指标。平时我们所说的国际收支顺差和逆差指的是综合差额。如果综合差额大于零,我们说国际收支顺差;如果综合差额小于零,我们说国际收支逆差。因为综合差额和储备资产账户差额数字大小相等,符号相反,所以我们也可以看储备资产账户差额来判断一国国际收支状况。如果一国综合差额赤字主要是由经常账户赤字带来的,或者综合差额盈余主要是由金融账户的盈余带来的,那就要引起当局的注意,相反则不必太在意。

3.2.2 国际收支平衡表的差额分析

国际收支平衡表的分析方法有静态分析、动态分析和比较分析3种。在对一国国际收支进行分析时,一定要把这3种分析方法结合起来,才能对一国经济进行全面、正确、深入地分析。

1)静态分析

静态分析是分析某国在某一时期(1年、1季度或1个月)的国际收支平衡表。具体地讲,是计算和分析表中各个项目及其差额,分析各个项目差额形成的原因与对国际收支总差额的影响。

静态分析的方法和应注意的问题如下。

(1)贸易收支

一国贸易收支出现顺差或逆差,主要受多个方面的因素影响,它包括:经济周期的更替、财政与货币政策变化所决定的总供给与总需求的对比关系,气候与自然条件的变化,国际市场的供求关系,本国产品的国际竞争力,本国货币的汇率水平等。结合这些方面的资料进行分析,有助于找出编表国家贸易收支差额形成的原因。

(2)服务收支

服务收支反映编表国家有关行业的发达程度与消涨状况。如运费收支的状况直接反映了一国运输能力的强弱,一般发展中国家在这方面总是支出,而一些经济发达的国家由于拥有强大的商船队而收入颇丰;还有银行和保险业务收支状况反映了一个国家金融机构的完善状况。分析这些状况,对本国来说,可以为寻找改进对策提供依据;对别国来说,为选择由哪个国家提供相关业务的服务提供依据。

(3)经常转移

在经常转移收入中,重点研究官方转移收入。第二次世界大战后,国际援助相对来说在不断增加,这种援助包括军事援助和经济援助两种,其中又分低息贷款和无偿援助两部分。在分析这个项目时,除考虑其数额大小外,还要分析这种援助的背景、影响及其后果,并对趋势做分析。

（4）资本与金融项目

资本与金融项目中涉及许多子项目,如直接投资、间接投资、国际借贷和延期付款信用等。一般来说,前3项处于主要地位。直接投资反映一国资本国际竞争能力的高低（对发达国家而言）或一国投资利润前景的好坏（对发展中国家而言）。国际借款反映了一国借用国际市场资本条件的优劣,从而反映了该国的国际信誉高低。第二次世界大战后,短期资本在国际移动的规模与频繁程度都是空前的,它对有关国家的国际收支与货币汇率的变化都有重要影响。因此,研究、分析短期资本在国际流动的流量、方向与方式,对研究国际金融动态和发展趋势具有重要意义。

（5）储备资产项目

分析储备资产项目,重点分析国际储备资产变动的方向,因为它反映了一国对付各种意外冲击能力的变化。

（6）净误差与遗漏

净误差与遗漏主要分析其数额大小的变化。因为净误差与遗漏的规模一方面反映了一国国际收支平衡表虚假性的大小,规模越大,国际收支平衡表对该国国际经济活动的反映就越不准确；另一方面,在某种程度上它也反映了一国经济开放的程度,一般来说,经济越开放,净误差与遗漏的规模就越大。

2）动态分析

动态分析又称纵向分析,是对某一个国家若干连续时期的国际收支平衡表进行的分析。国际收支平衡表虽然只反映某一特定时期的情况,但应该看到,它绝不是孤立存在的,而是与以前或以后的发展过程紧密相连的。可以说,它既是前一时期演变的结果,又是后一时期状况的原因。因此,要研究一国的国际经济地位、国际金融状况,必须遵循动态性原则,连续分析不同时期的国际收支平衡表,掌握其长期变化情况。只有这样,才能得出比较正确的结论。

3）比较分析

比较分析包括纵向比较和横向比较。

纵向比较是指分析一国若干连续时期的国际收支平衡表,即上述动态分析。横向比较是指对不同国家在相同时期的国际收支平衡表进行比较分析。后一种比较分析较为困难,因为各国的国际收支平衡表在项目的分类与局部差额的统计上不尽相同。利用联合国或国际货币基金组织的资料有助于克服这一困难。因为这两个机构公布的若干重要资料,都是经过重新整理后编制的,可以互相比较。

3.3　国际收支失衡的调节

3.3.1　国际收支平衡与失衡

1）国际收支平衡的含义

判断一国国际收支是否平衡,先要弄清楚以下两组概念。

（1）国际收支的账面平衡与真实平衡

国际收支的账面平衡是指国际收支平衡表的账面平衡。从会计意义上讲,国际收支平衡表的账面总额总是平衡的。其中,虽然某些账户可能出现赤字,但是可以用其他账户的盈余弥补。例如,经常账户的差额可以用资本与金融账户的净额平衡;所有交易项目的差额可以用储备资产弥补。这是由编制国际收支平衡表的复式记账原理和借贷记账方法所决定的,但这并非国际收支的真实平衡。

国际收支的真实平衡是指国际收支在经济意义上的平衡。事实上,一国国际收支活动是由各种各样的对外经济交易引起的,不可能做到收支完全相抵。因此,一国真实的国际收支活动往往不是顺差就是逆差,只是差额的大小不同而已。

分析一国国际收支是否平衡,最直观的方法就是从国际收支平衡表的账面上,根据储备资产项目的增减变动数额判断。国际收支顺差,则储备资产增加;国际收支逆差,则储备资产减少。

（2）国际收支的主动平衡与被动平衡

一国国际收支记录的全部对外经济交易可以分为自主性交易和调节性交易。由自主性交易形成的国际收支平衡是主动平衡,由调节性交易带来的国际收支平衡是被动平衡。

自主性交易是指经济主体或居民个人（如金融机构、进出口商、国际投资者等）,出于某种自主性目的（如追求利润、减少风险、资产保值、逃税避税、逃避管制或投机等）进行的交易活动。例如,商品、劳务、技术交流、收益转移、无偿转让、各种形式的对外直接投资、证券投资等。商品劳务的交易是因为国际上商品价格、成本不同和劳务技术的差异而发生的。单方面转移是私人基于个人关系或政府基于政治、军事等方面的考虑而进行的。资本流动是因为国内外投资预期收益率不同而发生的。从动机上看,这些交易完全没有考虑一国国际收支是否会因此发生失衡,因此称为自主性交易。自主性交易体现的是经济主体或居民的个人意志,不代表哪一个国家或政府的意志,具有事前性、自发性和分散性的特点。

调节性交易又称补偿性交易,是指中央银行或货币当局出于调节国际收支差额,维护国际收支平衡,维持货币汇率稳定的目的而进行的各种交易,包括国际资金融通、资本吸收引进、国际储备变动等。调节性交易是在自主性交易出现差额时,为了弥补或调节这种差额,政府出面进行的交易活动,体现了一国政府的意志,具有事后性、集中性和被动性等特点。

由自主性交易达成的主动平衡是各国国际收支平衡追求的目标。自主性交易的平衡与否是判断一国国际收支是否真实平衡的标准。

2)国际收支失衡的原因

国际收支失衡是一种极为常见的经济现象。导致国际收支失衡的原因是极为复杂的,为了及时调节国际收支的不平衡,需要分析其产生的具体原因,以便采取相应的措施。但归纳起来,其失衡原因主要有以下几种类型。

(1)偶然性因素

偶然性因素是指国际政治经济的突发事件、恶劣的气候条件等非正常因素。例如,由于遭受自然灾害而使农业歉收,减少了谷物出口,或不得不进口谷物;由于造成交通阻滞,从而影响进出口能力;由于国际社会的经济封锁与制裁,让进出口受阻使贸易收支恶化等。由偶然性因素导致的国际收支失衡一般持续时间也不会太长,只要通过短期融资或动用外汇储备就可以加以解决。

(2)周期性因素

在经济发展的过程中,各国经济不同程度地处于周期波动之中,周而复始地出现繁荣、衰退、萧条、复苏。经济周期的不同阶段对国际收支会产生不同的影响。在经济衰退阶段,国民收入减少,总需求下降,物价下跌,会促使出口增长,进口减少,从而出现贸易顺差。而在经济繁荣的初期阶段,国民收入增加,总需求上升,物价上涨,则使进口增加,出口减少,从而出现贸易逆差。由于当今各国之间的经济联系日益密切,主要工业国的经济周期往往会很快传播到其他国家,因此,周期国际收支不平衡通常表现为全球性的不平衡。

(3)结构性因素

由于国家之间地理状况、自然资源、科技水平等经济条件的差异,会使某些国家形成有相对优势的商品出口结构。但是,当国际市场对交易商品的需求发生了变化,而这些国家现有的产业结构不能及时调整以适应变化了的需求,贸易条件恶化时,就会使出口减少,进出口失衡,贸易收支恶化,导致国际收支逆差。这种结构失衡多见于发展中国家,这是由于发展中国家进出口结构不合理,资金缺乏,技术水平低下造成的。由于经济结构的调整需要较长的时间,因此,要消除因结构性因素导致的国际收支失衡是一个较长期的过程。

(4)货币性因素

货币性因素又称物价因素。在一定的汇率水平下,由于通货膨胀或通货紧缩的原因,使得一国的货币成本和物价水平与其他国家相比发生了变化,这也会引起国际收支不平衡。例如,一国在某汇率水平下,由于通货膨胀及物价普遍上升,使其商品的货币成本与物价水平相对升高,从而削弱了出口商品的国际竞争力,必然导致商品出口减少。另一方面,外国商品的价格与国内物价相比就显得较低,这又刺激了商品进口,从而造成国际收支逆差。

(5)不稳定的投机和资本流动

这是在浮动汇率制下,资本为了规避汇率变动的风险所产生的国际收支失衡。

在许多情况下,它通常是激化已经存在了的不平衡。一般来说,由于对某种因国际收支不平衡引起的货币币值升降的预测是不稳定的投机和资本流动的主要原因。当然,有时为了投资的安全而引起的国际资本流动,也直接造成了国际收支不平衡。

上述各因素中,经济结构性因素、收入性因素引起的国际收支不平衡,具有长期性,被称为持久性不平衡。其他因素引起的国际收支不平衡具有临时性,被称为暂时性不平衡。

3)国际收支失衡的影响

一般来说,一国的国际收支不平衡总是不可避免的。在某种意义上,一定限度内的国际收支顺差或逆差也许是有益无害的。但是,一国的国际收支如果出现了持续大量的不平衡而得不到改善,则对该国宏观经济有着重大的影响。

①一国的国际收支状况是影响该国汇率升降的直接原因。当一国国际收支持续顺差,外汇收入会相应增多,国际储备也随之增长,该国货币的对外价值高,在外汇市场上对该国货币求大于供,其汇率就比较坚挺,成为强势货币或硬通货。反之,当一国国际收支持续逆差,以致对外债务增加或国际储备日趋减少,该国货币的对外价值就会降低,在外汇市场上对外币的需求增多,本国货币的汇率就比较疲软,从而使该国货币成为弱势货币或软通货。

②一国的国际收支状况也影响该国的商品价格变化和通货膨胀的程度。当一国国际收支经常保持平衡或顺差,汇率较少波动,物价稳定,通货供应量正常,有利于国民经济的发展。反之,一国国际收支出现逆差且逆差严重,本国货币汇率大幅度下跌,货币对外价值相应降低,必将导致以本国货币计算的进口商品价格急剧上升,带动国内的物价普遍上涨,从而引起或加剧该国通货膨胀。

③一国的国际收支状况对该国的利率政策具有直接影响,从而影响国内宏观经济目标的实现。当一国国际收支持续顺差,会使一国利率政策宽松,这有助于刺激经济增长。当一国国际收支持续逆差,为防止国际收支状况恶化,要提高利率水平以吸引外国资金流入,但高利率会抑制国内投资,不利于经济增长和充分就业。

3.3.2　国际收支失衡的调节

由于一个国家的国际收支失衡会对该国经济的稳定和发展产生十分重要的影响,各国都采取各种各样的政策和措施来调节国际收支,使国际收支的结果朝着有利于本国经济稳定的方向发展。归纳起来,主要有国内措施与国际合作、单项措施与综合对策、直接措施与间接调控等。具体是外汇缓冲政策、财政政策和货币政策、汇率政策、直接管制措施及国际经济金融合作等。

1)外汇缓冲政策

外汇缓冲政策,是指一国政府为调节国际收支的失衡,将持有的一定数量的黄金、外汇储备作为外汇平准基金,来抵消市场上的超量外汇供给或需求的一项政策。具体运用是:当国际收支失衡时,由中央银行在外汇市场上买卖(顺差时买入,逆差时卖出)外汇,调节外汇的供需状况,使国际收支变动的影响仅限于外汇储备的增减,而不致影响国内经济与金融。这是解决一次性或季节性国际收支短期失衡的简便有力的政策措施,但是这种政策无法解决长期的国际收支逆差问题(会导致外汇储备枯竭而政策失效)。

2)财政政策和货币政策

(1)财政政策

财政政策是指一国政府通过调整财政收入,抑制或扩大公共支出和私人支出,控制改变总需求和物价水平,从而调节国际收支。在一国国际收支出现逆差时,政府实行紧缩性的财政政策,削减财政开支或提高税率,引起社会上投资和消费减少,降低社会总需求,迫使物价下降,从而促进出口,抑制进口,以改善国际收支。反之,在国际收支出现大量顺差时,政府则实行扩张性财政政策,增加财政开支,降低税率,以扩大总需求,减少出口,增加进口,从而减少国际收支的盈余。

(2)货币政策

货币政策是指货币当局通过调整再贴现率,改变法定存款准备金比率等手段影响银根的松紧和利率的高低,引起国内货币供应量和总需求以及物价水平的变化,以实现对国际收支的调节。

①贴现政策。它是指中央银行通过改变其对商业银行等金融机构所持有的未到期票据进行再贴现时所收取利息的比率,即再贴现率,也就是以提高或降低再贴现率的办法,借以扩充或紧缩货币投放与信贷规模,吸引或排斥国际短期资本的流出、流入,以达到调节经济与国际收支的目的。

当一国出现国际收支逆差时,该国中央银行就调高再贴现率,从而使市场利率提高,吸引外国资本的流入,减少本国货币的流出。提高利率,即对市场资金供应采取紧缩的货币政策,会使投资与生产规模缩小,失业增加,国民收入减少,消费缩减,在一定程度上可降低国际收支逆差。在顺差的情况下,中央银行就调低再贴现率,从而起到与上述相反的作用,以降低顺差的规模。

贴现政策是西方国家最普遍、最频繁采用的间接调节国际收支的政策措施,但是有一定的限制因素。

②改变存款准备金比率的政策。中央银行通过改变存款准备金比率来影响商业银行贷款规模,从而影响总需求和国际收支。在20世纪60年代末,原联邦德国和日本就曾实行过差别性准备金比率的政策,对非居民存款准备金率远远高于居民存款准备金率,以抑制资本流入,调节国际收支顺差。

③公开市场操作业务。公开市场操作是中央银行吞吐基础货币,调节市场流动性的主要货币政策工具,通过中央银行与指定交易商进行有价证券和外汇交易,实现货币政策调控目标。中央银行通过有价证券的买卖,扩充或紧缩货币投放从而影响利率,而利率的变化又会影响资本的流出、流入,从而影响国际收支平衡表的资本项目。中央银行在外汇市场进行外汇的买卖,从而影响本币汇率,而汇率的变化又会影响商品的进出口,从而影响国际收支平衡表的经常项目。

知识链接 3.2

中国人民银行的公开市场操作业务

公开市场操作(公开市场业务)是中国人民银行吞吐基础货币,调节市场流动性的主要货币政策工具,通过中国人民银行与指定交易商进行有价证券和外汇交易,实现货币政策调控目标。

中国人民银行的公开市场操作包括人民币操作和外汇操作两部分。自 1999 年以来,公开市场操作已成为中国人民银行货币政策日常操作的重要工具,对于调控货币供应量、调节商业银行流动性水平、引导货币市场利率走势发挥了积极的作用。

中国人民银行从 1998 年开始建立公开市场业务一级交易商制度,选择了一批能够承担大额债券交易的商业银行作为公开市场业务的交易对象,目前公开市场业务一级交易商共包括 40 家商业银行。这些交易商可以运用国债、政策性金融债券等作为交易工具与中国人民银行开展公开市场业务。

从交易品种看,中国人民银行公开市场业务债券交易主要包括回购交易、现券交易和发行中央银行票据。其中,回购交易分为正回购和逆回购两种,正回购为中国人民银行向一级交易商卖出有价证券,并约定在未来特定日期买回有价证券的交易行为,正回购为央行从市场收回流动性的操作,正回购到期则为央行向市场投放流动性的操作。逆回购为中国人民银行向一级交易商购买有价证券,并约定在未来特定日期将有价证券卖给一级交易商的交易行为,逆回购为央行向市场上投放流动性的操作,逆回购到期则为央行从市场收回流动性的操作。现券交易分为现券买断和现券卖断两种,前者为央行直接从二级市场买入债券,一次性地投放基础货币;后者为央行直接卖出持有债券,一次性地回笼基础货币。中央银行票据即中国人民银行发行的短期债券,央行通过发行央行票据可以回笼基础货币,央行票据到期则体现为投放基础货币。

(3)财政政策和货币政策的搭配使用

一个国家的宏观经济短期目标是:内部均衡(充分就业、物价稳定)和外部均衡(国际收支平衡)。但有时一国要同时达到内外部均衡在采取财政政策和货币政策时有矛盾。例如,一国如果经济状况是顺差与通货膨胀同时存在,顺差要求扩张性的货币政策和扩张性的财政政策,而通货膨胀要求紧缩性的财政政策和紧缩性的货币政策,这就使得政府在政策执行上左右为难。美国经济学家蒙代尔在对政策两难困境进行研究时发现,货币政策和财政政策对内部平衡和外部平衡有相对不同的影响,货币政策对外部平衡的影响比较大,而财政政策对内部平衡的影响比较大,所以,蒙代尔在这种分析的基础上形成了一种分配法则,即根据财政政策和货币政策的不同作用,将稳定国内经济的任务分配给财政政策,而将稳定国际收支的任务分配给货币政策。

具体的政策搭配方法是:当高失业与国际收支逆差同时存在时,配合使用扩张的财政政策和紧缩的货币政策;在高通胀与国际收支顺差共存的情况下,可采取紧缩的财政政策和扩张的货币政策相配合的方法;如果通货紧缩和国际收支顺差并存,那么扩张性的财政政策和扩张性的货币政策并用效果会更好。

3)汇率政策

汇率政策,是指一国通过调整汇率来实现国际收支平衡的政策。在固定汇率制度下,通过货币法定贬值或法定升值来改善国际收支失衡。在浮动汇率制下,当一国出现逆差时,对外汇的需求大于供给,外汇汇率就会上升,即本国货币贬值,本国商品的国外价格会下跌,进口商品价格上升;这会引起进口减少,出口增加,从而使国际收支逆差的情况得以改善。反之,当一国出现国际收支顺差时,相反的操作会使这种顺差减少。

运用汇率政策调节国际收支是有条件的:条件一,进出口需求弹性。进出口需求弹性是指价格变动所引起的进出口需求数量的变动。如果数量变动大于价格变动,即需求弹性大于1;数量变动小于价格变动,即需求弹性小于1。出口需求弹性与进口需求弹性的组合变化有3种不同的情况:一是进出口需求弹性之和等于1,弹性临界(即价格变动正好与数量变动相抵消)对国际收支不起任何作用。二是进出口需求弹性之和小于1,弹性不足,从而对外国的支付是增加的,而外汇收入是减少的,国际收支进一步恶化。三是进出口需求弹性之和大于1,弹性较大,从而国际收支得到改善。只有在第三种情况下,货币贬值才起到调节国际收支的作用,称之为"马歇尔—勒纳条件"。然而实际情况最初往往是第二种情况,即由于需求弹性不足,在货币贬值后的一定时期内(大约半年),国际收支会有一定程度的恶化,但是过一段时间需求弹性改变后,贬值的结果就会引起国际收支的改善。如果描述一条代表一国货币贬值之后的贸易差额曲线,这条曲线最初为下跌,而后上升,呈J字母形状,即所谓"J曲线效应"。条件二,贸易对方国的反应。如果贸易对方国采取相应的报复措施、管制措施或其他保护主义措施,则该国的贬值效果就会被抵消。条件三,汇兑心理作用的影响。汇率下跌,人们预期将来可能进一步下跌,于是出现资金外流,使资本项目出现逆差,这使得调节国际收支逆差的作用减弱,甚至短时间内失效。

如果各种条件都不具备,则不得不采取直接管制措施。

4)直接管制措施

直接管制措施是指政府通过发布行政命令,对国际经济交易进行直接的行政干预,以求国际收支平衡。它包括外汇管制和贸易管制两种,从外汇方面限制国际经济交易。外汇管制是指实行进口外汇限额、配额,对资本输出、输入的外汇限制等,以期通过鼓励或限制商品及资本的流出、流入,达到调节国际收支的目的。贸易管制是指通过关税、配额、进口许可证、出口信贷、出口补贴等措施直接控制进出口贸易。直接管制的优点是:成效迅速,因此为世界各国广泛采用。但也存在缺陷:一是限制资源合理流动;二是容易引起贸易伙伴的报复行动;三是可能产生一些行政弊端。直接管制措施并不能真正解决国际收支平衡问题,只是将显性国际收支赤字变为隐性国际收支赤字;一旦取消管制,国际收支赤字仍会重新出现。

5）国际经济金融合作

上述调节国际收支失衡的各种对策,都只是就一个国家所实施的措施而言,其作用和效果有一定的局限性。因为一国的逆差(或顺差)常为他国的顺差(或逆差),每个国家为本国利益考虑实施一定的调节措施,必然会引起他国为保卫自身利益而采取相应的反制措施。其结果造成国际经济秩序混乱,对世界经济产生不利影响。在这种情况下,就需要采取国际经济合作的办法,来调节国际收支不平衡。国际经济金融合作调节手段,主要是各国在以下两方面进行的合作。

①国际金融机构信贷支持,帮助各成员国消除国际收支不平衡。

②加强各国国际贸易政策的协调,谋求贸易投资自由化。

上述政策措施在一定程度上有助于平衡国际收支,但都有一定的局限性。如在一国国际收支发生逆差时,采取紧缩性的财政政策,即削减财政支出,增加税收,可能导致经济衰退和失业率增加。为解决国际收支的顺差而实行扩张性的财政政策,同样可能引起经济衰退,从而使一些国家在政策选择上顾此失彼,左右为难。为此,各国针对本国发生国际收支失衡的原因,选择不同的政策或政策组合来解决问题。

3.4　我国国际收支统计申报

3.4.1　国际收支统计申报的目的

国际收支统计申报是各国政府为完成国际收支统计所需数据的搜集方式,它是编制国际收支平衡表的基础。通过国际收支统计申报不仅能够生成国际收支平衡表,还能够生成国际投资头寸表,以及相应的按部门、行业、企业属性、交易国别、交易币种、地区、银行、不同时期、结算方式等分类进行划分的补充表格,为现有的结售汇统计、出口收汇和进口付汇核销、外债统计、货币银行统计以及国民账户体系提供重要的数据。这些数据和表格,可以从宏观上反映一个国家内部经济以及和外经济往来的总体状况,从而为开放经济条件下的国家进行宏观经济决策提供主要信息来源,同时也为地方了解和掌握涉外经济的现状,分析、预测发展趋势,作出正确决策提供依据。国际收支统计申报制度是国民经济核算体系的重要组成部分,也是我国宏观经济监测体系的重要组成部分,对有效监测外部潜在风险、调控宏观经济和监测经济发展发挥着越来越重要的作用。

3.4.2　我国国际收支统计申报体系的框架

我国国际收支统计申报体系具体可以分为 3 个层次:第一个层次为《国际收支统计申报办法》;第二个层次为《国际收支统计申报办法实施细则》;第三个层次为《通过金融机构进行国际收支统计申报的业务操作规程》《金融机构对外资产负债及损益申

报业务操作规程》《直接投资统计申报业务操作规程》《证券投资统计申报业务操作规程》《汇兑业务统计申报操作规程》等具体业务的操作规程。其中,通过金融机构进行的国际收支统计申报为间接、逐笔申报,即交易主体必须通过相关金融机构逐笔向外汇局申报其对外交易情况。其他4项统计申报为交易主体定期直接向外汇局申报其对外交易状况。《国际收支统计申报办法》作为由国务院批准、中国人民银行公布实施的部门规章,是制定实施细则和相关业务规程的依据,实施细则和相关的操作规程则强调了具体的操作和规范。

另外,还有《国家外汇管理局国际收支统计申报核查处罚规程》作为支持和保障。1999年2月22日发布的国务院第260号令——《金融违法行为处罚办法》也是我们在进行国际收支统计申报核查处罚工作时必须遵循的法规。

3.4.3　我国国际收支统计申报内容

1)国际收支统计申报的管理部门及范围

国家外汇管理局及其分支局是负责国际收支统计的管理部门。国际收支统计申报范围为中国居民与非中国居民之间发生的所有经济交易以及居民与居民之间、非居民与非居民之间所有跨境收支经济交易。交易主体按照规定向外汇局申报其以各种支付方式进行的对外交易和相应的收支情况。

2)申报原则与方式

我国现行的国际收支统计申报制度是从1996年1月1日起开始实施的。它是根据国际货币基金组织《国际收支手册》第5版的要求,参照国际惯例,在国际货币基金组织专家的多次技术援助之下建立起来的,确立了交易主体申报的原则,采用逐笔申报与定期申报、间接申报与直接申报相结合的做法。通过金融机构进行的国际收支间接申报,由对外收付款的单位和个人,按规定在"解付银行"或"付款银行"进行国际收支申报。

申报方式如下:

①中国居民通过境内金融机构与非中国居民进行交易的,应当通过该金融机构向国家外汇管理局或其分支局申报交易内容。

②中国境内各类金融机构应直接向国家外汇管理局或其分支局申报其自营对外业务情况,包括其对外资产负债及其变动情况,相应的利润、利息收支情况以及对外金融服务收支和其他收支情况。

③中国境内的证券交易商以及证券登记机构进行自营或代理客户进行对外证券交易的,应向国家外汇管理局或其分支局申报其自营和代理客户的对外交易及相应的收支和分红派息情况。

④在中国境外开立账户的中国非金融机构,应直接向国家外汇管理局或其分支局申报其通过境外账户与非中国居民发生的交易及账户余额。

⑤中国境内的外商投资企业、在境外有直接投资的企业及其他有对外资产或者

负债的非金融机构,必须直接向国家外汇管理局或其分支局申报其对外资产负债及其变动情况和相应的利润、股息、利息收支情况。

⑥中国境内的交易商以期货、期权等方式进行自营或代理客户进行对外交易的,应当向国家外汇管理局或其分支局申报其自营和代理客户的对外交易及相应的收支情况。

3)申报时限

为了及时地反映我国对外经济发展状况,更好地服务于宏观经济分析和社会各界,申报时限不断提速。2001年9月1日国家外汇管理局将国际收支涉外收入申报时限由25个工作日缩短为10个工作日。自2003年1月1日起,再次提速,任何收款人在其解付银行收到涉外收入款项之日起5个工作日内,均应前往该解付银行,办理涉外收入申报。涉外收入申报时限的缩短,是国际收支统计工作不断完善的重要一步,有利于提高我国国际收支统计信息的时效性,推进我国涉外经济统计透明度的建设,更好地满足统计分析和宏观经济决策的需要,也有助于全社会更加及时、全面地了解我国对外经济发展状况。

4)申报单

国际收支申报主要依赖相应的统计申报单来搜集有关国际收支方面的数据。申报单有很多种,其中通过金融机构进行国际收支统计申报的申报单有5种:涉外收入申报单(对公单位),涉外收入申报单(对私),贸易进口付汇核销单(代申报单),非贸易(含资本)对外付款申报单(对公单位),对外付款申报单(对私)。

3.4.4　我国国际收支申报办法

这里我们仅就国际收支间接申报业务的办法作说明。国际收支间接申报是指通过金融机构进行的国际收支统计申报,按资金流向可以分为支出申报和收入申报。

涉外收入申报是指涉外收入的收款人在收到银行的涉外收入通知书后,应在规定的期限内,按要求填写《涉外收入申报单》的各项内容,通过银行完成相关申报。具体来说,发生涉外收入的单位或个人在收到款项之日(以解付行入账通知书的日期戳记为准)起5个工作日内,到该解付银行,按照《涉外收入申报单(对公单位)》或《涉外收入申报单(对私)》的格式和要求逐笔填写申报单,并将填写完整、准确的申报单交解付银行。

通过银行办理对外付款的单位和个人,应在提交付款委托书等文件的同时,按照《贸易进口核销单(代申报单)》《非贸易(含资本)对外付款申报单》或《对外付款申报单(对私)》的格式和要求填写申报单,并将填写完整、准确的申报单交付款银行。

填写申报单时应注意的事项:

①申报号码。申报单中的"申报号码"栏由银行负责编制。

②交易编码与交易附言。申报单中的"国际收支交易编码"栏,由申报人根据该笔涉外收入或对外付款的交易性质,按照国家外汇管理局编制的国际收支交易编码

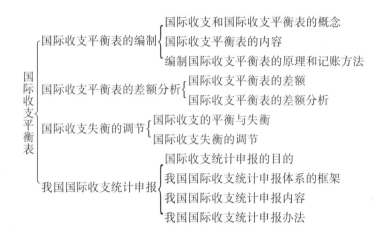

表,对应填写正确。交易附言是对该笔涉外收支交易性质的简要描述,应与交易编码相吻合。

③收/付款人的国别或地区。申报单中有关收/付款人国别是指收/付款人常驻的国家或地区,而不是指收/付款银行所在的国家或地区。

④申报人的签章。单位申报时,在申报单上(不含贸易进口付汇核销单(代申报单)),除可以盖单位公章和财务章外,也可以自行刻制"××国际收支申报专用章",在银行备案后,专用于国际收支申报。个人申报时,可以签名,也可以盖人名章。

本章主要内容概要

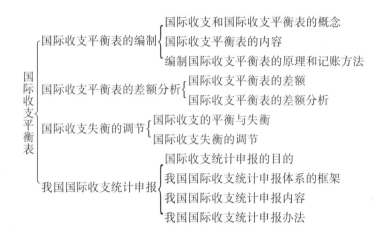

国际收支平衡表

- 国际收支平衡表的编制
  - 国际收支和国际收支平衡表的概念
  - 国际收支平衡表的内容
  - 编制国际收支平衡表的原理和记账方法
- 国际收支平衡表的差额分析
  - 国际收支平衡表的差额
  - 国际收支平衡表的差额分析
- 国际收支失衡的调节
  - 国际收支的平衡与失衡
  - 国际收支失衡的调节
- 我国国际收支统计申报
  - 国际收支统计申报的目的
  - 我国国际收支统计申报体系的框架
  - 我国国际收支统计申报内容
  - 我国国际收支统计申报办法

技能训练

一、请回答以下业务内容分别属于国际收支平衡表中哪个项目。

1. 某企业出口 50 万美元货物。

2. 某公司从国外进口 100 万美元的电子产品。

3. 某外贸公司支付出口商品运费和保险费合计 10 万美元。

4. 美国一家企业来华直接投资 300 万美元。

5. 日本海啸灾难发生后,中石油向日本捐款 3 000 万人民币,无偿提供 3 万吨汽油。

6. 三一重工投资 5 000 万美元在波兰建厂。

7. 我国政府在 IMF 的特别提款权。

8. 人人网赴美 IPO 募得资金 5 亿美元。

二、假设某年甲国发生了 15 笔国际经济交易。

1. 假设甲国某公司对乙国某公司出口一批价值 280 万美元的机械设备,后者用其在甲国某商业银行的美元存款支付这笔进口货款。

2. 甲国某公司从丙国进口一批价值 50 万美元的小麦,货款是用甲国某公司在丙国商行的美元存款支付。

3. 乙国人在甲国旅游花费 30 万美元,甲国某旅行社将其美元外汇存入其在甲国的某商业银行账户上。

4. 甲国人在丙国旅游花费 30 万美元,丙国某旅行社将其美元外汇存入其在甲国的某商业银行账户上。

5. 甲国某进口商租用 A 国的油轮,租金 30 万美元,付款方式是用该甲国进口商在 A 国某商业银行账户上的美元存款支付。

6. 甲国某公司将其某项专有技术出租给乙国某公司,后者用价值 100 万美元的产品抵偿这笔款项。

7. 甲国某公司购买乙国的有价证券共获收益 20 万美元,并将这笔钱存入其在乙国某商业银行的账户上。

8. 甲国政府用其外汇储备 50 万美元和相当于 50 万美元的粮食向 B 国提供经济援助。

9. C 国某国际企业以价值 800 万美元的机械设备向甲国投资并设立合资企业。

10. 乙国某投资者用其在甲国某商业银行的 20 万美元直接投资美元短期存款,购买甲国某公司发行的 10 万股普通股。

11. 甲国某公司用 500 万美元买入 A 国某上市公司股份的 51% , A 国将此美元收入存入其在甲国某商业银行的账户上。

12. 丙国某投资者用其在甲国某商业银行的美元外汇存款 50 万美元从甲国国库中购买了相当于 50 万美元的黄金。

13. 丙国某投资者用其在甲国某商业银行的美元到期存款,购入甲国某公司发行的 30 万美元长期债券。

14. 乙国中央银行用乙国货币从甲国某商业银行购买了相当于 50 万美元的甲国货币,后者(甲国银行)将这笔乙国货币存入其在乙国某商业银行的账户上。

15. 乙国政府将 100 万美元等值的特别提款权调换成甲国货币,并存入其在甲国某商业银行的账户上。

要求:(1)试写出各项交易的会计分录。

(2)编写出甲国在该年度的国际收支平衡表。

三、根据下列某国国际收支年列表(表3.4),进行计算并分析问题。

表 3.4 某国国际收支年列表

单位:10 亿美元

商品输出	101.11
商品输入	-99.36
劳务收入	25.14
劳务支出	-34.53
私人单方面转移	-0.25
政府单方面转移	-0.85

续表

直接投资	−2.66
证券投资	−1.25
其他长期资本	−8.70
其他短期资本	5.84
对外官方债务	0.26
外汇储备变化	12.87
净误差与遗漏	

1. 计算净误差与遗漏。

2. 根据表中数据计算出贸易差额、经常项目差额，判断某国当年的国际收支是否平衡，如不平衡，则该国的国际收支是顺差还是逆差？

3. 该表所示的外汇储备变化数为+12.87，表示什么？如果该国以前数年也一直处于这种国际收支情况，则其货币对外汇率一般会怎样调整？

四、判断下列各项是中国的居民还是非居民。

1. 微软（中国）有限公司上海分公司。

2. 在北京的美国大使馆的工作人员。

3. 在美国的中国大使馆的工作人员。

4. 在北京大学的留学生。

5. 联合国在北京的驻华机构。

6. 在北京短期旅游的外国人。

案例分析

表3.5 中国国际收支平衡表（2011—2020）

单位:亿美元

项目	2011	2012	2013	2014	2015	2016	2017	2018	2019	2020
一、经常账户	1 361	2 154	1 482	2 360	2 930	1 913	1 887	241	1 029	2 740
A.货物和服务	1 819	2 318	2 354	2 213	3 579	2 557	2 170	879	1 318	3 697
a.货物	2 287	3 116	3 590	4 350	5 762	4 889	4 759	3 801	3 930	5 150
b.服务	−468	−797	−1 236	−2 137	−2 183	−2 331	−2 589	−2 922	−2 611	−1 453
1.加工服务	263	256	232	213	203	184	179	172	154	127
2.维护和维修服务	0	0	0	0	23	32	37	46	65	43
3.运输	−449	−469	−567	−579	−467	−468	−560	−669	−590	−381
4.旅行	−241	−519	−769	−1 833	−2 049	−2 057	−2 193	−2 369	−2 188	−1 163

续表

项目	2011	2012	2013	2014	2015	2016	2017	2018	2019	2020
贷方	485	500	517	440	450	444	386	404	358	142
借方	−726	−1 020	−1 286	−2 273	−2 498	−2 501	−2 579	−2 773	−2 546	−1 305
5.建设	110	86	68	105	65	42	36	49	51	46
6.保险和养老金服务	−167	−173	−181	−179	−38	−88	−74	−66	−62	−70
7.金融服务	1	0	−5	−4	−3	11	18	12	15	10
8.知识产权使用费	−140	−167	−201	−219	−209	−228	−239	−302	−278	−292
贷方	7	10	9	7	11	12	48	56	66	86
借方	−147	−177	−210	−226	−220	−240	−287	−358	−344	−378
9.电信、计算机和信息服务	89	108	95	94	131	127	75	65	80	59
10.其他	66	82	93	265	162	113	131	140	142	167
B.初次收入	−703	−199	−784	133	−522	−549	−165	−614	−392	−1 052
C.二次收入	245	34	−87	14	−126	−95	−119	−24	103	95
二、资本和金融账户	−1 223	−1 283	−853	−1 692	−912	272	179	1 532	263	−1 058
A.资本账户	54	43	31	0	3	−3	−1	−6	−3	−1
B.金融账户	−1 278	−1 326	−883	−1 691	−915	276	180	1 538	266	−1 058
a.非储备性质金融账户	2 600	−360	3 430	−514	−4 345	−4 161	1 095	1 727	73	−778
1.直接投资	2 317	1 763	2 180	1 450	681	−417	278	923	503	1 026
2.证券投资	196	478	529	824	−665	−523	295	1 069	579	873
3.金融衍生工具	0	0	0	0	−21	−54	4	−62	−24	−114
4.其他投资	87	−2 601	722	−2 788	−4 340	−3 167	519	−204	−985	−2 562
b.储备资产	−3 878	−966	−4 314	−1 178	3 429	4 437	−915	−189	193	−280
三、净误差与遗漏	−138	−871	−629	−669	−2 018	−2 186	−2 066	−1 774	−1 292	−1 681

(资料来源:国家外汇管理局门户网站,2022-01-07)

表 3.5 是我国 2011—2020 年的国际收支平衡表,对比各项目数字连续 10 年的变化,回答以下问题。

1.2011—2020 年我国国际收支有哪些明显变化? 造成这些数字变化的原因是什么?

2.目前我国国际收支存在哪些问题? 如何解决?

实训项目

1. 实训目的:学会办理国际收支统计申报业务。

2. 实训形式:实地调查,网上调研。

3. 项目内容

(1)通过对某家银行的调查,用真实的案例说明银行是如何进行国际收支统计申报业务的。

(2)近两年,国家外汇管理局在国际收支统计申报方面有哪些新法规?其具体内容是什么?

4. 调查渠道:国家外汇管理局网站、有关银行网站(也可实地调研)。

5. 调研对象:办理国际收支统计申报业务的银行。

6. 实训指导

第一步:调查。分组进行。

第二步:每人除写出实训报告外,以组为单位,在整理、汇总和分析基础上写出每组的实训报告。

第三步:课堂交流。每组根据实训报告推荐代表在课堂上进行交流,并以多媒体方式进行展示。

第 4 章
外汇管制

【学习目标】

1. 熟悉外汇管制的概念、类型和内容。
2. 掌握货币自由兑换的有关概念以及所需要的条件。
3. 掌握外汇管制的内在作用。
4. 了解中国现行外汇管理体制的有关政策和规定。
5. 能够联系实际正确分析和判断人民币汇改的绩效和需要进一步改革的问题。
6. 能够在具体业务中采取相应措施和灵活做法。

【引　例】

一旅客未申报夹藏携带超量日元现金入境

2021 年 7 月 12 日，青岛流亭机场海关旅检现场在对某入境航班旅客的行李物品进行监管过程中，发现 1 名旅客随身携带的背包 X 光机图像异常，随后进行开包查验。海关发现该背包底部有一个黄色塑料袋，袋中装有口罩，口罩下面有 3 个白信封和 1 个牛皮纸信封。其中 1 个白信封未装物品，1 个白信封中直接装有日元现金，另外 1 个白信封和牛皮纸信封中各有用锡箔纸包裹的日元现金。经清点，上述现金共计 290 万日元，折合人民币约 16.9 万元。查获旅客未申报夹藏携带超量日元现金入境。目前，现场已将查获货币暂扣，并将依法进行下一步处理。

海关提醒，为规范携带外币现钞出入境行为，打击洗钱、货币走私和逃汇等违法犯罪行为,国家外汇管理局和海关总署联合印发了《携带外币现钞出入境管理暂行办法》,规定入境人员携带外币现钞入境,超过等值 5 000 美元的应当向海关书面申报。旅客需填写"进出境旅客行李物品申报单",选择申报通道向海关如实申报并接受海关监管。

(资料来源:大众网,2022-01-07)

4.1 认识外汇管制

4.1.1 外汇管制的概念与对象

1)外汇管制的概念

外汇管制是指一个国家通过法律、法令、条例等形式对外汇资金的收支和存贷、资本的输入和输出、本国货币的兑换以及兑换率所做的安排和管理的规定。

知识链接 4.1

外汇管制与外汇限制有何不同

外汇管制的概念有广义和狭义之分。广义的外汇管制是指一国对外汇的获取、持有和使用以及在国际转移或支付中使用本币或外汇而进行管理的规定。狭义的概念称外汇限制,是指一国对国际收支经常项目下的外汇支付采取各种形式或手段加以限制、阻碍或推迟。可见,外汇管制涉及的范围比外汇限制的范围广泛,外汇限制只涉及对经常项目下外汇支付和转移的管理规定。

2)外汇管制的对象

外汇管制的对象分为对人、对物、对行业和对地区的管制。

(1)对人的管制

这里"人"包括自然人和法人。在各国外汇管制中,通常又把自然人与法人分为居民和非居民。对居民的外汇收支,往往因其涉及本国的国际收支问题而管制较严,而对非居民则管制较宽。

(2)对物的管制

这是指哪些东西受到外汇管制,主要包括外币现钞和铸币,外币有价证券(如政府债券、公司债券、股票、银行存单等),外币支付凭证(如汇票、本票、支票、旅行信用证等)以及贵重金属(如黄金、白银等)。另外,本币现钞的携出和携入国境,也属于外汇管制的范围。

(3)对行业的管理

这是拉美地区一些新兴工业化国家常采取的一种办法,我国也是如此。对传统出口行业采取比较严格的管理,对高新技术和重工业出口采取相对优惠的政策,对高新技术和人们生活必需品的进口采取较优惠的政策,而对奢侈品行业的进口则采取较严格的政策。我国曾经执行过的外汇留成制度,就是一种典型的行业差别政策。

（4）对地区的管制

一国在实施外汇管制时,如果没有明确的地区范围,那么这种管制将是无的放矢的或是毫无效应的。目前,各国对外汇管制的地区对象,有两重含义:一是指一国外汇管制法令生效的范围,多以本国为管制地区。有的国家为了鼓励外商投资,还在国内设立经济特区、出口加工区、自由贸易区等,对区内的管制较松,对区外的管制较严。二是指对不同的国家或地区实行不同的外汇管制政策,其宽严度视其与本国的政治经济往来密切程度而定,对同一共同体或友好国家管制较松,反之则较严,甚至会施以绝对的管制。

4.1.2　外汇管制的类型与机构

1）外汇管制的类型

根据外汇管制内容和严格程度的不同一般分为3种类型。

①实行严格外汇管制的国家和地区。这些国家和地区对国际收支的所有项目（经常项目、资本和金融账户项目）都实行严格的外汇管制。这类国家的典型特征是外汇缺乏、经济不发达或对外贸易落后,一般为发展中国家和实行计划经济的国家,如印度、缅甸、摩洛哥、智利、赞比亚、巴西、秘鲁、朝鲜等。

②实行部分外汇管制的国家和地区。这种类型的国家和地区对经常项目下的贸易收支和非贸易收支原则上不加管制,但对资本和金融项目的收支则实施不同程度的管制,一般实行浮动汇率制。这种类型的国家既有工业较发达的国家,如澳大利亚、法国、日本、挪威、丹麦等,也有开放度较高的发展中国家,如中国、圭亚那、牙买加、南非等。这些国家外汇充裕,货币实现了经常项目下的自由兑换,国际收支状况不错。

③名义上取消但仍在不同程度上实行外汇管制的国家。主要是工业发达国家和石油输出国。这些国家只有在特殊情况下才会采取某些管制,而且程度较轻,如美国、英国、瑞士、沙特阿拉伯、阿联酋等。

2）外汇管制的机构

外汇管制是以政府名义实施,但具体管理工作授权给专门机构进行。目前世界各国的外汇管制机构大致有3种类型。

①由国家设立专门的外汇管制机构,如法国、意大利和中国由国家设立专门的外汇管理局。

②由国家授权中央银行直接负责外汇管制工作,如英国是由英格兰银行负责外汇管制工作。

③由国家行政管理部门直接负责外汇管制工作,如美国是财政部负责,日本由大藏省、通产省和日本银行共同负责。

我国的外汇管制机构——国家外汇管理局的基本职能

1. 研究提出外汇管理体制改革，防范国际收支风险，促进国际收支平衡的政策建议；研究逐步推进人民币资本项目可兑换、培育和发展外汇市场的政策措施，向中国人民银行提供制定人民币汇率政策的建议和依据。

2. 参与起草外汇管理有关法律法规和部门规章草案，发布与履行职责有关的规范性文件。

3. 负责国际收支、对外债权债务的统计和监测，按规定发布相关信息，承担跨境资金流动监测的有关工作。

4. 负责全国外汇市场的监督管理工作，承担结售汇业务监督管理的责任，培育和发展外汇市场。

5. 负责依法监督检查经常项目外汇收支的真实性、合法性；负责依法实施资本项目外汇管理，并根据人民币资本项目可兑换进程不断完善管理工作；规范境内外外汇账户管理。

6. 负责依法实施外汇监督检查，对违反外汇管理的行为进行处罚。

7. 承担国家外汇储备、黄金储备和其他外汇资产经营管理的责任。

8. 拟订外汇管理信息化发展规划和标准、规范并组织实施，依法与相关管理部门实施监管信息共享。

9. 参与有关国际金融活动。

10. 承办国务院及中国人民银行交办的其他事宜。

（资料来源：国家外汇管理局网站）

4.1.3 外汇管制的利弊和趋势分析

1）外汇管制的有利方面

（1）促进国际收支平衡或改善国际收支状况（主要针对逆差国）

长期的国际收支逆差会给一国经济带来显著的消极影响，维持国际收支平衡是政府的基本目标之一。实行外汇管制，通过"奖出限入"，可以缓和国际收支逆差，维持国际收支均衡。尽管政府可以用多种方法来调节国际收支，但是对于发展中国家来说，其他调节措施可能意味着较大代价。例如，政府实行紧缩性财政政策或货币政策可能改善国际收支，但它会影响经济发展速度，使失业状况恶化。

（2）稳定本币汇率，减少涉外经济活动中的外汇风险

由于国际收支不平衡或其他因素的影响，本币汇率会频繁大幅度波动，所带来的外汇风险会严重阻碍一国对外贸易和国际借贷活动的进行。拥有大量外汇储备的国家或有很强的借款能力的国家可以通过动用或借入储备来稳定汇率。对于缺乏外汇储备的发展中国家来说，实行外汇管制，通过维持国际收支平衡，或对本币汇率进行

直接或间接的管制,也可以使本币汇率维持在一个相对稳定的水平。

（3）防止资本外逃和大规模的投机性资本流动,维护该国金融市场的稳定

经济实力较弱的国家存在着非常多的可供投机资本利用的缺陷。例如,在经济高速发展时期,商品价格、股票价格、房地产价格往往上升得高于其内在价值,在没有外汇管制的情况下,会吸引投机性资本流入,这样一来,会显著加剧价格信号的扭曲,一旦泡沫破灭,投机性资本会外逃,又会引发一系列连锁反应,造成经济局势迅速恶化。实行外汇管制,严格控制资本流出流入,是这些国家维护该国金融市场稳定运行的有效手段。

（4）增加该国的国际储备

任何国家都需要持有一定数量的国际储备资产,国际储备不足的国家可以通过多种途径来增加国际储备,但是其中多数措施需要长期施行才能取得明显成效。而实行外汇管制,"奖出限入",同时通过结售汇制度等措施,有助于政府实现短期内增加国际储备的目的。

（5）有效利用外汇资金,推动重点产业优先发展

外汇管制使政府拥有更大的对外汇运用的支配权,政府可以利用它限制某些商品进口,来保护该国的相应幼稚产业。或向某些产业提供外汇,以扶持重点产业优先发展。

（6）增强该国产品的国际竞争能力

在该国企业不足以保证产品国际竞争能力的条件下,政府可以借助于外汇管制为企业开拓国外市场。例如,规定官方汇率是外汇管制的重要手段之一,当政府直接调低本币汇率时,就有助于该国增加出口。

（7）增强金融安全

金融安全是指一国在金融国际化条件下具有抗拒内外风险和冲击的能力。开放程度越高,一国维护金融安全的责任和压力越大。影响金融安全的因素包括国内不良贷款、金融体制改革和监管等内部因素,也涉及外债规模和使用效益、国际游资冲击等涉外因素。发展中国家经济发展水平较低,经济结构有种种缺陷,特别需要把外汇管制作为增强该国金融安全的手段。

2）外汇管制的不利方面

（1）阻碍了国际贸易的顺利发展,不利于国际范围内资源的有效配置

外汇管制条件下,汇率是靠行政干预形成的,同由市场机制形成的汇率脱节。若管制下的本币汇率偏高,则不利于出口;若偏低,则不利于正常的进口。再加上政府对进出口贸易的数量管制措施,阻隔了本国市场和国际市场的联系,使国内生产者和商人无法按国际贸易比较利益原则来生产和销售,导致生产与贸易脱节,降低国际资源的配置效率。

（2）加大市场交易成本,出现外汇黑市并带来权钱交易

外汇管制使外汇买卖手续繁杂,不仅进出口商深感不便,而且使交易成本和费用提高,降低了市场交易效率,同时还会引起外汇走私、黑市交易等不法行为,干扰了市场正常运行。当外汇黑市规模较大时,政府甚至不得不开放外汇调剂市场,使该国出

现合法的双轨制汇率。为了以较低的官价购买外汇,某些个人和企业可能向掌握外汇配给权的官员行贿,助长社会的腐败风气。

(3)引起国内和国际贸易摩擦

外汇管制通常采取鼓励出口、限制进口的措施,而且对不同的进出口企业和商品种类实行公开或隐蔽的差别汇率,使不同的企业处于不公平的竞争地位,容易引起国内企业间的摩擦。另外,这些外汇管制使国际贸易往来和资本流动带有歧视性和不公平性,损害了其他国家的利益,必然引起贸易伙伴国的不满。当双方矛盾激化时,对方也会采取报复性管制措施,就会出现不利于国际贸易的汇率战或者贸易战,最终受损的还是贸易双方。

(4)不利于一国经济的长远发展

实行外汇管制,使国内民族工业受到保护,但会降低这些部门的效率,削弱其国际竞争力。同时,对进口实行的管制可能抑制本国急需的商品进口,对资本的管制可能使本国失去利用国外资本发展经济的有利条件,这一切都不利于一国经济的长远发展。

3)外汇管制的发展趋势

从世界经济的长远发展来看,各国逐步放宽和最终取消外汇管制是一种历史趋势,但是这将是一个漫长的过程。特别是发展中国家需要实施一定程度的外汇管制,因为它们的经济发展水平较低,经济结构中存在不少缺陷,政府缺乏足够的经济实力运用经济手段调节经济运行。另外,在当代游资充斥的国际金融市场上,市场机制本身也存在重大缺陷,完全听任市场自发调节并非各国最优的选择。从许多国家的经验来看,放松外汇管制是有条件的,需要该国经济稳定发展,金融业要发达,金融监管能力要强。外汇管制放松的进程要与一个国家经济的整体开放程度以及金融业的发展步伐相适应。既要逐渐放松外汇管制,促进金融国际化发展,又要保证国内金融有序稳定,促进民族经济发展。

4.1.4 外汇管制的措施

实行外汇管制的国家会对该国的贸易外汇和非贸易外汇收支、资本输出和输入、非居民存款账户、汇率等采取一定的措施,而且不同国家管制的具体措施也不尽相同,下面简单介绍一些管制措施,有的还在用,有的已经取消了。

1)对贸易外汇的管制

对贸易外汇的管制就是对出口收汇和进口付汇的管制,通常采取鼓励出口收汇、限制进口付汇的措施。

(1)对出口收汇的管制

①结汇制度。结汇制度是外汇管理的核心制度之一,有强制结汇制度和意愿结汇制度之分。强制结汇制度是指除国家规定的外汇账户可以保留外,企业和个人必须将多余的外汇卖给外汇指定银行,外汇指定银行必须把高于国家外汇管理局头寸

的外汇在银行间市场卖出。在这套制度里,央行是银行间市场最大的接盘者,从而形成国家的外汇储备。

意愿结汇制度是指外汇收入可以卖给外汇指定银行,也可以开立外汇账户保留,结汇与否由外汇收入所有者自己决定。

②颁发外汇转移证。外汇转移证制度是指出口商在向指定银行结汇时,除了按汇率获得本币之外,银行还另发一张外汇转移证,这种外汇转移证可以在市场出售,所得本币作为对出口商的一种补贴,这实际上是一种变相的出口优惠汇率。

(2)对进口付汇的管制

①审批汇制。进口商需要外汇时,必须向外汇管理局申请,批准后方可购汇,否则不可以。

②售汇制度。进口商需要外汇时,可以按规定持有效凭证到外汇指定银行购买外汇。若凭证不足或无效,则不能购买外汇。

③外汇转移证制度。进口商在进口商品时,除了按汇率向银行购买外汇外,还需要在市场上购买外汇转移证,这就增加了进口商的进口成本,实际上是对进口商实行了一种较为苛刻的汇率。

④征收外汇税。向进口商所购外汇征收一定比例的外汇税,提高其进口成本,从而限制进口。

⑤进口配额制。进口配额制是指政府在一定时期内对各种进口商品规定数量或金额,超过规定数量或金额就不准进口。这是属于直接性非关税壁垒的一种措施。这种管制作用的大小,取决于配额的高低。高配额限制性小,低配额则限制性大,两者成反比。

⑥进口许可证制。进口许可证制是指进口商只有取得有关当局签发的进口许可证才能购买进口所需的外汇。进口许可证的签发通常要考虑进口数量、进口商品的结构、进口商品的生产国别、进口支付条件等。

⑦进口存款预交制。进口存款预交制是指进口商在进口某种商品时,应向指定银行预存一定数额的进口货款,银行不付利息,数额根据进口商品类别或所属国别按一定比例确定。

2)对非贸易外汇的管制

对非贸易外汇的管制,主要是指对劳务收支和转移收支的管制,包括运费、保险费、佣金、利润、版税、驻外机构经费以及个人所需的旅费、医疗费、留学生费用等。

对非贸易外汇收支的管制与贸易管制相似,不同的是,有些非贸易管制通常采用对购汇时间和数额限制。例如,出国旅游,在时间上限制,规定一年出国次数;在数额上限制,如规定境内居民出境时间在半年以内的每人每次购汇数量。

3)对资本输出、输入的管制

对资本输出、输入进行管制的总原则因各国社会性质、经济水平和经济状况不同而异,如经济状况较好的发达国家,一般都是鼓励资本输出,但发展中国家都鼓励资本流入。

（1）对资本输入的管制

发达国家对资本输入的管制较严，如有的国家限制非居民购买本国有价证券，或限制居民借入外国资本等。尤其是20世纪70年代以来，一些货币坚挺、国际收支持续顺差的国家更是如此。管制措施主要有两类。

①规定银行吸收的国外存款必须缴纳高比例存款准备金，或倒扣利息。

②通过企业限制外资流入。

（2）对资本输出的管制

①禁止购买外汇作为资本输出国外，有限度地限制投资利润和股息的携出和汇出，以及限制对国外公司提供信贷等。

②对非居民存款账户的管制。资本输出是通过银行存款账户调拨的，因此有些国家对银行存款账户实行严格的管制。例如，将非居民的外汇存款账户依照友好程度分为3类，进行不同的管制。

A. 自由账户。可以自由使用，任意调往其他国家的外汇账户，通常是对友好国家的非居民的分类。

B. 有限制账户。只能在本国使用，不能调往国外或对第三国支付的外汇账户，通常是对中立国非居民的分类。

C. 封锁账户。也称只进不出账户，是指非居民在此账户里的款项不能换成外币并汇出国外，也不能用于购买本国的长期债券或不动产，以及支付在国内的旅游费用。通常是对敌对国非居民的分类。

③对黄金、现钞输出和输入的管制。实行外汇管制的国家一般禁止个人和企业携带、托带或邮寄黄金、白金或白银出境，或限制其出境的数量。大多数国家对外钞入境的管制较松，只需向海关申报即可。对外钞输出，有的国家要求出示文件，有的规定最高限额，也有的不予管理。本币现钞的输出会用于商品的进口和资本外逃，会导致本币汇率下降。本币现钞流入，会引起国内物价上升。所以对于本国现钞的输入，实行外汇管制的国家往往实行登记制度，规定输入的限额并要求用于指定用途。该国现钞的输出则由外汇管制机构进行审批，规定相应的限额。不允许货币自由兑换的国家禁止该国现钞输出。

4）汇率管制

汇率管制包括两个方面。

（1）法定汇率制度

活动规则：当本国国际收支逆差时，外汇供不应求而引起外汇汇率过高时，中央银行即出售外汇，收进本币，有意识地压低外汇汇率，防止其继续上升；反之，当本国国际收支出现顺差时，外汇供过于求，从而引起外汇汇率过低，中央银行就买入外汇，供应本币，抬高外汇汇率，阻止汇率继续下跌。

这种以外汇平准基金间接管理外汇的措施，对稳定国际收支短期不平衡而造成汇率波动，效果是比较好的，但对长期性国际收支不平衡造成的汇率波动收效不大。

（2）复汇率制

复汇率制盛行在固定汇率制时期。1973年，各国普遍推行浮动汇率制后，复汇率制日益减少,但并没有销声匿迹。有的国家对进出口商品征收不同的关税,实际上等于提高了法定汇率。这是一种变相的复汇率制。

5)对货币自由兑换的管制

(1)对不同账户下的管制

①对整个国际收支账户下的本币与外币间的兑换都进行严格限制。本币完全不能兑换,不管是经常账户还是资本金融账户,实行这种管制的多为贫穷的发展中国家。

②本币在经常账户下有限制兑换,在资本金融账户下兑换实施管制。对本币在经常账户中某些外汇支付和转移的兑换没有限制,对其他账户下的本币与外币的兑换都加以限制。

③本币在经常账户下自由兑换,在资本金融账户下兑换实施管制。对本币在经常账户中所有的外汇支付和转移的兑换都没有限制,对其他账户下的本币与外币的兑换都加以限制。

④本币在经常账户下自由兑换,在资本金融账户下兑换实施有限的管制。除了对资本金融账户下的某些项目本币与外币的兑换加以限制外,对其他账户下的货币兑换都没有限制。

⑤对整个国际收支账户下的本币与外币间的兑换均无限制。

知识链接4.3

货币自由兑换的条件

按照货币的兑换限制,货币可分为3种:自由兑换货币、限制性兑换货币、完全不可兑换货币。

自由兑换货币:一种货币不管是在经常项目下还是在资本项目下都可以自由兑换为任何其他国家货币而不受发行国的限制,这种货币被称为可自由兑换货币。

限制性兑换货币:货币发行国对于货币的使用一方面在经常项目下有条件兑换或自由兑换,另一方面在资本项目下有限制兑换或完全不可兑换,这种货币被称为限制性兑换货币。

完全不可兑换货币:货币发行国对于货币的使用不管是在经常项目下还是在资本项目下的兑换都受到严格限制,则这种货币被称为完全不可兑换货币。

货币自由兑换的条件:概括地讲,一国货币能成功地实行自由兑换(特别是资本与金融账户下自由兑换),应基本达到以下4项条件。

第一,健康的宏观经济状况。

第二,健全的微观经济主体。

第三,合理的经济结构和国际收支的可维持性。

第四,恰当的汇率制度与汇率水平。

(2)对货币兑换主体的管制

对货币兑换主体的管制可分为对企业用汇自由兑换的管制和对个人用汇自由兑换的管制。一般来说,对企业用汇自由兑换的管制比对个人用汇自由兑换的管制要松。

4.2 汇率制度

汇率制度又称汇率安排,是指一国货币当局对本国汇率水平的确定,本国汇率变动的基本方式等问题所作的一系列安排或规定。第二次世界大战结束后,伴随着布雷顿森林体系的建立与崩溃,以及牙买加体系的建立与发展,国际汇率制度发生了很大的变动。

4.2.1 固定汇率制度

1)固定汇率制度的概念

固定汇率制度就是两国货币比价基本固定,现实汇率只能围绕一个相对固定的平价在一定范围内上下波动的汇率制度。从历史发展进程来看,自19世纪中末期金本位制在西方各国确定以来,一直到1973年,世界各国的汇率制度基本上属于固定汇率制度。固定汇率制度经历了两个阶段:一是从1816年到第二次世界大战前国际金本位制度时期的固定汇率制;二是从1944年到1973年的布雷顿森林体系下的固定汇率制度。

金本位制度下的固定汇率制度,以各国货币的含金量为基础,汇率围绕着铸币平价上下波动,波动幅度受黄金输送点限制的汇率制度,它是典型的固定汇率制度。由于各国货币的法定含金量一般不轻易变动,因此这种以货币含金量为基础的汇率波动幅度很小,加上政府的干预,具有相对稳定性。19世纪后期至第一次世界大战前,是金本位制度下的固定汇率制度的全盛时期。此后,随着金本位制度的彻底崩溃,以金本位制度为基础的固定汇率制度也随之消亡。

金本位制度崩溃之后,各国普遍实行了纸币流通制度。1944年,在美国布雷顿森林召开了一次国际货币金融会议,确定了以美元为中心的汇率制度,被称为布雷顿森林体系下的固定汇率制度。其核心内容为:美元规定含金量,其他货币与美元挂钩,两种货币兑换比率由黄金平价决定,各国的中央银行有义务使本国货币与美元汇率围绕黄金平价在规定的幅度内波动,各国中央银行持有的美元可按黄金官价向美国兑取黄金。在布雷顿森林体系下,会员国货币与美元建立固定的比价,汇率波动幅度不得超过固定比价的±1%,超过这一限度,各国中央银行有义务进行干预。

例如,第二次世界大战后英镑的金平价为3.581 34克黄金,美元的金平价为0.888 671克黄金,英镑与美元金平价的对比为1英镑=4.03美元,这是固定汇率制度下英镑与美元汇率确定的基础。1英镑:4.03美元的比价必然会随着外汇市场的供求状况不断变动,但国际货币基金规定汇价波动幅度不能超过金平价对比1:4.03的±1%。

2）维持固定汇率所采取的措施

在布雷顿森林体系下,各国货币当局为维持国际货币基金组织所规定的汇率波动幅度,通常采取以下措施。

（1）提高贴现率

贴现率是利息率的一种,它是各国中央银行用以调节经济与汇率的一种手段。如前所述,在美国外汇市场如果英镑的价格上涨,接近 4.070 3 美元的上限水平,美国货币当局则可提高贴现率,贴现率提高,利率也随之提高,国际游资为追求较高的利息收入,会将原有的资金调成美元,存入美国,从而增加对美元的需求,引起美元汇率的提高。如果英镑价格下跌至下限水平 3.989 7 美元,则美国货币当局就降低贴现率,其结果则相反。

（2）动用黄金外汇储备

一国黄金外汇储备是维持该国货币汇率稳定的后备力量。如伦敦市场的英镑汇率下跌低于官定下限 3.989 7 美元,则英国动用美元外汇储备,在市场投放美元,购买英镑,使得英镑需求增加,促进英镑汇率上涨;反之,则收购美元,抛售英镑,使得英镑供给增加,促使英镑汇率下跌。

（3）外汇管制

一国黄金外汇储备的规模有限,一遇本币汇率剧烈下跌,就无力在市场上大量投放外汇以买进本币,因此,还会借助于外汇管制的手段,直接限制某些外汇支出。

（4）举借外债或签订互换货币协定

当外币在本国外汇市场短缺,则向短缺货币国家借用,投放到市场以平抑汇率。20 世纪 60 年代以后,美国曾与 14 个国家签订互换货币协议,签约国一方如对某种外汇需求急迫时,可立即从对方国家取得,投放市场,无须临时磋商。

（5）实行货币公开贬值

如果一国国际收支逆差严重,对外汇需求数额甚巨,靠上述措施不足以稳定本币汇率时,常常实行公开贬值,降低本国金平价,提高外币价格,在新的金平价对比的基础上,减少外汇需求,增加出口收入,追求新的汇率的稳定。

4.2.2　浮动汇率制度

1）浮动汇率制度的概念

浮动汇率制度是指政府对汇率不加以固定,也不规定其上下波动的界限,听任外汇市场根据外汇供求情况,自行决定本国货币对外国货币的汇率。在固定汇率制度瓦解后,主要西方国家于 1973 年春开始实行浮动汇率制度。当外币供大于求时,外币汇率下浮;当外币供不应求时,外币汇率上浮。

2）浮动汇率制度的类型

（1）按照政府是否干预来划分

①自由浮动。自由浮动也称清洁浮动,是指政府货币当局对汇率的波动不采取

任何干预措施,而完全听任汇率依外汇市场的供求变化而自由波动。实际上,完全的自由浮动是不存在的,各国政府为了自身的利益,都或明或暗地对外汇市场进行干预。

②管理浮动。管理浮动也称肮脏浮动,是指货币当局在外汇市场上直接或间接地进行干预,以操纵本国货币的汇率,使其保持在对本国经济有利的水平上。目前实行浮动汇率制度的国家大都属于管理浮动。

(2)按照浮动方式进行划分

①单独浮动。单独浮动是指一国货币与其他国家货币发生固定联系,其汇率根据外汇市场的供求变化而自动调整,如美元、日元、英镑等货币属于单独浮动。单独浮动可以较好地反映一国的外汇供求状况及其经济货币关系的变化。

②钉住浮动。钉住货币浮动包括钉住单一货币浮动和钉住"篮子货币"浮动。钉住单一货币浮动是指一国货币钉住某种主要储备货币,并与其保持相对固定的汇率关系,而对其他货币则自由浮动。当一国的主要贸易、金融往来集中于某一发达国家,为了使其贸易、金融关系稳定发展,免受汇率变动带来的不利影响,该国货币采用钉住发达国家货币浮动的办法,如中国香港采取港元钉住美元浮动的汇率制度。不过,采取钉住浮动汇率制度的国家地区,在经济上对被钉住国有一定的依赖性,或在经济上易受被钉住国的影响。

钉住"篮子货币"浮动是指一国货币汇率钉住一篮子多种货币浮动,并与之保持相对固定的联系最为密切的国家的货币和对外支付使用最多的货币所组成的。因此,在该种浮动汇率制度下,钉住国汇率不受某一国货币或经济所操纵,对被钉住国的依赖性减弱。同时,由于"钉篮货币"的汇率有升有降,可以相互抵消,使钉住国汇率波动的幅度减小。

③联合浮动。联合浮动也称共同浮动或集体浮动,是指国家集团在成员国之间实行固定汇率制,对非成员国则实行共升共降的浮动汇率制。如欧洲货币体系为了建立稳定统一的单一货币区,于1979年在成员国之间实行了联合浮动。联合浮动的意义在于在集团内部创造了一个稳定的汇率环境,减少了汇率风险,促进了成员国之间的经济贸易的发展,同时可形成与个别发达国家相抗衡的货币干预力量。

4.2.3 联系汇率制度

联系汇率制度源于英联邦成员国的货币发行制度。这种制度最主要的特点是将汇率制度的确定与货币发行准备制度结合起来,利用市场机制,互相牵制。

港元与其他货币挂钩的制度其实由来已久。港元于1935年12月至1972年6月期间,曾经与英镑挂钩。1972年7月至1974年11月,则与美元挂钩,之后曾自由浮动。1983年9月,出现港元危机,为挽救香港金融体系,当时的香港政府于1983年10月15日公布联系汇率制度,17日港元再与美元挂钩,汇率定为7.8港元兑1美元。港元与美元的联系汇率制度也称货币发行局制,是诸多货币发行局制的一种典型形式。目前,香港发钞银行有3家:汇丰银行、渣打银行和中国银行,各自的发钞比例顺次为58%,9.7%,32.3%。

1）港元联系汇率制度的内容

港元联系汇率制度包括以下主要内容。

①香港特区的发钞银行一律以1美元兑换7.8港元的比价,事先向外汇基金缴纳美元,换取等值港元无息的"负债证明书"后,才增发港元现钞。

②如发钞银行向外汇基金退回港钞与"负债证明书",发钞银行则按1美元:7.8港元的固定汇率赎回美元。

③众多商业银行等金融机构需要港钞也按上述比价,向发钞银行交付美元领取港钞。如商业银行退回港钞,则按原比价赎回美元。

上述联系汇率规定的美元对港元1:7.8的固定汇率只适用于发钞行与外汇基金、发钞行与商业银行之间的发钞准备规定。在香港外汇市场上的美元与港元的交易由市场供求决定,并不受此约束。

由此可见,香港目前存在两种汇率:一个是发钞行与外汇基金、发钞行与商业银行之间的发行汇率,即 USD 1 = HKD 7.8 的联系汇率;另一种是受外汇市场供求影响的市场汇率。联系汇率与市场汇率、固定汇率与浮动汇率并存,是香港联系汇率制度最重要的机理。

2）联系汇率制度的自我维护机制

香港的联系汇率制具有内在的自我调节机制。

（1）商业银行与发钞行的套利活动

商业银行与发钞行的套利活动影响外汇市场的运作过程如下。

当投机活动使市场汇率低于联系汇率水平时(如港币贬值到1:7.9的水平),此时,发钞行会对外汇基金,同时商业银行会对发钞行按1:7.8的法定汇率以港币换取美元,然后在市场上抛售美元。发钞行和商业银行套利的结果是:外汇市场上美元供给逐渐增加,港币供给逐渐减少,从而美元与港币各自供求关系的变化就会使得市场汇率逐渐地由1:7.9向1:7.8的汇率水平回笼。在港币升值时,也是同样的道理。通过发钞行和商业银行的套利活动,使市场汇率在1:7.8的水平上做上下窄幅波动,并自动趋近之,不需要人为去直接干预。

（2）货币市场的资金增减与利率升降

货币市场的资金增减与利率升降影响外汇市场的运作过程如下。

如果市场汇率为 USD 1 = HKD 7.9,商业银行会对发钞行,发钞行会对外汇基金赎回美元,退回港元。这样一来,市场港元减少,通货紧缩,使得港元利率上升,从而吸引美元及其他外币资金流入香港追求更高利息收入,这样会导致外资供应增加,美元汇率下跌,使得汇率逐步接近7.8的水平。在港币升值时,其运作过程与上述情况相反,也会迫使汇率接近7.8。

4.2.4　人民币汇率制度

1）人民币汇率制度的演变

新中国成立以来,人民币汇率制度的变迁大致经过了下列阶段。

（1）国民经济恢复时期（1949—1952 年）

在国民经济这一恢复时期,外汇资源紧缺,全国通货膨胀形势严重,各地人民币在中央统一制度和管理下,以天津口岸汇价为标准,根据当地情况公布各自外汇牌价。由于当时各地区物价水平差异极大,因此外汇价格也差异极大。1950 年 7 月 8 日,为了稳定汇价,人民币汇率实行全国统一汇率。为迅速恢复国民经济,国家建立了外汇集中管理的外汇管理制度,人民币汇率按照物价对比法制定,主要作用在于调整对外贸易,照顾侨汇收入。人民币汇率基本不反映人民币的实际价值,也基本不受货币供求关系的影响,汇率很大程度上仅仅是一个计价标准和调节对外贸易的手段。

（2）社会主义建设时期至 1972 年年底（1953—1972 年）

1953 年起,中国实行计划经济体制,对外贸易由国营对外贸易公司专管,外汇业务由中国银行统一经营,逐步形成了高度集中、计划控制的外汇管理体制。国家对外贸和外汇实行统一经营,用汇分口管理。外汇收支实行指令性计划管理,一切外汇收入必须售给国家,需用外汇按国家计划分配和批给。在此条件下,汇率不再用于调节进出口贸易,主要用于非贸易外汇兑换的结算。为了维护人民币的稳定,有利于内部核算和编制计划,人民币汇率坚持稳定的方针,仅在外国货币发生升值或贬值时,才相应进行调整。自 1953 年到 1971 年 11 月,在近 16 年时间里,人民币汇率基本保持在 2.461 8 人民币/美元的水平。

（3）从西方货币实行浮动汇率至人民币贸易内部结算价时期（1973—1978 年）

1973 年布雷顿森林体系解体,以浮动汇率为主要特征的牙买加体系建立,国际汇率波动日益频繁。在动荡不定的国际金融背景下,为了促进对外贸易的正常发展,我国采用以钉住一篮子货币为基础的浮动汇率制度。所选"货币篮子"主要由美元、日元、英镑、西德马克、瑞士法郎构成,货币篮子的种类及其权重多少由国家统一掌握,并根据不同时期的情况加以变动。由于选用货币乘权重的方式确定人民币汇率变动,该时期人民币汇率也随之变动频繁,仅 1978 年人民币对美元汇率就调整了 61 次。人民币汇率基本上稳定在各国之间汇率的中间偏上水平。

（4）经济转轨时期的人民币汇率机制

①人民币内部结算价和官方汇率并存的双重汇率安排（1981—1984 年）。1979 年 8 月国务院决定进行外贸体制改革,打破外贸垄断经营,外贸企业可以建立自我运行机制,进出口以及外汇管理体制逐渐放宽,国内物价和人民币汇率之间的扭曲开始逐步消除。为促进出口、平衡外汇收支,我国实行外汇留成制度,即对外贸易单位和出口生产企业将外汇收入按官方汇率卖给国家,国家按一定比例拨还部分外汇作为企业外汇留成。自 1981 年 1 月 1 日起,试行人民币对美元的贸易内部结算价,同时公

布牌价。这样人民币汇率在改革开放初期,形成了贸易内部结算价和官方牌价汇率并存的双重汇率制度。贸易内部结算价仅适用于进出口贸易的外汇结算,而官方汇率则主要适用于旅游、运输、保险等项目以及经常转移项目下的侨汇结算。

贸易内部结算价的采用,解决了外贸部门出口换汇成本过高以至于出现出口亏损的问题,但另一方面,实行内部结算价影响了非贸易部门的生产经营积极性,外汇管理出现了一定程度的混乱,采用钉住汇率制加重了国家的财政负担。因此,人民币内部结算价和官方汇率并存的双重汇率安排注定成为一个过渡时期的应急措施。

②实行官方汇率和外汇调剂汇率并存的双重汇率安排(1985—1993 年)。从1985 年1月1日起,我国取消了内部结算价,贸易结算和非贸易外汇兑换均按官方汇率统一兑换。1985 年12月,我国改变由中国银行多年举办外汇调剂业务的模式,在深圳成立第一家外汇调剂中心,调剂市场汇率日益成为补偿出口亏损、促进出口增长的重要手段。实行官方汇率和调剂市场汇率出现了并存的"双轨制"。1985—1990年,根据国内物价的变化,我国多次大幅度调整官方汇率。鉴于大幅下调人民币汇率对国民经济和物价影响较大,企业难以承受,从1991 年4月9日起,官方汇率的调整机制改为小步缓慢调整。

随着国内经济体制改革的深入,特别是外贸体制改革的不断深入及对外开放步伐的加快,官方汇率和外汇调剂市场汇率的并存,造成了人民币同时存在两个对外价格,不利于外汇资源的有效配置,不利于市场经济的进一步发展。因此,在1993 年底,我国决定对人民币汇率进行了又一次重大的制度调整。

③1994—2005 年的外汇管理体制。这一阶段是深化经济体制改革的重要阶段,中国政府同时对金融、财税、外贸、外汇、物价体制进行配套改革,这一阶段外汇体制改革内容是建立与市场经济相适应的外汇管理体制。

1994 年1月1日,人民币官方汇率与外汇调剂价格正式并轨,我国开始实行以市场供求为基础的、单一的、有管理的浮动汇率制。企业和个人按规定向银行买卖外汇,银行进入银行间外汇市场进行交易,形成市场汇率。中央银行设定一定的汇率浮动范围,并通过调控市场保持人民币汇率稳定。1997 年以前,人民币汇率稳中有升,海内外对人民币的信心不断增强。但此后由于亚洲金融危机爆发,为防止亚洲周边国家和地区货币轮番贬值使危机深化,中国作为一个负责任的大国,主动收窄了人民币汇率浮动区间,事实上实现人民币汇率的钉住美元制。此时人民币汇率更偏显出固定汇率的特征,与"有管理的浮动汇率制度"产生了偏离。由于人民币对美元汇率在长时间内基本保持固定不变,因此国际货币基金组织在1999 年调整其汇率制度分类方法时将人民币汇率制度加入"事实上的钉住美元"的行列。

从2001 年开始,国际收支"双顺差"持续增大,人民币升值压力开始持续增加。2002 年之后,随着美元对欧元等主要货币的大幅贬值,单一钉住美元的人民币名义汇率相比于欧元、日元等货币也出现了较大程度的下跌,引发了日、欧等国家要求人民币升值的呼声。国际货币基金组织抛出2004 年与中国第四条款磋商的工作人员报告,呼吁人民币扩大浮动汇率区间。同时,日本、美国、欧盟等主要发达国家和经济一体化组织基于国内压力,开始通过针对中国纺织品、鞋类产品等中国具有明显的比较成本优势的贸易敏感商品设限,迫使人民币升值。世界上许多经济学家和政府开始呼吁中国对人民币重新估值。

（5）现行人民币汇率制度（2005年7月至2015年7月）

从2005年7月21日起,我国开始实行以市场供求为基础、参考一篮子货币进行调节、有管理的浮动汇率制度。本次汇率机制改革的主要内容包括3个方面:

在汇率调控的方式上,我国开始实行以市场供求为基础、参考一篮子货币进行调节、有管理的浮动汇率制度。人民币汇率不再盯住单一的美元,而是参照一篮子货币,根据市场供求关系来进行浮动。这里的"一篮子货币",是指按照我国对外经济发展的实际情况,选择若干种主要货币,赋予相应的权重,组成一个货币篮子。同时,根据国内外经济金融形势,以市场供求为基础,参考一篮子货币计算人民币多边汇率指数的变化,对人民币汇率进行管理和调节,维护人民币汇率在合理均衡水平上的基本稳定。篮子内的货币构成,将综合考虑在我国对外贸易、外债、外商直接投资等外经贸活动占较大比重的主要国家、地区及其货币。参考一篮子货币表明外币之间的汇率变化会影响人民币汇率,但参考一篮子货币不等于钉住一篮子货币,它还需要将市场供求关系作为另一个重要依据,据此形成有管理的浮动汇率。这将有利于增加汇率弹性,抑制单边投机,维护多边汇。

在人民币汇率中间价的确定和日浮动区间方面,中国人民银行于每个工作日闭市后公布当日银行间外汇市场美元等交易货币对人民币汇率的收盘价,作为下一个工作日该货币对人民币交易的中间价格。自2005年7月21日起,每日银行间外汇市场美元对人民币的交易价在人民银行公布的美元交易中间价上下0.3%的幅度内浮动,非美元货币对人民币的交易价在人民银行公布的该货币交易中间价3%的幅度内浮动。

在人民币起始汇率的调整方面,2005年7月21日19时,美元对人民币汇率调整为1美元兑8.11元人民币,一次性小幅升值2%,8.11作为次日银行间外汇市场上外汇指定银行之间交易的中间价,外汇指定银行可自此时起调整对客户的挂牌汇价。

（6）人民币汇率走向更加弹性的浮动汇率制（2015年8月至今）

2015年8月11日,中国人民银行宣布调整人民币兑美元汇率中间价报价机制,做市商参考上日银行间外汇市场收盘汇率,向中国外汇交易中心提供中间价报价,即参考收盘价决定第二天的中间价。此次改革旨在增加人民币汇率中间价形成机制的市场化、基准性和透明度,同时顺应市场供求关系变动趋势,将人民币兑美元汇率从6.15下调至6.22。2015年12月11日,中国外汇交易中心发布人民币汇率指数,引导市场将观察人民币汇率的视角由双边汇率转变为有效汇率,强调加大参考一篮子货币的力度,保持人民币对一篮子货币汇率的基本稳定。

2016年2月,中国人民银行进一步明确了"收盘汇率+一篮子货币汇率变化"的中间价形成机制。"收盘汇率+一篮子货币汇率变化"是指做市商在进行人民币兑美元汇率中间价报价时,需要考虑"收盘汇率"和"一篮子货币汇率变化"两个部分。其中,"收盘汇率"是指上一交易日银行间外汇市场的人民币兑美元收盘汇率,主要反映国内外汇市场供求状况。"一篮子货币汇率变化"是指为保持人民币对一篮子货币汇率基本稳定所要求的人民币兑美元双边汇率的调整幅度,主要是为了保持当日人民币汇率指数与上一交易日人民币汇率指数的相对稳定。

2017 年 2 月 20 日,中国人民银行对人民币中间价定价机制进行了微调,主要有两个方面:第一方面,调整人民币货币篮子的数量和权重,将人民币汇率指数(CFETS)篮子中的货币数量增加至 24 种;第二方面,缩减一篮子货币汇率的计算时段,参考一篮子货币时间由 24 小时缩短为 15 小时。调整的目的是更好反映市场变化,防止日内投机,即"中间价模型和收盘价价差"。2017 年 5 月 26 日,中国人民银行在人民币兑美元汇率中间价报价模型中引入逆周期因子,适度对冲市场情绪的顺周期波动,缓解外汇市场可能存在的"羊群效应"。"逆周期因子"有助于在人民币单向升贬值时减缓升贬值速度和幅度。自此,人民币兑美元汇率中间价报价模型由原来的"收盘价+一篮子货币汇率变化"调整为"收盘价+一篮子货币汇率变化+逆周期因子"。

知识链接4.4

2005 年人民币汇改以来的大事记

2005 年 7 月 21 日,中国人民银行正式宣布开始实行以市场供求为基础、参考一篮子货币进行调节、有管理的浮动汇率制度。

2006 年 1 月 4 日,央行引入询价交易方式和做市商制度,改进了人民币汇率中间价的形成方式。

2007 年 5 月 18 日,中国人民银行宣布,银行间即期外汇市场人民币对美元交易价浮动幅度由 0.3% 扩大至 0.5%。这是自 2006 年初银行间市场引入做市商制度以来最重要的举措,也是自 1994 年以来对人民币对美元汇价波幅的首次调整。

2012 年 4 月 16 日,人民币对美元交易汇价单日浮动幅度由 0.5% 扩大至 1%;允许人民币兑欧元、英镑、日元和港元在当日中间价的上下 3% 范围内波动,而人民币兑卢布和马来西亚林吉特则可以在当日中间价上下 5% 的范围内浮动。6 月起,又启动人民币和日元实现直接交易。

2015 年 8 月汇改:在制定当日人民币中间价时,首先参考上日"收盘汇率",即银行间外汇市场的人民币兑美元收盘汇率;同时参考"一篮子货币汇率变化",即在一篮子货币兑美元汇率有所变化的情况下,为保持人民币对一篮子货币汇率基本稳定所要求的人民币对美元双边汇率的调整幅度。各家做市商可以根据对不同篮子的权重选择不同从而报出不同中间价。这次汇改,人民币朝着市场化之路迈进了一大步。

2016 年 2 月,中国人民银行宣布采用"收盘汇率+一篮子货币汇率变化"的中间价形成机制。2017 年 2 月,中国人民银行对人民币中间价定价机制进行微调,一是将人民币汇率指数(CFETS)篮子中的货币数量增加至 24 种;二是将参考一篮子货币时间由 24 小时缩短为 15 小时。

2)人民币汇率制度的发展方向

从长远来看,人民币汇率应适用浮动汇率安排,而近中期内应完善有管理的浮动汇率制度,这是我国人民币改革的方向所在,也是中心所在。

（1）逐步完善人民币汇率的市场环境

现今，我国人民币汇率形成的市场机制存在很多不完善之处，比如，目前中央银行处于频繁入市干预和托盘的被动局面，银行还未建立做市商交易制度等。在改革的道路上，我们应当尝试建立市场化条件下的央行外汇市场干预模式，改进央行汇率调节机制，建立一套标准的干预模式，给市场一个比较明确的干预信号，尽量减少直接干预，让市场主体通过自主交易形成公平价格，强化央行的服务职能。

（2）逐步实现人民币资本项目的可兑换性

人民币资本项目可兑换的重要意义有：一是实现人民币资本项目可兑换可以充分发挥市场在资源配置中的基础性作用；二是全面提高开放型经济水平需要人民币资本项目可兑换；三是扩大人民币在贸易和投资项下的跨境使用需要人民币资本项目可兑换。我国按照"循序渐进，统筹规划，先易后难，留有余地"的原则正逐步推进资本项目可兑换。2004年年底，按照国际货币基金组织确定的43项资本项目交易中，我国有11项实现可兑换，11项较少限制，15项较多限制，严格管制的尚有6项。

近年来，中国正逐步、渐进地推动资本市场开放，中国资本市场开放的7个主要关键点：B股发行制度、合格境外投资者（QFII）制度、合格境内投资者（QDII）制度、人民币合格境外投资者（RQFII）制度、沪港通、深港通和沪伦通。总体而言，这7个关键的资本市场开放制度层层递进，刻画出了中国资本市场开放的历程。从大的方面，可以将这7个关键时间点分为3个阶段：发行外资股阶段（B股）、单向开放阶段（QFII，QDII和RQFII）和双向开放阶段（沪港通、深港通和沪伦通）。2019年9月，经国务院批准，外汇局取消QFII和RQFII投资额度限制，RQFII试点国家和地区限制也一并取消，进一步提升我国金融市场开放的深度和广度。自2020年9月底以来，QDII额度发放有所加快，逐渐成常态化发放趋势。截至2021年12月15日，外汇局已累计批准174家QDII机构投资额度1 575.19亿美元，包括34家银行、68家证券公司（含公募基金）、48家保险公司和24家信托类机构。

（3）合理拓展外汇储备的功能

相对于其他国家来说，我国具有大规模的外汇储备，这在一定程度上证明了我国的经济实力，但是也为我国聚集了大量的外汇风险。对于一些财政资金属性的外汇储备，可将其用来调节当前宏观经济中的失衡问题，盘活外汇储备，降低其风险的积聚。

总体来看，我国汇率制度改革正在也应该朝着更加具有弹性和灵活性的方向稳步推进，只有完善有管理的浮动汇率制度，发挥市场供求在人民币汇率形成中的基础性作用，保持人民币汇率在合理均衡水平上的基本稳定，金融市场才会变得安全。

4.3　我国现行的外汇管理

4.3.1　经常项目管理

1)经常项目管理框架

经常项目管理包括进口贸易付汇核销管理、出口贸易收汇核销管理、非贸易外汇管理、外币现钞管理、经常项目境内外汇划转管理、经常项目外汇账户管理。每项管理的主要内容包括以下几个方面。

①进口贸易付汇核销管理主要内容包括事前必要的登记和备案;对黑名单进口单位开证付汇的真实性审核;付汇后凭核销单、备案表监测进口单位、银行售付情况及到货报审情况;对重点、异常问题进行核查并处理违法违规行为。

②出口贸易收汇核销管理其主要内容包括出口收汇核销管理;出口收汇核销单的内部管理;出口收汇核销单的发放;出口企业报关前的口岸备案;出口企业网上交单;出口企业远期备案;数据下载;出口收汇核销单的注销及禁用;收汇核销;出口收汇核销备查;对逾期未收汇核销业务的清理;对违反出口收汇核销规定的处理等。

③非贸易外汇管理其主要内容包括境内居民个人外汇收支;因公出国用汇审核;携带外汇进出境管理;利润、股息、红利汇出的管理等。

④外币现钞管理其主要内容包括现钞的收付、现钞的结汇、现钞的提取等。

⑤经常项目境内外汇划转管理的主要内容包括境内机构外汇划转;境内居民之间外汇划转。

⑥经常项目外汇账户管理的主要内容包括账户开立的条件;账户的类别;审核开户申请的基本要求;开立外汇账户所需材料;开户程序及基本规定;账户的使用与监管等。

下面重点介绍进口贸易付汇核销管理、出口贸易收汇核销管理、外币现钞管理、经常项目外汇账户管理。

2)进出口核销制度

在国际收支中,贸易外汇收支所占的比重最大。保持良好的贸易收支状况是一国国际收支稳定发展的重要前提条件。因此,贸易外汇管理是整个经常项目外汇管理中的一个重要组成部分。贸易外汇管理的主要方式是进口付汇核销管理和出口收汇核销管理。

我国分别于 1991 年和 1994 年实行了出口收汇核销制度和进口付汇核销制度。我国实行进出口核销制度的目的是为监督企业在货物出口后及时、足额地收回货款,进口付汇后及时、足额地收到货物,防止和监测外汇流失情况;保证结售汇制度的规范运行;完善国际收支统计;协助有关部门堵塞关税和其他税收方面的漏洞。

参与进出口收付汇核销管理的主要部门有国家外汇管理局及其分支局、海关和外汇指定银行。

(1)进口付汇核销管理

①进口付汇核销的概念。进口付汇核销是指进口货款付出后的单位,通过核对注销的方式审核其所购买的货物是否及时、足额到货的一种事后管理的制度。

②进口付汇核销的范围。纳入进口付汇核销的范围是境内经授权单位批准的经营进口业务的企业(包括外商投资企业)、事业单位。以通过外汇指定银行购汇或以现汇账户支付的方式,向境外支付有关进口商品的货款、预付款、尾款及转口贸易的货款,均需要办理核销手续。

不纳入付汇核销的范围是与贸易有关的海运费、保运费、远期信用证、远期托收的利息等外汇支付,以及非贸易项下的付汇。

(2)银行对进口付汇的审核

目前,银行对进口付汇的审核有以下8个方面。

①银行通过外汇局与银行的网络,查询审核付汇申请单位是否在"对外付汇进口单位名录"(简称"名录")中。

"对外付汇进口单位名录"是指由取得进口经营权的进口单位申请,外汇管理局定期向银行公布可直接对外付汇的进口单位名录。凡是取得进口经营权的单位均须在第一次付汇前,向外汇管理局申请加入"对外付汇进口单位名录"。

进入"名录"的进口单位,正常情况下的对外开证或付汇即可直接到银行办理。不在"名录"上的进口单位不能直接到银行办理进口购付汇业务,需事先逐笔到外汇管理局办理进口付汇备案手续,然后到银行办理。

外汇管理局对"名录"实行档案管理,适时公布。档案管理的内容包括进口单位名称、注册资金、地址、联系电话等情况。

国家外汇管理局各分支局,根据本地区情况向辖区内相关银行和部门按周公布所辖地区"对外付汇进口单位名录"电子文件,按季下发"对外付汇进口单位名录"纸质文件。

②审核付汇申请单位是否被列入"由外汇管理局审核真实性的进口单位名单"(简称"黑名单")。

对经营中有违规行为或者核销状况不佳的企业,将列入"由外汇管理局审核真实性的进口单位名单"。列入"黑名单"的进口单位主要存在的行为有:向外汇管理局或银行报审伪造、假冒、涂改、重复使用进口货物报关单(核销单)或其他凭证的;付汇后无法按时提供有效进口货物报关单或其他到货证明的;需凭外汇管理局备案表付汇而没有付汇备案表的;漏报、瞒报等不按规定向外汇管理局报送核销单及所附单证,或丢失有关核销凭证的;违反《贸易进口付汇核销监管暂行办法》其他规定的。

③需凭备案表付汇的,审核是否有外汇管理局出具的"进口付汇备案表"。

进口付汇备案是针对一些核销方式较为特殊、银行资金风险较大以及逃、套汇发生频率较高的进口付汇进行事前登记的一种监管手段,也是进口付汇核销监管的重点之一。

"进口付汇备案表"(简称"备案表")由外汇管理局印制,对属于《进口付汇核销贸易真实性审核规定》中规定的备案类别的进口付汇,由进口单位向所在地外汇管理局申办,银行凭此及规定的有关凭证办理进口付汇的凭证。"备案表"一式四联,最终分别留存于签发地外汇管理局和付汇银行。

④审核进口单位填写的贸易"进口付汇核销单"的内容与提交的相关单证内容是否相符。

"进口付汇核销单"(简称"核销单")是指由国家外汇管理局印制、进口单位填写、银行审核并凭以办理对外付汇的凭证。"核销单"既用于贸易项下进口付汇核销,又用于国际收支申报统计。在实际使用时有 3 种情况,即申报但不必核销的,不需要申报但要核销的,需申报并且要核销的。

⑤按规定及时通过国际收支申报系统,向所在地外汇管理局传递付汇数据和反馈纸质性销单。

核销单证的传送方式分为本地付汇单据传递和异地付汇单据传递。本地付汇是指进口单位和外汇指定银行属同一个外汇管理局管辖。异地付汇是指进口付汇交易的两个主体,即进口单位和办理付汇手续的外汇指定银行不属于同一个外汇管理局管辖,外汇指定银行对该进口单位的进口付汇需凭异地付汇备案表办理。

⑥妥善保留核销单及付汇相关单证。

⑦凭进口货物报关单为进口单位办理对外付汇的,须通过进口货物报关单联网核查系统逐笔核对每笔报关单的真实性,并进行"核注""结案"。

⑧接受外汇管理局对办理的进口付汇业务的审核和检查,配合外汇局做好进口付汇核销工作。

(3)出口收汇核销管理

①所谓出口收汇核销管理,是指对每一笔出口货款,从出口单位申请出口到货物报关,直至货款收回的整个过程实行跟踪管理,监督收汇,及时掌握货物出口和货款收回情况的事后监管制度。实行出口收汇核销制度的主要目的是提高出口收汇率,加快收汇速度,防止国家外汇流失,保持国际收支平衡,促进国民经济健康发展。

②出口收汇核销管理的对象与范围。出口收汇核销管理的对象是经有关部门或其授权机关批准或登记,具有对外贸易经营权的所有出口单位。出口收汇核销管理的范围有出口单位向境外、境内特殊经济区域(特殊经济区域是指境内保税区、出口加工区、钻石交易所等海关实行封闭管理的特定经济区域)出口货物,国家外汇管理局、海关总署联合下发的《国家外汇管理局、海关总署关于按照进出口货物监管方式分类使用出口收汇核销单的通知》规定的 26 种贸易监管方式,均应办理出口收汇核销。

③出口收汇核销管理的原则。

A.属地管理原则,即出口单位办理备案登记、申领出口收汇核销单和办理出口收汇核销手续,均应当在其注册所在地外汇局办理。

B.谁领单谁核销原则,即申领出口收汇核销单、出口报关、收汇、核销为同一单位。

C.单单相应原则,即出口单位核销时申报的出口收汇核销单、出口货物报关单及出口收汇核销专用联所载明的货物名称、数量、币种金额等信息应对应一致,否则出口单位须申报说明并提供相关证明。

3）外汇账户管理

（1）外汇账户

外汇账户是指境内机构、驻华机构、个人及来华人员可以自由兑换货币在经批准经营外汇业务的银行和非银行金融机构（以下简称"开户金融机构"）开立的账户。

（2）外汇账户的类别

①根据账户的功能分为外汇存款账户和外汇结算账户。目前，我国一般不允许个人及国外来华人员开立外汇结算账户。符合规定条件的中资企业可以向外汇局申请在中资外汇指定银行开立外汇结算账户，保留一定限额的外汇。

②根据账户的资金形式分为外币现钞账户和外币现汇账户。目前，我国一般不允许境内机构、驻华机构开立外币现钞账户。

③根据账户的性质分为经常项目外汇账户和资本项目外汇账户。目前，需在国家外汇管理局管理检查司审批的经常项目外汇账户包括外汇结算账户和外汇专用账户。

外汇专用账户包括代理进口、贸易专项、承包劳务、捐赠援助、专项代理、国际货运、国际汇兑、国际旅行社、免税商品及暂收待付等业务需在国内开立的外汇账户及承包劳务需在境外开立的外汇账户。

（3）外汇账户管理的政策

近几年，我国逐步放宽了经常项目外汇账户管理政策，降低了开立经常项目外汇账户的门槛，使更多的企业，特别是中小企业能够开立外汇账户。统一了中外资企业的经常项目外汇账户管理政策，创造了一个公平竞争的环境。改善了国内外汇资源配置，赋予企业更大的外汇支配权。推广应用了外汇账户管理信息系统，有利于规范和简化外汇账户的管理程序，方便企业和提高银行的工作效率。调整经常项目外汇账户限额管理，切实满足企业用汇需求，降低企业结售汇成本，促进贸易的发展。

4.3.2　资本金融项目管理

1）资本金融项目管理框架

资本项目外汇管理包括外汇债务管理、发行外币债券管理、发行外币股票管理、资本项目外汇账户管理、外商投资企业管理、境外投资管理。

①外汇债务管理包括对外借债的审批、外债登记、还本付息、资本项目结汇、对外担保、外债注销和债转股、外债统计监测。

②发行外币债券管理包括对外发债的审批管理和外汇局审查要件。

③发行外币股票管理包括对外币股票的发行程序和募股资金账户的开立、收支监督及结汇等方面的管理。

④资本项目外汇账户管理包括对外债账户、资本金账户、临时账户、资本项下外

汇划转等方面的管理。

⑤外商投资企业管理包括外汇登记、结汇核准、投资性外商投资公司境内投资款划拨、股权转让、外方所得利润境内再投资、中外合作企业外方先行回收投资、汇出清算所得资金、外商投资企业联合年检。

⑥境外投资管理包括境外投资立项前的外汇管理、境外投资立项后的外汇管理、境外投资企业成立后的外汇管理等。

2）资本金融项目开放和管理手段

我国外汇管理体制改革的步骤分为 3 步。

第一步，1994 年实现经常项目下人民币有条件可兑换。

第二步，1996 年 12 月 1 日，我国实现了人民币经常项目下的可兑换。

第三步，将来，实现资本项目人民币可兑换，从而实现人民币完全自由兑换。

资本项目可兑换这一战略问题，是一项复杂的系统工程，广泛而复杂地涉及一国现在和未来的经济生活、宏观经济与微观经济的各个方面。目前，我国人民币资本项目开放进程不仅取决于金融和外汇管理体制改革的进展，还取决于其他领域改革的进展。

要推进资本项目可兑换改革进程，需要建立健全的宏观调控能力，保持持续增长的国民经济和国际收支平衡；有强有力的金融监管能力，保证金融体系的稳健和对金融市场的有效监控；有灵活的汇率形成机制、制度安排和市场化利率；建立发育良好的国内资本市场。

我国资本管理的交易项目主要涉及直接投资、证券投资和对外借债，其管理手段主要包括交易审批、数量和规模控制等。外汇管理部门根据交易类型的不同，实施不同的管理政策。各交易项目的具体管理手段如下。

（1）直接投资

近年来，外汇局一方面积极"引进来"，不断提高利用外资质量，构建以登记为核心的外商直接投资外汇管理体系。2012 年年底，外汇局发布《关于进一步改进和调整直接投资外汇管理政策的通知》，大力精简优化外商直接投资管理流程，前后共取消 35 项、简化合并 14 项行政审核子项，建立起与扩大开放相适应、具备有效管理且社会成本较低的外商直接投资外汇管理模式。从 2015 年 6 月起，外商直接投资外汇登记由银行直接审核办理，外汇管理部门实施间接监管。上述改革实施后，我国外商直接投资外汇管理实现了基本可兑换。截至 2020 年年底，我国的外国来华直接投资存量已达 3.47 万亿美元。

另一方面，外汇局积极支持国内有能力、有条件的企业"走出去"，开展真实合规的境外直接投资。2009 年 7 月，外汇局发布《境内机构境外直接投资外汇管理规定》，初步建立起以登记为核心的境外直接投资外汇管理框架。2015 年 6 月，进一步将境外直接投资项下的相关外汇登记业务下放银行办理。由此，境内机构"走出去"在汇兑环节已无管制，大大方便了境内机构参与国际经济技术合作和竞争。2017 年，外汇局配合多部门有效抑制重点领域非理性境外直接投资，在满足真实合规境外直接投资需求的同时，促进跨境资金有序流动，有效防范风险。截至 2020 年年底，我国对外金融资产中,直接投资存量已达 2.58 万亿美元,比 2015 年末翻一番,对外投资大国地位稳定。

(2)证券投资

境内机构经国务院批准后,可在境外发行股票、债券和货币市场工具。具备相应业务资格的境内银行和非银行金融机构可以买卖境外债券、境外货币市场工具和集体投资类证券。经国务院及其主管部门审批,境外发行 H 股的公司可以回购境外流通股票。经审批,国有企业可以进行商品期货交易;符合资格的中资外汇指定银行可以在境外购买衍生工具,交易性质应改为避险和保值;中资企业经审批可以进行外债项下的保值业务,如委托境外银行或境内外资银行办理;外商投资企业外债项下保值业务无须事前审批,但事后需要登记。

近年来,外汇局在推动金融市场高水平开放方面成效显著。在先后出台政策取消 QFII/RQFII 投资额度限制、方便境外机构投资银行间债券市场等境内证券市场对外开放的同时,坚持常态化、规则化发放 QDII 额度,进一步向外界表明中国对实现经济平稳增长以及稳妥应对复杂外部环境变化的坚定决心和信心。此外,坚持常态化、规则化发放 QDII 额度,也能为境内金融机构提升境外投资能力提供机会,促进跨境资产管理行业进一步发展。

(3)对外借债

我国外债管理长期实行严格的数量控制,国家确定中长期和年度外债规模,并合理安排外债的行业、地区、期限、币种结构,以保证足够的清偿能力。根据债务人的类型和债务期限不同,实施不同的管理政策。

①主权外债由财政部统一对外进行,并需要获得国务院的批准。

②限制境内中资企业对外借款,如首先要取得借款主体资格,然后是要有借款指标,并经外汇管理部门审批。

③除了财政部和银行以外的债务人对外偿还债务本息须经外汇局核准。

④允许外商投资企业自行筹措长短期外债,但严格控制外债规模,全口径统计监测外债风险。外资金融机构的对外负债没有审批要求。对境内外资银行的对外借款实行规模控制,加强对短期对外借款的管理。我国资本项目交易规模扩大迅速,目前我国不仅资本流入已达相当规模,对外资本输出也逐渐增多,利用外资的渠道日益多元化。中国已经形成了跨境资本双向流动的格局。

4.3.3　个人外汇管理

个人外汇管理包括居民个人外汇支出管理、居民个人外汇收入管理、居民个人外汇账户管理、携带外币出境管理、个人外汇收支监管 5 个方面。

1)居民个人外汇支出的管理

居民个人外汇支出包括经常项目支出和资本金融项目支出。

(1)经常项目支出范围

①居民个人出境旅游、探亲、会亲、朝觐、留学、就医、参加国际学术活动、被聘任

教等用汇。

②居民个人缴纳国际学术团体组织的会员费的用汇。

③居民个人从境外邮购少量药品、医疗器械等用汇。

④居民个人在境外的直系亲属发生生病、死亡、意外灾难等特殊情况的用汇。

⑤在中国境内居留满 1 年以上的外国人及港澳台同胞从境外携入或者在境内购买的自用物品等出售后所得人民币款项汇出的用汇。

⑥居民个人经常项目的其他外汇支出。

（2）资本金融项目支出范围

①居民个人对境外各类直接投资和间接投资。

②居民个人移居境外后境内存款本金、有价证券本金和房屋等其他资产向境外转移的用汇。

（3）居民个人外汇支出管理

①从外汇账户向境外支付。向境外支付相当等值一定美元的外汇,根据其金额的不同有 4 种办理规定:直接到银行办理;持规定的材料到银行办理;持规定的证明材料到当地外汇局申请,经核准后持核准件到银行办理;持规定的证明材料到当地外汇局申请,由外汇局转报国家外汇管理局审核真实性后,持核准件到银行办理。

②经常项目外汇支出的购汇。居民个人经常项目因私用汇,在规定范围以内的,持规定的证明材料到银行兑换外汇汇出或携带出境;超过规定标准的持规定的证明材料向外汇管理局申请,经审核批准后,凭核准件到银行兑换外汇汇出或携带出境。在这方面制定了出境旅游、探亲、会亲兑换外汇的标准;出境定居兑换外汇的标准;自费朝觐和自费留学人员兑换外汇的标准;其他需要兑换外汇的标准。

③资本金融项目外汇支出。居民个人资本金融项目外汇支出,可以从其外汇账户中支付,未经外汇局批准,不得购汇汇出或携带出境。

2）居民个人外汇收入的管理

居民个人外汇收入包括经常项目收入和资本金融项目收入。

（1）经常项目收入范围

①专利、版权。居民个人将属于个人的专利、版权许可或者转让给非居民而取得的外汇。

②稿费。居民个人在境外发表文章、出版书籍获得的外汇稿费。

③咨询费。居民个人为境外提供法律、会计、管理等咨询服务而取得的外汇。

④保险金。居民个人从境外保险公司获得的赔偿性外汇。

⑤利润、红利。居民个人对外直接投资的收益及持有境外外币有价证券而取得的红利。

⑥利息。居民个人境外存款利息以及因持有境外外币有价证券而取得的利息收入。

⑦年金、退休金。居民个人从境外获得的外汇年金、退休金。

⑧雇员报酬。居民个人为非居民提供劳务所取得的外汇。

⑨遗产。居民个人继承非居民的遗产所取得的外汇。

⑩赡养款。居民个人接受境外亲属提供的用以赡养亲属的外汇。

⑪捐赠。居民个人接受境外无偿提供的捐赠、礼赠。

⑫居民个人合法获得的其他经常项目外汇收入。

（2）资本金融项目外汇收入范围

居民个人从境外调回的、经国内境外投资有关主管部门批准的各类直接投资或间接投资的本金。

（3）居民个人外汇收入管理

①境内居民个人外汇收入存入外汇账户的规定。将等值一定美元的外汇存入外汇账户，根据其金额的不同有两种办理规定：直接到银行办理；向银行提供真实的身份证明，银行登记备案后办理。

②经常项目外汇收入办理解付的规定。根据一次性解付外币现钞或者兑换人民币等值一定美元的金额有4种办理规定：直接到银行办理；持规定的材料到银行办理；持规定的证明材料到当地外汇局申请，经核准后持核准件到银行办理；持真实身份证明和相关的经常项目收入证明材料到当地外汇局申请，由外汇局转报国家外汇管理局审核真实性后，持核准件到银行办理。

③资本金融项目外汇支出。根据一次性解付外币现钞或者兑换人民币等值一定美元的金额有两种办理规定：持规定的证明材料到当地外汇局申请，经核准后持核准件到银行办理；持规定的证明材料到当地外汇局申请，由外汇局转报国家外汇管理局审核真实性后，持核准件到银行办理。

3）居民个人外汇账户管理

（1）管理原则

居民个人由境外汇入的外汇或携入的外汇票据，均可开立现汇账户存储。居民个人从境外携入或持有的可自由兑换的外币现钞，均可以开立现钞账户存储。

（2）账户管理

居民个人将外汇收入存入外汇账户，按照下列规定办理：一次性存入等值1万美元以下的，直接到银行办理；一次性存入等值1万美元（含1万美元）以上的，须向银行提供真实的身份证明，银行登记备案后予以办理。

居民个人从现汇账户中提取外币现钞，或从外汇账户中将外汇汇出境外，根据金额不同有4种办理规定：直接到银行办理；持规定的材料到银行办理；持规定的证明材料到当地外汇局申请，经核准后持核准件到银行办理；持规定的证明材料到当地外汇局申请，由外汇局转报国家外汇管理局审核真实性后，持核准件到银行办理。

居民个人从现汇账户提取外币现钞。根据其金额（等值一定美元）不同，有两种办理规定：直接到银行办理；向银行提供真实的身份证明，银行登记备案后办理。

4）携带外币出入境管理

携带外币出入境管理包括居民个人和非居民个人携带外币现钞出境和入境的管理。针对单次入境和当天多次入境或短期内多次入境分别管理。

我国这两年的法律文件主要有《国家外汇管理局、海关总署关于印发〈携带外币现钞出入境管理暂行办法〉的通知》和《国家外汇管理局关于印发〈携带外币现钞出入境管理操作流程〉的通知》。

5）居民个人外汇收支监管

境内居民个人从境外汇入以及从境内汇出外汇,应当按照《国际收支统计申报办法》和《国际收支统计申报办法实施细则》办理国际收支统计申报。

境内居民个人从境外携入以及从境内携出外汇,应当按照《关于对携带外汇进出境管理的规定》办理海关申报。

本章主要内容概要

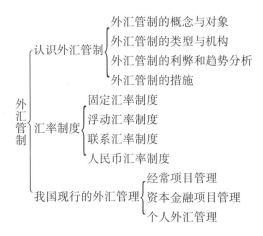

案例分析

阿根廷出台新一轮外汇管制措施,黑市汇率飙升

2020年9月22日,彭博社报道,阿根廷储户发现,通过官方渠道购买美元已成为不可能的事情,因为该国银行正努力调整以适应收紧限制的规则变化。

为防止外汇进一步流失,阿根廷央行上周宣布一系列外汇管制措施,主要包括:针对美元储蓄和外币结算付款为目的的美金购买行为征收35%预扣所得税;美元账户开户将受到限制,银行将对开户人收入情况进行评估;非阿根廷居民以外币结算出售有价证券或在国外购买阿根廷证券将受到限制。如果一个人一个月内用卡消费100美元,那么他们只能购买100美元可以用来储蓄的美元。如果有其他任何外币支出(从巴西雷亚尔或乌拉圭比索到欧元)也是如此,这是超级管制。在公司层面,阿根廷央行要求将每月到期债务超过100万美元的公司提交债务重组计划。

因此,突然间,阿根廷出现了10种美元汇率:官方汇率、大豆汇率(阿根廷主要出口产品支付33%的预扣税)、谷物汇率(玉米和小麦的预扣税为12%,因此出口创汇美元为69.75比索)、牛汇率(肉和奶粉的出口预扣税为9%)、团结汇率(官方美元加上 30% 的国家税再加上 35% 的所得税预扣)、Spotify 美元汇率(支付 8% 的分期取代 30% 的国家税)、套现汇率、股市汇率、蓝色汇率和储蓄汇率。

随着在银行将比索兑换成美元变得越来越困难,目前,阿根廷黑市汇率交易异常火爆,非官方的黑市汇率已飙升至 141 比索兑 1 美元,几乎是现钞汇率 75 比索兑 1 美元的 2 倍。

(资料来源:腾讯网,2020-09-28)

问题:

1. 解释阿根廷进行外汇管制的原因。

2. 结合目前我国的经济状况,分析我国外汇管制趋势。

实训项目

1. 实训目的

明确以下调研题目的具体政策规定和相应业务的具体操作方法。

2. 实训形式

实地调查、网上调研、电话咨询。

3. 项目内容

(1)现汇与现钞在账户、存取、兑换、结汇、携带、汇出等管理方面的区别是什么? 举例说明。

(2)目前国家外汇管理局关于银行结汇、售汇、付汇业务管理方面有哪些规定? 其具体内容是什么? 举例分别说明银行结汇、售汇、付汇业务如何进行?

(3)举例分别说明目前银行进出口核销的业务是如何进行操作的?

(4)目前我国银行外汇存款有哪些币种? 有哪些存款业务产品?

4. 调研部门

国家外汇管理局及其地方外汇管理局;国有商业银行、股份制银行、外资银行各选两家。

5. 实训指导

第一步:调查。分组进行,每组一题或多题,每组中的每个成员按照题目要求分别调研两家银行。

第二步:除了每人写出实训报告外,以组为单位,在整理、汇总和分析的基础上写出每组的实训报告。

第三步:课堂交流。每组根据实训报告,策划以角色模拟的形式进行交流,每组全体成员共同参与课堂交流。

第 5 章
外汇交易的运行系统

【学习目标】

1. 能够熟悉国际金融市场的基本框架和类型。

2. 能够正确认识和区别传统的国际金融市场和欧洲货币市场。

3. 能够正确理解离岸金融中心的概念,熟悉离岸金融中心的各种类型和在全球分布的区域。

4. 熟悉外汇市场的组织和管理。

5. 能够正确理解和运用市价指令、限价指令、止损指令和取消指令。

6. 能够运用柜台、电话和网络等形式进行外汇交易。

7. 能够熟练掌握运用外汇市场的交易惯例。

【引　例】

SWIFT:2021 年 12 月人民币升至
全球第四大活跃货币

环球银行金融电信协会(SWIFT)2022 年 1 月 19 日发布的数据显示,2021 年 12 月,在基于金额统计的全球支付货币排名中,人民币全球支付排名升至全球第四位,这是 6 年来人民币首次升至第四位。12 月,在主要货币的支付金额排名中,美元、欧元、英镑分别以 40.51%,36.65%,5.89% 的占比位居前三位。日元则较此前的第四位下滑一位至全球第五大活跃货币,占比 2.58%。

从比例来看,人民币全球支付占比由 2021 年 11 月的 2.14% 升至 12 月的 2.7% ;从金额来看,2021 年 12 月,人民币支付金额较 11 月增加了 34.6% ,同期全球所有货币支付金额总体增加了 6.44% 。

(资料来源:上海证券报,2022-01-21)

5.1 认识国际金融市场

5.1.1 国际金融市场的含义和构成

国际金融市场在概念上有广义和狭义之分。

广义的国际金融市场,是指进行各种国际金融业务活动的场所和网络。这些业务活动包括长短期资金的借贷和外汇与黄金的买卖,分别形成了货币市场、资本市场、外汇市场和黄金市场。这几类国际金融市场不是截然分离,而是相互联系着的。例如,长短期资金的借贷,往往离不开外汇的买卖,外汇的买卖又会引起资金的借贷;黄金的买卖也离不开外汇的买卖,并引起资金的借贷。

狭义的国际金融市场仅指国际长、短期资金借贷市场。本章介绍的是狭义的国际金融市场。

国际金融市场的基本架构如图 5.1 所示。

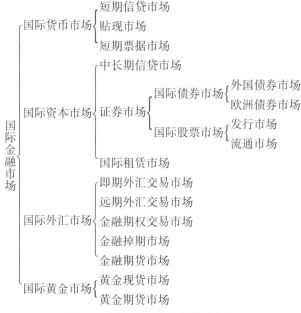

图 5.1 国际金融市场的基本框架

5.1.2　国际金融市场的类型

国际金融市场可分为传统的国际金融市场和新型的国际金融市场两种类型。

传统的国际金融市场是指从事市场所在国货币的国际信贷业务,交易主要发生在市场所在国的居民与非居民之间,并受市场所在国政府的经济政策和金融法律法规管辖。传统的国际金融市场所在国家必须是资本净提供国,只有拥有巨额剩余资金和源源不断的海外利润收入的国家,如英、美等国家才能做得到,所以传统的国际金融市场也只有伦敦、纽约等。

新型的国际金融市场经营的是境外货币,范围很广,所以它的交易涉及所有的可自由兑换货币,其大部分交易是在市场所在的非居民之间进行的,业务活动也不受任何国家经济政策和金融体系规章制度的管辖。由于不受市场所在国政策的管制,因此是完全自由化的国际金融市场。所以,目前已成为国际金融市场的核心部分也是最主要的部分。新型的国际金融市场最早起源于欧洲,又称为欧洲货币市场。

5.1.3　欧洲货币市场与离岸金融中心

欧洲货币市场和离岸金融中心是总称和具体业务场所的关系。欧洲货币市场是经营境外货币市场的总称,离岸金融中心则是具体经营境外货币业务的一定地理区域。根据业务对象、营运特点、境外货币的来源和贷放重点的不同,离岸金融中心分为以下 4 种类型。

1）功能中心

功能中心主要是指集中诸多外资银行和金融机构,从事具体存储、贷放、投资和融资业务的区域或城市,其中又分为两种,一种为集中性中心,一种为分离性中心。前者是内外融资业务混在一起的一种形式,金融市场对居民和非居民开放。伦敦和香港金融中心属于此类;后者则限制外资银行和金融机构与居民往来,是一种内外分离的形式,即只准非居民参与离岸金融业务,典型代表是新加坡和纽约的"国际银行设施"。

2）名义中心

名义中心不经营具体融资业务,只从事借贷投资等业务的转账或注册等事务手续,所以国际上管这种中心也称为簿记中心。这种离岸金融中心多集中在中美洲各地,如开曼、巴哈马、拿骚和百慕大等,是国际银行和金融机构理想的逃税乐土。

3）基金中心

基金中心主要吸收国际游资,然后贷放给本地区的资金需求者,以新加坡为中心的亚洲美元市场则属此种中心。它的资金来自世界各地,而贷放对象主要是东盟成员国或临近的亚太地区国家。

4)收放中心

收放中心与基金中心的功能相反,主要筹集本地区的境外货币,然后贷放给世界各地的资金需求者。亚洲新兴的离岸金融中心巴林,主要吸收中东石油出口国巨额石油美元,然后贷放给世界各地的资金需求者,同时它也通过设立在当地的外资银行与金融机构积极参与国际市场的各项金融业务。

5.2 外汇交易的市场运行

5.2.1 外汇交易惯例

外汇交易是指在不同国家的可兑换货币之间进行买卖兑换的行为。其中既包括在国际金融市场上通过现代通信设备进行的金额庞大的批发性买卖行为,也包括银行等金融机构以柜台交易方式进行的零售性买卖行为。

外汇交易市场为全球交易量最大的单一金融市场,每天的交易量为 19 000 亿美元,如此高的交易量能避免价格受大户或基金入市而出现大幅波动,给客户提供一个较为安全及公平的交易途径。外汇市场的产生,起初是由于国际贸易的大规模发展而产生的汇兑及避险需要,后来人们发现汇率的波动差价能够带来巨大的投机收益,于是外汇市场逐渐发展成以投机目的为主的市场,现在,每天巨大的成交量当中,为贸易和避险需要的只占据了大约5% ,95%的交易是由于投机而产生的。

1)外汇交易时间

现代通信设施的发展,使得全球各地区的外汇交易市场能够按世界时区的差异相互衔接,出现了全球性的、星期一至星期五24小时不间断的外汇交易。若以北京时间为标准,每天凌晨的时候,从新西兰的惠灵顿开始,直到次日凌晨的美国西海岸市场的闭市,大洋洲、亚洲、北美洲各大市场首尾衔接,在营业日的任何时刻,交易者都可以寻找到合适的外汇市场进行交易。世界主要外汇交易市场开收盘时间(北京时间)见表5.1。

表5.1 世界主要外汇交易市场开收盘时间

地 区	市 场	当地开收盘时间	非夏令时时段		夏令时时段	
			换算为北京时间的开收盘时间			
			开 盘	收 盘	开 盘	收 盘
大洋洲	惠灵顿	9:00—17:00	5:00	13:00	4:00	12:00
	悉尼	9:00—17:00	7:00	15:00	6:00	14:00

续表

地 区	市 场	当地开收盘时间	非夏令时时段		夏令时时段	
			换算为北京时间的开收盘时间			
			开 盘	收 盘	开 盘	收 盘
亚洲	东京	9：00—15：30	8：00	14：30	8：00	14：30
	香港	9：00—16：00	9：00	16：00	9：00	16：00
	新加坡	9：30—16：30	9：30	16：30	9：30	16：30
欧洲	法兰克福	9：00—16：00	16：00	23：00	15：00	22：00
	苏黎世	9：00—16：00	16：00	23：00	15：00	22：00
	巴黎	9：00—16：00	16：00	23：00	15：00	22：00
	伦敦	9：30—16：30	17：30	(次日)00：30	16：30	23：30
北美洲	纽约	8：30—15：00	21：00	(次日)4：00	20：00	(次日)3：00
	芝加哥	8：30—15：00	22：00	(次日)5：00	21：00	(次日)4：00

尽管外汇市场是24小时交易,但在交易时段的选择上还是有一定的技巧。外汇交易者在一个交易日中应该特别关注的交易时间有:早上亚洲市场的开盘、下午欧洲市场的开盘、晚上纽约市场的开盘和次日凌晨纽约市场的收盘。其中,伦敦和纽约两个最大的外汇市场交易时间的重叠区,世界几大交易中心如法兰克福、伦敦、芝加哥、纽约同时开市,是全球外汇交易最频繁,大宗交易最多的时段,也是外汇交易的黄金时段。在一个交易周中,交易者应予以关注的是:星期一早晨悉尼市场的开盘,其对外汇市场行情起承上启下的作用;星期五晚上纽约外汇行情,因为美国的许多经济数据在此时公布,星期五纽约外汇市场的收盘价影响下一周的汇市走势。

在中国的外汇交易者拥有别的时区不能比拟的时间优势,就是能抓住15点到24点的这个波动最大的时间段,其对于一般的投资者而言都是从事非外汇专业的工作,17点下班到24点这段时间是自由时间,正好可以用作外汇投资,不必为工作的事情分心。一般周末全球都是休市的,周一凌晨5点左右开市。

知识链接5.1

全球主要的外汇交易中心

1. 世界最大的外汇交易中心——伦敦

作为世界上历史最悠久的国际金融中心,伦敦外汇市场的形成和发展也是全世界最早的。早在第一次世界大战之前,伦敦外汇市场已初具规模。1979年10月,英国全面取消了外汇管制,伦敦外汇市场迅速发展起来。在伦敦金融城中聚集了约600家银行,几乎所有的国际性大银行都在此设有分支机构,大大活跃了伦敦市场的交易。由于伦敦独特的地理位置,地处两大时区交汇处,连接着亚洲和北美市场,亚洲接近收市时伦敦正好开市。而其收市时,纽约正是一个工作日的开始,所以这段时间交投异常活跃,伦敦成为世界上最大的外汇交易中心,对整个外汇市场走势有着重要的影响。

2. 亚洲地区最大的外汇交易中心——东京

在20世纪60年代以前日本实行严格的金融管制,1964年日本加入国际货币基金组织,日元才被允许自由兑换,东京外汇市场开始逐步形成。20世纪80年代以后,随着日本经济的迅速发展和在国际贸易中地位的逐步上升,东京外汇市场也日渐壮大起来。20世纪90年代以来,受日本泡沫经济崩溃的影响,东京外汇市场的交易一直处于低迷状态。东京外汇市场上的交易以美元兑日元为主。日本是贸易大国,进出口商们的贸易需求对东京外汇市场上汇率的波动影响较大。由于汇率的变化与日本贸易状况密切相关,日本中央银行对美元兑日元汇率的波动极为关注,频繁地干预外汇市场。这是东京外汇市场的一个重要特点。

3. 北美洲最活跃的外汇市场——纽约

第二次世界大战以后,随着美元成为世界性的储备和清算货币,纽约成为全世界美元的清算中心,纽约外汇市场迅速发展成为一个完全开放的市场,是世界上第二大外汇交易中心。目前世界上90%以上的美元收付通过纽约的"银行间清算系统"进行,因此,纽约外汇市场有着其他外汇市场所无法取代的美元清算和划拨的功能,地位日益巩固。同时,纽约外汇市场的重要性还表现在它对汇率走势的重要影响上。纽约市场上汇率变化的激烈程度比伦敦市场有过之而无不及,其原因主要有以下3个方面:第一,美国的经济形势对全世界有着举足轻重的影响;第二,美国各类金融市场发达,股市、债市、汇市相互作用,相互联系;第三,以美国投资基金为主的投机力量非常活跃,对汇率波动推波助澜。因此,纽约市场的汇率变化受到全球外汇交易商的格外关注。

2)外汇交易规则

①使用统一的标价方法。除英镑、欧元、澳大利亚元和新西兰元等采用间接标价法外,其他交易货币一律采用直接标价法,同时报出买入价和卖出价。

②报价简洁。通过电话、电传等报价时,报价银行只报汇率的最后两位。

③金额限制。银行间交易具有批发性质,交易额通常以100万美元为单位进行买卖:询价方依据对方所报价格,应即刻表示买进或卖出的币别、金额。"One Dollar"表示100万美元。基本金额等值100万美元以上,低于100万美元须事先说明。

④交易双方须恪守信用。共同遵守"一言为定"的原则和"我的电话就是合同"的惯例。

⑤交易用语必须规范化。买入可用"Bid,Buy,Pay,Thanking,Mine",卖出可用"Offer,Sell,Giving,Yours"等。如在银行同业交易中:One Dollar(100万美元),Six Yours(我卖给你600万美元),Three Mine(我买入300万美元)。

案例:

询价方:Hi,FRDS A Bank Hong Kong Calling Spot YEN 2,Pls. (嗨,香港A银行询价,请报即期日元200万美元的汇价。)

报价行:105.20/30(平时只报20~30。)

询价方：Yours USD 2 或 Sell USD 2，At 105.20（我卖给你 200 万美元，价格为 105.20。）

报价行：Ok，Done，I buy USD 2 Mio AG YEN At 105.20，Value 25/8/93.（成交了，我买入 200 万美元卖出日元价格为 105.20，起息日 1993 年 8 月 25 日。）

Our USD Pls to KKY BK A/C 120563 Chips UID 0578，TKs Vm for the deal.（我买入的美元请付至纽约 KKY 银行，账号 120563，Chips UID 0578，多谢你的交易。）

询价方：Our YEN Pls to SANWA BK TOKYO，A/C，378546 TKs N BI.（我买入的日元请付至东京三和银行，账号 378564，谢谢，再见！）

从以上询价报价交易案例可以看出，实际外汇交易中为节约时间将许多单词、数字进行简化，同时由于历史、习惯等原因还有许多特殊的"行话"，最后无论多忙，报价方须向询价方证实或确认即期或远期交易行为、金额、汇率、交割日。同时，报价方将买入货币入账的资金账户告诉询价方；询价方也要将所买入货币入账的资金账户告诉报价方，为下面结算作准备。

3）外汇市场的参与者

外汇市场由主体和客体构成，客体即外汇市场的交易对象，主要是各种可自由交换的外国货币、外币有价证券及支付凭证等。外汇市场的主体，即外汇市场的参与者，主要包括外汇银行、外汇经纪人、客户和中央银行。

（1）外汇银行

外汇银行的全称为外汇指定银行，即经过本国中央银行指定或授权，可以经营外汇业务的商业银行或其他金融机构。它包括以经营外汇买卖为主要业务的专业银行，兼管外汇业务的本国商业银行，在本国的外国银行分支机构或代办机构，本国与外国的合资银行及其他金融机构。外汇银行不仅是外汇供求的主要中介，而且也是外汇供求的最大"客户"，是外汇市场的主体。外汇市场的其他参与者通常向外汇银行询问其所能提供的汇率，或者通过路透社或其他图形数据系统了解不同的做市商所报出的价格。实力雄厚的外汇银行常常充当外汇市场做市商的角色。

外汇银行参与外汇交易的目的一是向客户提供尽可能全面的服务；二是平衡银行的外汇头寸，为了防止汇率风险而在银行同业市场上进行的轧差买卖；三是承担汇率风险从事投机交易。外汇市场上大多数外汇交易是通过外汇银行进行的。

知识链接5.2

中国的外汇银行

中国的外汇银行是指除了地方性商业银行、农村合作银行或农村信用社外的其他所有商业银行。具体包括中国银行、中国农业银行、中国建设银行、中国工商银行、交通银行，以及诸如中国民生银行、华夏银行、中国光大银行、中信银行、恒丰银行、上海浦东发展银行、浙商银行、兴业银行、深圳发展银行、招商银行、广东发展银行等其他一些股份制商业银行。

（2）外汇经纪人

外汇经纪人是指介绍客户进行外汇交易并收取佣金的中介公司。外汇经纪人在世界许多外汇市场都设有分支机构,熟悉外汇市场供求行市,依靠同外汇银行的密切联系和对外汇供求情况的了解,促进买卖双方成交,从中收取手续费。目前,这项业务已为大经纪商所垄断,它们是公司或合伙的组织,规模很大,其利润十分可观。大规模的外汇市场参与者为了节省手续费一般彼此直接成交,所以经纪公司对于外汇市场的中小参与者特别重要,因为这些中小参与者通过其他渠道很难得到有竞争力的价格。目前,通过经纪公司完成的交易大约占了总共外汇交易的40%。

（3）中央银行等外汇管理机构

中央银行是一国行使金融管理和监督职能的专门机构。基于管理外汇市场的重任,中央银行经常通过参加外汇市场的交易来干预市场,将汇率维持在目标水平上,从而促进国民经济的发展。除中央银行以外,其他政府机构有时也进入外汇市场参与交易,如财政部、商业部等。但中央银行始终是外汇市场上最经常、最重要的官方参与者。目前在国际外汇市场上最活跃的央行机构主要有美联储、英格兰银行、德意志联邦银行、大和银行、法兰西银行、瑞士国家银行等。

（4）跨国公司

跨国公司参与外汇市场交易活动通常是他们国际贸易的一部分。有些公司已经建立了其内部交易室,从而在市场上扮演准银行的角色。他们也愿意承担汇率风险并参与交易及投机。

（5）一般客户

客户是指与外汇银行和外汇经纪人进行外汇业务往来的自然人和法人,如进口商、出口商、投资者、投机商、国际旅游者、留学生等。他们是外汇的最初供给者和需求者,其在外汇市场上的作用和地位仅次于外汇银行。他们出于交易、保值或者投机的目的通过银行进行外汇买卖。外汇市场说到底是为客户服务的,但客户通常不能提出自己的外汇报价,只能接受银行的外汇报价,并按照报价和银行进行外汇交易。

4）银行外汇交易方式

客户在银行开立外汇买卖专用账户以后,客户可根据自己的需要,选择柜台交易、电话银行交易、网上银行交易或自助终端交易。

（1）柜台交易

在银行指定外汇买卖专柜填写"个人外汇买卖申请书",连同身份证、专用存折或外币现钞,交柜员办理外汇买卖交易。柜台交易有固定的交易场所,可以感受到人气氛围,特别适合初涉外汇交易的投资者。柜台交易时间是银行的营业时间。

（2）电话银行交易

开通电话银行个人外汇买卖功能后,只需拨打银行电话,选择个人外汇买卖功能,即可按照语音提示办理外汇买卖及有关查询。电话交易成交迅速,可以异地操作,特别适合工作繁忙的外汇交易者。交易时间是周一的早晨到周六凌晨。

（3）网上银行交易

凡是在银行网站上办妥注册手续的用户,只要下载银行提供的专门交易软件即可使用,按照银行网站的提示进行信息、汇率查询、交易等操作。交易时间是周一的早晨到周六凌晨。

（4）自助终端交易

使用开户时领取的外汇交易卡,在银行设在指定营业网点的自助终端上刷卡,按照操作界面提示即可进行外汇买卖交易及有关查询等操作。交易时间是银行的营业时间。自助交易适合有一定经验的外汇交易者使用。

（5）手机交易

利用移动电话办理外汇交易。在银行开户后,即可通过目前市场上常见型号的手机,下载银行提供的手机外汇买卖软件,进行个人外汇买卖交易及查询。这种方式的优点是:操作不受时间和地点限制,交易按短信息收费,成本较低,随身携带,方便安全等。

知识链接5.3

手机银行

手机银行,是指在手机上可以办理相关银行业务,是一种方便、快捷的崭新服务,也称为移动银行。

手机银行并非电话银行。电话银行是基于语音的银行服务,而手机银行是基于短信的银行服务。目前,通过电话银行进行的业务都可以通过手机银行实现,手机银行还可以完成电话银行无法实现的二次交易。比如,银行可以代用户缴付电话费、水费、电费等,但在划转前一般要经过用户确认。由于手机银行采用短信息方式,用户随时开机都可以收到银行发送的信息,从而可在任何时间、任何地点对划转进行确认。

手机银行与WAP网上银行相比,优点也比较突出。首先,手机银行有庞大的潜在用户群;其次,手机银行须同时经过SIM卡和账户双重密码确认之后,方可操作,安全性较好。而WAP是一个开放的网络,很难保证在信息传递过程中不受攻击。另外,手机银行实时性较好,折返时间几乎可以忽略不计,而WAP进行相同的业务需要一直在线,还将取决于网络拥挤程度与信号强度等许多不定因素。

5）常用的外汇交易指令

（1）市价指令

市价指令很容易理解,就是按照当前市场价格即时成交。这种指令的缺点是:下达指令与实际执行指令有时间差。如果这段时间价格向反方向变动,就会受到损失。

（2）止损指令

在某一价位(这一价位相对于现价而言,对于操作的方向来说是不利的)设定一个指令,到达后,自动执行指令中的买入或卖出。

①Buy Stop买入止损进场,止损指令中规定的价位要高于现价(这个高于现价的价位,相对于现价买入而言,是不利,一般都是买低,这个相当于是买高价所以说不利),当汇价上升到这一水平后,系统会自动执行指令,买入指定的货币。当时汇价为1.212 0,设置止损买入指令于1.217 5;如果汇价上升到1.217 5,系统会自动买入指定

货币对。

②Sell Stop 卖出止损进场,止损指令中规定的价位要低于现价(这个低于现价的价位,相对于现价卖出而言,是不利的,一般是卖高,这里等于是卖低了,所以是不利价位)。当汇价下跌到这一水平后,系统会自动执行指令,卖出指定的货币对。当时汇价为 1.212 0,设置止损卖出指令于 1.208 0;如果汇价下跌到 1.208 0,系统会自动卖出指定货币对。

客户利用止损指令,既可以有效地锁定利润,又可以将可能的损失降低至最低限度,还可以以相对较小的风险建立新的头寸。

(3)限价指令

在某一价位(这一价位相对于现价而言,对于操作的方向来说是有利的)设定一个指令,到达后,自动执行指令中的买入或卖出。

①Buy Limit 限价买入进场,限价指令中规定的价位要低于现价(这个低于现价的价位,相对于现价买入,是有利的,低价买),当汇价下跌到这一水平后,系统会自动执行指令,买入指定的货币对。当时汇价为 1.212 0,设置限价买入指令于 1.208 0,如果汇价下跌到 1.208 0,系统会自动买入指定货币对。

②Sell Limit 限价卖出进场,限价指令中规定的价位要高于现价(这个高于现价的价位,相对于现价卖出而言,是有利的,高价卖),当汇价上升到这一水平后,系统会自动执行指令,卖出指定的货币对。当时汇价为 1.212 0,设置限价卖出指令于 1.217 5;如果汇价上涨到 1.217 5,系统会自动卖出指定货币对。

(4)取消指令

取消指令是指客户要求将其一指令取消的指令。客户通过执行该指令,可以将以前下达的指令完全取消。

5.2.2 外汇市场交易的 3 个层次

从外汇市场参与者的角度,外汇市场的交易可以分为 3 个层次:顾客和银行之间的交易、银行同业间的交易、银行与中央银行之间的交易。

1)顾客和银行之间的外汇交易

顾客出于各种各样的动机向外汇银行买卖外汇。进出口商实际上是外汇的最初供应者和最后需求者,因为外汇买卖常与国际结算相联系,多表现为本币和外币之间的买卖。另外还有一些因非贸易收支而对外汇发生的供求者,如偿付外债利息、国际旅游、留学、国际保险或运费等。银行则一方面买入外汇,另一方面卖出外汇,赚取外汇买卖的差价。

2)银行同业间的外汇交易

银行在从事外汇买卖时,难免会在营业日内出现各种外汇的多头或空头。为了避免汇率变动的风险,银行通常要到同业市场轧平各种外汇的头寸。另外,银行还会出于投机、套利、套汇等目的从事同业外汇交易,以获取利润。银行同业交易占外汇交易总额的 90% 以上,其外汇买卖差价一般低于银行和顾客之间的买卖差价。

3) 银行与中央银行之间的外汇交易

中央银行在外汇市场起着双重的作用。

①监管外汇市场的运行。

②为影响汇率走势而干预外汇市场。中央银行为干预外汇市场所进行的交易是在它与外汇银行之间进行的。如果某种外汇相对本币汇率偏高,中央银行就会向银行出售该外汇储备,使其汇率下降;反之,如果中央银行认为该外币汇率太低,就会购入这种货币,使其汇率上升。因此,中央银行通过外汇市场的交易可以把汇率稳定在某一期望的水平上。

5.2.3　外汇交易的组织和管理

1) 外汇市场组织形式

各国的外汇市场,由于各自长期的金融传统和商业习惯,其外汇交易组织方式不尽相同,主要有柜台交易和交易所交易两种方式。其中,柜台交易方式是外汇市场的主要组织形式。

(1)柜台市场的组织方式

这种组织方式无一定的开盘收盘时间,无具体交易场所,交易双方不必面对面地交易,只靠电传、电报、电话等通信设备相互接触和联系,协商达成交易。英国、美国、加拿大、瑞士等国的外汇市场均采取这种柜台市场的组织方式。因此,这种方式又称为英美体制。

(2)交易所方式

这种方式有固定的交易场所,如德国、法国、荷兰、意大利等国的外汇交易所,这些外汇交易所有固定的营业日和开盘收盘时间,外汇交易的参加者于每个营业日规定的营业时间集中在交易所进行交易。由于欧洲大陆各国大多采用这种方式组织外汇市场,因此又称这种方式为大陆体制。

柜台交易方式是外汇市场的主要组织形式。这不仅是因为世界上两个最大的外汇市场——伦敦外汇市场和纽约外汇市场是用这种方式组织运行的,还因为外汇交易本身具有国际性。由于外汇交易的参加者多来自各个不同的国家,交易范围极广,交易方式也日渐复杂,参加交易所交易的成本显然高于通过现代化通信设施进行交易的成本。因此,即便是欧洲大陆各国,其大部分当地的外汇交易和全部国际性交易也都是用柜台方式进行的,而交易所市场通常只办理一小部分当地的现货交易。

2) 交易设备

目前的外汇交易大都借助于先进的交易设备在无形市场完成,这些交易设备包括以下类型。

（1）电话

在外汇市场,电话委托是进行个人外汇买卖的投资者采用最多的交易方式。因此,银行的交易电话普遍设有多条线路。同时,为了保障银行的自身安全,避免成交后的纠纷,许多银行不惜花费巨资安装或改善录音系统,如配备多声道电话录音的国际直拨电话(IDD)。

（2）电传

电传在20年前还是外汇市场上的常用工具,但是在卫星通信技术十分发达的今天,由于电传速度较慢,其作为主要交易工具的地位已经被电话和路透社交易系统取代。但在一些大银行的交易室内,仍配有几部电传机以备与一些小银行或客户报价使用。

（3）世界外汇交易机构终端

目前,全世界运用最广泛的外汇交易机构终端有以下4种:路透社终端、美联社终端、德励财经终端、彭勃资讯终端。

①路透社终端。路透社是英国一家新闻通讯社,它为100多个国家的新闻通讯社、报纸电台、电视台提供新闻服务。此外,在金融、期货、黄金、股票、债券等方面的服务,尤其享有盛名。它拥有1 000多名新闻记者,散布在世界各地的金融中心,采集政治经济新闻和信息,据说它拥有世界上最大的私家租用卫星和通信网络。路透交易系统是一种高速计算机系统,操作十分简便,主要设备包括控器、键盘和打印机。用户通过有关部门将自己的终端机和路透交易系统连接上后,交易员只需启动机器,通过键盘输入自己的终端密码,即可用键盘与对方银行联系。

全世界参加路透社交易系统的银行有数千家,每家银行都有一个指定的代码,如中国银行总行的代码为BCDD。交易员若想与某银行进行交易,在键盘上输入对方银行的代号,叫通后即可询问交易价格,并可与其还价。双方的交易过程全部显示在终端机的荧光屏上,交易完毕后即可通过打印机将交易记录打印出来。这种由终端机打印出来的文件,即为双方交易的文字记录,也是最重要的交易合同依据。

②美联社终端。美联社金融信息上的服务系统结合了美联社在财经市场上的经验和在提供即时金融数据上的专长。通过个人电脑终端机或地区网络,该系统可以提供有关外汇买卖价、投资组合、外汇数据、经济指标和公司活动等信息。美联社不同于路透社,只是在提供的服务项目上略有区别。

③德励财经终端。德励财经终端原隶属于美国道琼斯公司,现隶属于Money Line公司,是一家专门的财经资讯公司。它的专家系统包括了全世界各大交易中心、数千家外汇银行、经纪商、证券公司和研究机构等。该系统24小时为用户提供外汇、证券、期货、商品等方面的价格行情,还有市场评论、图标分析、走势预测等文字性的资料,信息内容广泛,达6 000多项。德励财经公司还专门租用了通信卫星,以保证信息传送的速度和质量。

④彭勃资讯终端。美国彭勃(也翻译为彭博)资讯终端由全球性资讯服务商Bloomberg推出,其总部设在普林斯顿,拥有62个国家和地区的2万多名用户。彭勃资讯的旗舰产品"彭勃专业服务(Bloomberg Professional Service)"将新闻、数据、分析工具、多媒体报告和"直通式"处理系统,前所未有地整合在单一的平台上,实时提供

外汇、股票、期货、期权等金融产品的诸多信息。对于华尔街的投资银行家和经纪商而言,彭勃资讯终端不仅是一种独特而有价值的信息渠道,而且已成为身份与地位的象征。

3)外汇交易室和外汇交易员

（1）外汇交易室

外汇交易室是柜台交易方式真正的交易场所,或许大家都已经从各种媒体报道中看到,在交易室里一群交易员围绕在计算机屏幕与电话前的热闹景象。实际上,它一般应包括前台作业区、中台作业区、后台作业区 3 个部分。

前台就是我们平常所看见的忙碌的交易员们进行交易的地方。中台主要是由风险管理人员、经济学家、技术分析师与法律顾问等人组成,这群人向交易员提供特殊的支持或建议。后台作业区的工作内容包括:确认交易内容、处理交割事宜、问题处理与现金管理等。如果没有后台,交易员根本不可能进行交易活动。

当一笔交易完成后,交易员必须制发交易单（Deal Ticket）,然后送到后台进行交割事宜。一般来说,一张交易单包括以下内容。

①交易日期。

②交易类型,如即期交易或远期交易。

③交易对手。

④货币种类。

⑤成交汇率。

⑥交易金额。

⑦支付指令。

⑧交割日期。

⑨直接交易或经纪撮合。

⑩交易方向,如买进或卖出。

至于交易单产生的方式需视银行的系统而定,有些是以手写方式,有的则利用计算机系统自动打印出来。

一家银行的外汇交易室一般分工成几个不同的交易台（Desks）,分别负责外汇交易与货币市场的业务,但是每个交易员间可以利用计算机的线上实时系统相互沟通,以随时保持银行各种交易的最新信息。

前台的各种交易业务都必须获得中台与后台作业的全力支持,后台作业人员必须记录所有交易内容,并确认最后的交割工作已告完成,中台作业人员则扮演监督的角色,查核所有交易业务内容是否记载翔实,以及交易员的部位是否承受太大的风险。通常中台作业内容也包括监视每个交易员的操作损益状况,以及其计算价格的方法是否正确。

（2）外汇交易员

各项外汇交易的完成都需要依靠交易员,交易员是一群反映机敏的专门技术人员,主要包括首席交易员（Chief Dealer）、高级交易员（Senior Dealer）、交易员（Dealer）、初级交易员（Junior Dealer）、实习生（Trainee）和头寸管理员（Position Clerk）等。不同级别的交易员都有明确的分工,拥有不同的交易额度,每个交易员都在其权限额度范围内有效而紧张地工作。

首席交易员负责管理交易室内的各种交易活动,拟订交易室的发展策略,包括整个交易室的市场定位与金融商品的开发,更重要的是分配并操控交易室内每位交易员的操作额度。随时与每一位交易员保持联系,以掌握市场信息、银行持有各种币别的头寸以及操作损益的状况等情况。

高级交易员具体负责大宗交易,在首席交易员的指挥下,具体贯彻交易战略、管理货币头寸并对其分管的交易员进行监督管理。另外,高级交易员还直接对每个交易员的头寸盈亏状况负责,具体安排交易的规模及期限的长短,不断地随着市场情况调整头寸,最后向首席交易员汇报。

交易员和初级交易员直接负责掌握头寸或分管数量较少的货币,并在交易额度内给予高级交易员支持。实习生和头寸管理员则负责提供头寸的即时动态,把交易单输入电脑、接电话等。

4)外汇交易程序

(1)询价

主动发起交易的一方在自报家门之后,询问有关货币的即期汇率和远期汇率的买入价、卖出价。询价内容通常包括币种、交易金额、合同的交割期限等。询价有一些约定俗成的规则或惯例要求交易双方在交易时严格遵守。

(2)报价

接到询价的外汇银行,应迅速、完整地报出所询问的有关货币的现汇或期汇的买入价、卖出价。在外汇市场上,报价通常只报出汇率的最后两位小数,但遇到汇率波动时要将大数同时报出。

(3)成交

询价行接到报价后,表示愿意以报出的价格买入或卖出某个期限的多少数额的某种货币,然后由报价银行对此交易承诺。一旦成交,便对交易双方具有约束力。

(4)证实

当报价行的外汇交易员说"成交",外汇交易合同即告成立,双方都应遵守自己的承诺。依照惯例,交易得到承诺后,双方当事人都会将交易的所有细节以书面形式互相确认一遍。

通过路透交易机做成的即期外汇交易,交易对话在打印纸上的记录可以作为交易契约,无须进一步确认。若交易是借助电话进行的,则需再次确认。

(5)交割

交割是外汇交易的最后环节,也是最重要的环节。交易双方需要按照对方的要求将已经卖出的货币及时准确地汇入对方指定的银行存款账户中。

5)外汇交易清算支付系统

(1)SWIFT——环球银行金融电信协会

SWIFT——环球银行金融电信协会(Society for Worldwide Interbank Financial Telecommunications），或译为环球同业银行金融电讯协会。SWIFT 是一个国际银行间非营利性的国际合作组织，总部设在比利时的布鲁塞尔，同时在荷兰阿姆斯特丹和美国纽约分别设立交换中心（Swifting Center），并为各参加国开设集线中心（National Concentration）。SWIFT 可为各种类型的支付系统之间建立连接，包括 CLS、Netting/净额系统、证券交易系统、国际证券集中托管系统、RTGS/实时全额结算系统等，为国际金融业务提供快捷、准确、优良的服务。SWIFT 运营着世界级的金融电文网络，银行和其他金融机构通过它与同业交换电文（Message）来完成金融交易。除此之外，SWIFT 还向金融机构销售软件和服务，其中大部分用户都在使用 SWIFT 网络。

SWIFT 系统的业务处理范围较广，主要包括以下 9 项。

①客户汇款（Customer Transfers）。

②银行汇兑（头寸调拨）（Bank Transfers）。

③外汇买卖（Foreign Exchange）。

④存放款业务（Load/Deposit Confirmation）。

⑤托收（Collections）。

⑥信用证（Letter of Credit）。

⑦特殊信息（Special Message），如借贷记账证实、对账率、文件资料等。

⑧证券信息服务（Security Information Service）（目前尚未正式使用）。

⑨特种付款（Special Payment），如信用卡。

SWIFT 系统的业务特点如下：

①安全保密性高。所有财务电文均加密并加信息识别码，系统有自动核实密码的功能，可以防止电文泄密或被篡改。

②全天候服务。系统提供每天 24 小时，每周 7 天的服务。

③快速准确，费用低。与用户电报相比，成本低得多，速度却快得多。

④管理规范化。来往交换电文，SWIFT 都有详细的记录，以便核查。

⑤报文标准化。所有的财务电文均标准化，减少了成员行之间由于对电文含义的理解不同而引起的纠纷；同时，还可以提高处理效率，简化处理程序。

SWIFT 组织成立于 1973 年 5 月，其全球计算机数据通信网在荷兰和美国设有运行中心，在各会员国设有地区处理站。截至 2007 年 6 月，SWIFT 的服务已遍及 207 个国家，接入的金融机构超过 8 100 家。一家进行国际业务的银行建立 SWIFT 清算系统的完善程度和系统级别已成为衡量一家银行电子化自动清算水平的标准。

中国是 SWIFT 会员国，中国银行、中国工商银行、中国农业银行、中国建设银行、中国交通银行等均加入了 SWIFT 组织，开通了 SWIFT 网络系统。

（2）CHIPS——美国银行间清算支付系统

CHIPS（Clearing House Interbank Payment System）是"纽约清算所银行同业支付系统"的简称。它是一个带有 EDI（电子数据交换）功能的、实时的、大额电子支付系统。它是全球最大的私营支付清算系统之一，主要进行跨国美元交易的清算。参加 CHIPS 系统的成员有两类：一类是清算用户。他们在联邦储备银行设有储备账户，能直接使用该系统实现资金转移；另一类是非清算用户，不能直接利用该系统进行清算，必须通过某个清算用户作为代理行，在该行建立代理账户实现资金清算。

CHIPS 有以下特点。

①完善的服务功能。由于中央计算机系统能即时将每笔资金调拨情况存入文件，因此，各参加行的账务管理员可随时查询自己银行的每笔提出或存入的金额，并及时调整自己的头寸，同时允许事先存入付款指示。

②自动化程度高。CHIPS 设计了一个灵活的记录格式，以方便发报行和收报行能进行高效的计算机自动处理。

③安全性好。CHIPS 将 4 台 UNISYS A15 大型计算机组成两套系统，两套系统互为备份，每套系统又是双机互为备份。两套系统分别安装在不同的地方，并用高速线路连接。为保证不间断的电源供应，由蓄电池储备，并以双内燃发电机系统保证。

④保密性优良。它是通过保密模块（ISM）、保密设备和一系列规定来实现的。每个成员行均有一台专门设计的保密机，该保密机遵守 ANSI X9.9 金融机构保密检测标准。付款电文都经保密机加密，并加 MAC 传送，以保证电文的安全传输。

CHIPS 于 1970 年建立，是跨国美元交易的主要结算渠道。CHIPS 成员有纽约清算所协会会员、纽约市商业银行、外国银行在纽约的分支机构等。CHIPS 是一个净额支付清算系统，它租用了高速传输线路，有一个主处理中心和一个备份处理中心。每日营业终止后，进行收付差额清算，每日下午 6 时（纽约时间）完成资金转账。CHIPS 日处理交易 28.5 万笔，金额 1.5 万亿美元，平均每笔金额 500 万美元。47 家直接会员来自 19 个国家，包括我国中行与交行，通过 CHIPS 处理的美元交易额约占全球美元总交易额的 95%，因此，该系统对维护美元的国际地位和国际资本流动的效率及安全显得十分重要。

CHIPS 直接会员在 CHIPS 开设清算账户，同时在联储银行开设结算账户，CHIPS 自身也在联储银行开设结算账户。CHIPS 进行双边/多边连续轧差清算，日终通过 Fedwire 完成结算。SWIFT 与 CHIPS 国际支付系统的运作过程如图 5.2 所示。

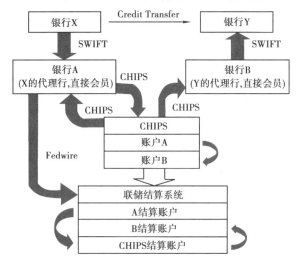

图 5.2　SWIFT 与 CHIPS 国际支付系统的运作过程

本章主要内容概要

外运
汇行
交系
易统
的

├ 认识国际金融市场 ┤ 国际金融市场的含义和构成
│   │ 国际金融市场的类型
│   └ 欧洲货币市场与离岸金融中心
│
└ 外汇交易的市场运行 ┤ 外汇交易惯例
                      │ 外汇市场交易的3个层次
                      └ 外汇交易的组织和管理

技能训练

1. 请看一则外汇银行交易实例,将英文对话翻译成中文。

询价方:Spot DLR JPY PLs?

报价方:MP

60/70

询价方:Buy USD 1.

报价方:Ok,done.

I sell USD 1 Mio AG JPY At 97.70 value 19/11/94.

JPY PLs to AAA BK Tokyo. A/C No. 12345.

询价方:USD To KKY BK A/C 1234567 Chips UID 07352.

TKs vm for deal BIFN.

2. 比较以下4个角色的地位、主要业务、对价格的影响和作用,完成表5.2。

表5.2 4个角色的地位和作用

项 目	外汇银行	外汇经纪人	客 户	中央银行
地位				
主要业务				
对价格的影响				
作用				

实训项目

项目1

1. 实训目的

学会运用柜台、电话和网络等形式进行外汇交易,熟悉各种交易指令。

2. 实训形式

实地调查、网上调查、模拟交易。

3. 项目内容

了解银行是如何通过柜台、电话和网络进行外汇交易的？结合实际分析不同交易形式的利弊。

4. 调查渠道

国有银行、股份制银行和外资银行。

5. 实训指导

第一步：对某家银行外汇交易进行调查。

第二步：在调查的基础上，每人写出实训报告。

第三步：在实训室进行模拟交易。

项目2

1. 实训目的

熟悉中国外汇市场。

2. 实训形式

网上调查。

3. 项目内容

了解中国外汇市场的形成、市场结构和具体开办的业务。

4. 调研部门

中国外汇交易中心和相关网站。

5. 实训指导

第一步：登录中国外汇交易中心网站和相关网站。

第二步：了解中国外汇市场的形成和市场结构，目前外汇中心开办的业务和服务类型。

第三步：在调查的基础上，每人写出实训报告。

视野拓展

1992年9月，乔治·索罗斯赢得了他人生有史以来最大的一次赌注，一个晚上的时间里，他赚了9.58亿美元，借此一战，以一己之力打败了不可一世的英国央行，迫使英国退出欧洲货币体系。从此以后，英镑汇率实行自由浮动。推荐观看中央电视台纪录片《资本的故事》第14集《英镑狙击战》。

第 6 章
外汇业务

【学习目标】

1. 了解外汇买卖。

2. 能够正确计算远期汇率。

3. 熟悉即期和远期外汇交易成交日、交割日及其调整。

4. 明确远期汇率和利率的关系。

5. 能够发现间接套汇机会。

6. 能够利用掉期业务规避风险,实现投资收益和调整资金的期限结构。

7. 能够利用即期外汇业务、远期外汇业务、套汇、套利进行外汇投机和外汇保值。

【引 例】

23 家 A 股公司发布开展远期结售汇业务公告

国家外汇管理局近期公布的数据显示,2021 年 1 月和 2 月我国远期结售汇签约额(结汇额+售汇额)合计约 7 841. 63 亿元,远高于 2020 年同期的 3 432. 78 亿元,2019 年同期的 2 997. 06 亿元,2018 年同期的 5 295. 13 亿元。

企业远期结售汇业务规模的扩大,体现出企业风控的意识正在增强,影响它的因素主要包括全球的贸易情况、人民币的汇率及全球新冠肺炎疫情的恢复情况,这些因素都会影响未来企业结售汇的意愿。随着全球新冠肺炎疫情得到有效控制,外贸也将逐渐恢复。虽然未来会对企业的结售汇业务产生较大影响,但是究竟是顺差还是逆差还不好预测。

东方财富网 Choice 金融终端数据显示,2021 年第一季度 A 股市场一共有 23 家上市公司发布了 2021 年开展远期结售汇业务的公告。公告内容显示,开展业务的主要目的均为控制汇率波动风险,降低汇率波动对公司经营业绩的影响,预计业务规模合计不超过34.26 亿美元,与 2019 年同期相比增长 130%。

(资料来源:新浪财经,2021-04-06)

6.1 即期外汇业务

6.1.1 即期外汇业务概述

1)即期外汇交易概念

即期外汇业务又称现汇交易,是指外汇买卖成交后,交易双方于当天或两个交易日内办理交割手续的一种交易行为。即期外汇交易是外汇市场上最常见、最普遍的交易方式,约占外汇交易总额的 2/3。平时我们在各大媒体上所见到的汇率在没有特别指明的情况下,都是即期汇率。即期外汇交易的汇率(即期汇率)构成了所有外汇汇率的基础,其他外汇交易的汇率都是在此基础上计算出来的。

2)成交日和交割日

(1)明确两对概念

①成交日和交割日。

成交日是指外汇交易双方达成买卖协议的日期。

交割日是指买卖双方支付货币的日期。由于绝大多数外汇交易通过银行进行结算、收付货币,交割通常表现为交易双方按对方的要求,将卖出的货币解入对方指定的银行,因此,交割日也叫起息日,意味着买卖双方解入账户的货币从这一天开始计息。

②成交地和交割地。

成交地是指外汇交易双方达成买卖协议的地点。

交割地也称结算地,是指交易货币的发行国家或地区。

我们所说的货币交割就是货币到账,而所谓到账是指该货币汇入到该货币发行国或地区的银行账户。

(2)交割日的确定

根据不同的市场习惯,即期外汇交易的交割日不同,主要有以下 3 种类型。

①标准日交割。标准交割日是指采用 T+2 的交割方式,目前大部分的即期外汇交易都采用这种方式,尤以欧美市场为典型。如果遇上非营业日,则向后递延到下一

个营业日。目前大部分的即期外汇交易都是采用这种方式。

②隔日交割。隔日交割是指采用 T+1 的交割方式。采用这种类型的主要是亚洲的一些国家,如日本、新加坡、马来西亚等。中国香港外汇市场复杂一些,在香港港元兑日元、新加坡元、澳元、马来西亚林吉特采取这种 T+1 交割方式,而对其他货币采取 T+2 交割方式。

③当日交割。当日交割是指采用 T+0 的交割方式。一般银行与境内客户的零星即期外汇买卖都是采用当日交割。以前在香港市场上美元与港元的交易可以在当日进行交割,1989 年改为标准日交割。我国个人外汇交易的交割方式属于当日交割。

(3)交割日的顺延

根据国际金融市场惯例,交割日必须是两种货币的发行国家或地区的营业日,若在两天中恰逢两种货币发行国中某国银行(美国银行除外)的假日,则交割时间顺延。顺延有两种情况。

①如果成交后的第一天是两个结算国中某国银行的假日,这一天不算营业日,交割时间顺序推迟。

②如果成交后的第一天是两国银行的营业日,但第二天是其中某一国银行的假日,这一天不算营业日,交割时间顺序推迟。

但涉及美元时,情况特殊一些。如果两天之中的头一天在美国是银行的假日,但在另一国不是,这一天也算作是营业日。这样在对美元进行的即期交易中,交割日的确定可能出现 4 种情况。

例如,某交易者以美元买入即期欧元,星期一成交,可能会出现以下情况。

第一,星期二、星期三两国银行都营业,交割日为星期三。

第二,星期二是德国银行的假日,但美国星期二是营业日,交割日推迟到星期四。

第三,星期二是美国银行的假日,但德国星期二是营业日,交割日仍为星期三。

第四,星期二是美国和德国的营业日,但星期三是美国银行或德国银行的假日,交割日都要顺延到星期四。

6.1.2　即期外汇业务的运用

即期外汇交易是最基本的外汇交易形式,主要应用在以下几个方面。

1)银行与客户之间的即期外汇业务

银行与客户之间的即期外汇业务主要有汇出汇款、汇入汇款、出口收汇和进口付汇 4 种类型。

(1)汇出汇款

汇出汇款是汇出行接受国内汇款人的委托向国外收款人支付一定金额外币的行为。有外币的汇款人委托汇出行直接汇出;无外币的汇款人则要向汇出行支付本币,兑换成外币后委托汇出行汇出。

（2）汇入汇款

汇入汇款是汇入行接受国外汇款人的委托向国内收款人解付一定金额外币的行为。收款人收到外币后,可存入自己的外币账户,也可以将其卖给银行兑换成本币。

（3）出口收汇

出口收汇是在信用证结算方式下,出口商根据信用证发货并取得全套单据后交银行议付货款,收回一定金额货款的行为。出口商将收回的外币货款卖给银行兑换成本币,称为银行结汇。目前我国的银行结汇制度规定,单位各类外汇收入可自愿按银行挂牌汇率结售给外汇指定银行。

（4）进口付汇

进口付汇是在信用证结算方式下,进口商为取得全套单据,根据信用证规定通过银行向出口商支付一定金额货款的行为。进口商用本币向银行兑换外币,称为银行售汇。我国的银行售汇制度规定,获取经常项目下的正常对外支付用汇,可用人民币到外汇指定银行办理兑付。

银行与客户之间的交易主要是本币与外币的相互买卖,通常与国际结算、投资、借贷等对客户的服务相联系。对客户的外汇支付,银行可以按照客户的要求使用电汇、信汇、票汇等方式指示国外账户行借记本行外汇结算账户来办理;对客户的外汇收入,只有在收到外国账户行已贷记本行外汇结算账户的通知后才可给付。

2）银行同业间的即期外汇业务

银行从事银行与客户之间的即期外汇交易,主要是为了获取买卖价差。通常情况下,银行的外汇头寸是不平衡的,处在持有外汇多头或空头的状态。汇率的变动使得持有外汇多头或空头的风险极大。银行同业间的即期外汇业务主要是为了平衡外汇头寸,当某种外汇处于空头状态时,为了防止该外汇汇率上升,必须将空头部分及时补进。银行同业间相互交易,各自得到平衡。

银行同业间的交易主要是各种自由外汇之间的相互买卖,交付时使用电报、电传发文通知账户行借记本行账户、贷记对方行账户来办理交付手续。

1977 年 9 月,环球银行金融电信协会（SWTFT）网络正式启用。这是一个国际计算和联络网,专门用来处理银行的国际转账和结算。现在大多数国际性大银行都已加入该系统,转账交换极其迅速、安全。

3）进行外汇保值、分散风险

对于从事对外贸易及其他国际经济交往的人来说,经常会面临外汇汇率波动的风险。

例如,2021 年 8 月 29 日,假设美元兑日元即期汇率为 133.50。某进口商根据贸易合同,将在 12 月 25 日支付 2 亿日元的进口货款,进口商的资金来源只有美元,进口商由于担心美元兑日元贬值增加换汇成本,因此,通过外汇买卖对汇率风险进行保值,进口商通常可做即期外汇买卖:用美元按即期价格 133.50 买入日元,并将日元存入银行,到 6 个月后支付。

4）进行外汇投机

外汇市场上行情起伏不定,甚至暴涨暴跌,从而产生了投机的机会。投机是根据对汇率变动的预期,有意持有外汇的多头或空头,利用汇率变动来获取利润。当预期某种货币升值时,买进该货币;当预期某种货币贬值时,抛出该货币。

知识链接 6.1

外汇实盘交易和外汇虚盘交易

外汇实盘交易客户通过国内的商业银行,将自己持有的某种可自由兑换的外汇（或外币）兑换成另外一种可自由兑换的外汇（或外币）的交易,称为"外汇实盘交易"。所谓"实盘",指的是在这种交易中,客户不能使用类似于期货交易中的融资方式,即在交纳保证金之后从银行融资从而将交易金额放大若干倍。外汇实盘交易采取的是 T+0 的清算方式。客户在完成一笔交易之后,银行电脑系统立即自动完成资金交割。

在进行外汇实盘交易时,如果兑换的是美元与另外一种可自由兑换的外汇（或外币）,这种交易习惯上被称为"直盘交易";如果兑换的是除美元外的两种可自由兑换的外汇（或外币）,这种交易习惯上被称为"交叉盘交易"。

外汇虚盘交易,又称外汇保证金交易、按金交易,是指投资者和专业从事外汇买卖的金融公司（银行、交易商或经纪商）,签订委托买卖外汇的合同,缴付一定比率（一般不超过 10%）的交易保证金,便可按一定融资倍数买卖十万、几十万甚至上百万美元的外汇。因此,这种合约形式的买卖只是对某种外汇的某个价格作出书面或口头的承诺,然后等待价格出现上升或下跌时,再做买卖的结算,从变化的价差中获取利润,当然也承担了亏损的风险。

6.2 远期外汇业务

6.2.1 远期外汇业务概述

1）远期外汇业务的概念

远期外汇业务又称期汇业务,是指买卖双方先行签订合同,规定交割的币种、数额、汇率和将来交割的时间,到规定的交割日期,再按合同规定进行交割的外汇业务。远期外汇业务的交割期限,短的几天,长的可达几年,但常见的交易期限为:1 个月、2 个月、3 个月、6 个月、9 个月、1 年。远期外汇业务所使用的汇率就是各种不同交割期限的远期汇率,期限越长,远期汇率的买卖差价越大。

2)远期外汇业务的交易方式

远期外汇业务主要有两种交易方式。

①固定交割日的远期交易,即交易双方事先约定在未来某个确定的日期办理货币收付的远期外汇交易。这在实际中是较常用的远期外汇交易方式,但它缺乏灵活性和机动性。因为在现实中外汇买卖者(如进出口商)往往事先并不知道外汇收入和支出的准确时间,因此,他们往往希望与银行约定在未来的一段期限中的某一天办理货币收付,这时,就需采用择期交易方式,即选择交割日的交易。

②选择交割日的远期交易,是指主动请求交易的一方可在成交日的第三天起至约定的期限内的任何一个营业日,要求交易的另一方,按照双方事先约定的远期汇率办理货币收付的远期外汇交易。

3)交割日的确定

远期外汇买卖交割日在大部分国家是按月计算的,但为了客户交易需求,在少数情况下,也可以进行带零头日期的远期交易,如45天或86天等的远期外汇交易,通常由客户与银行的外汇交易员个别进行协商。远期外汇交易交割日的确定有以下几种规则。

①"节假日顺延"规则。远期外汇交易到期时的交割日恰逢银行假日,一般将交割日顺延。

②"日对日"规则。它是以即期外汇交易的交割日加上相应的月数,而不管本月是几天。例如,在1月4日达成的2月期远期外汇合约,即期外汇交易于1月6日交割,远期交割日则是2月6日。

③"月底对月底"规则。如果即期交割日恰逢该月最后一个工作日,则远期交割日也安排在相应月份的最后一个工作日。例如,在1月28日达成的1月期远期外汇合约,即期交割日于1月30日交割,远期交割日则是2月30日,但由于2月没有30日,因此,1月期远期交割日在2月的最后一个营业日。

④不跨月规则。如果即期交割日恰逢月底且该日是银行休假日,则即期交割日向前移动一天,远期交割日的推算也按此作出相应的调整。例如,3个月的远期外汇交易的成交日是4月28日,即期交割日为4月30日,3个月期对应的7月30日、31日均不是营业日,则交割日不能顺延,否则就跨过7月份了。因此,按此规则,这笔远期外汇的交割日应退到7月29日,如果7月29日仍为假日,则再退到7月28日,依此类推。

6.2.2 远期汇率的标价和计算

远期交易的汇率也称远期汇率,其标价方法有3种:直接报价法、差价法和点数法。

1）直接报价法

直接报价法,即外汇银行直接报出远期外汇交易使用的汇率。这种报价一目了然,通常用于银行对顾客的远期外汇报价,中国银行远期结售汇牌价见表6.1。目前,瑞士和日本的银行同业间远期交易也采用这种方法。在直接报价法下,远期汇率无须计算。

表6.1　中国银行远期结售汇牌价(2022-01-13)

货币名称	货币代码	交易期限	买入价	卖出价	中间价
英镑	GBP	1 周	869. 463 631	878. 386 631	873. 925 131
英镑	GBP	1 个月	870. 709 2	879. 981 1	875. 345 15
英镑	GBP	2 个月	871. 758 148	881. 043 148	876. 400 648
英镑	GBP	3 个月	873. 213 744	882. 582 044	877. 897 894
英镑	GBP	4 个月	874. 457 612	883. 801 612	879. 129 612
英镑	GBP	5 个月	875. 756 072	885. 102 672	880. 429 372
英镑	GBP	6 个月	876. 653 462	886. 127 962	881. 390 712
英镑	GBP	7 个月	877. 454 866	887. 158 166	882. 306 516
英镑	GBP	8 个月	878. 452 033	888. 188 133	883. 320 083
英镑	GBP	9 个月	879. 750 726	889. 497 026	884. 623 876
英镑	GBP	10 个月	880. 664 69	890. 530 59	885. 597 64
英镑	GBP	11 个月	881. 653 154	891. 499 754	886. 576 454
英镑	GBP	1 年	882. 550 622	892. 541 022	887. 545 822

注:1. 每100外币兑换人民币。

2. 以上人民币牌价系当日市场开盘价,仅作参考。我行交易报价随市场波动而变化,如需交易,价格以我行当时报价为准。

2）差价法

差价法是指报出远期汇率与即期汇率的差价,即远期差价,也称远期汇水。在差价法下,远期汇率用升水、贴水、平价来表示。升水是远期汇率高于即期汇率时的差额;贴水是远期汇率低于即期汇率时的差额。就两种货币而言,一种货币的升水必然是另一种货币的贴水。平价是指远期汇率等于即期汇率的情况。

在不同的汇率标价方式下,远期汇率的计算方法不同。

（1）在直接标价法下

$$远期汇率=即期汇率+升水$$

或

$$远期汇率=即期汇率-贴水$$

例如:巴黎市场某日:（USD/EUR）

即期　　　5.213 0 ～ 5.216 0

1 个月	0.007 0 ~ 0.003 0
2 个月	0.012 0 ~ 0.008 0
3 个月	0.016 0 ~ 0.011 0
6 个月	0.010 0 ~ 0.001 0
12 个月	0.002 0 ~ 0.018 0

若远期汇水前大后小时,表示单位货币的远期汇率贴水,计算远期汇率时应用即期汇率减去远期汇水。则 1 个月的远期汇率为:

$$5.213\ 0 \sim 5.216\ 0$$
$$\underline{-0.007\ 0 \sim 0.003\ 0}$$

1 个月远期汇率 USD1 = EUR 5.206 0 ~ 5.213 0

若远期汇水前小后大时,表示单位货币的远期汇率升水,计算远期汇率时应把即期汇率加上远期汇水。则 12 个月的远期汇率为:

$$EUR\quad 5.213\ 0 \sim 5.216\ 0$$
$$\underline{+0.002\ 0 \sim 0.018\ 0}$$

12 个月远期汇率 USD1 = EUR 5.215 0 ~ 5.234 0

(2)在间接标价法下

$$远期汇率 = 即期汇率 - 升水$$

或

$$远期汇率 = 即期汇率 + 贴水$$

例如:伦敦市场某日:(GBP/USD)

即期	1.697 5 ~ 1.698 5
1 个月	0.001 2 ~ 0.000 2
2 个月	0.002 5 ~ 0.001 5
3 个月	0.003 0 ~ 0.002 0
6 个月	0.004 0 ~ 0.003 0
12 个月	0.002 0 ~ 0.005 0

若远期汇水前大后小时,表示单位货币的远期汇率升水,计算远期汇率时应用即期汇率减去远期汇水。则 1 个月的远期汇率为:

$$USD\quad 1.697\ 5 \sim 1.698\ 5$$
$$\underline{-0.001\ 2 \sim 0.000\ 2}$$

1 个月远期汇率:GBP1 = USD1.696 3 ~ 1.698 3

若远期汇水前小后大时,表示单位货币的远期汇率贴水,计算远期汇率时应把即期汇率加上远期汇水。则 12 个月的远期汇率为:

$$USD\quad 1.697\ 5 \sim 1.698\ 5$$
$$\underline{+0.002\ 0 \sim 0.005\ 0}$$

12 个月远期汇率:GBP1 = USD1.699 5 ~ 1.703 5

3)点数法

点数法是在银行之间远期汇率的一种标价方法,用点数来表示远期汇率。所谓点数就是表明货币比价数字中的小数点后的第四位数(日元的 1 个点则为 100 日元)。表示远期汇率的点数有两栏,分别代表买入价和卖出价,在直接标价法下,买入价在前,卖出价在后;在间接标价法下,卖出价在前,买入价在后。我们也可以这样理解,点数法的报价规则是:点数前小后大,代表单位货币升水;点数前大后小,代表单位货币贴水。所以,如果在远期汇率下第一栏的点数大于第二栏的点数,其实际远期汇率的计算方法则从相应的即期汇率减去远期的点数;如果在远期汇率下第一栏的点数小于第二栏的点数,其实际远期汇率的计算方法则从相应的即期汇率加上远期的点数。

例如,巴黎外汇市场

即期汇率:　　USD1 = CHF 1.603 0/40

3 个月远期汇率:　　　　　　　　35/20

6 个月远期汇率:　　　　　　　　15/25

则 3 个月的远期汇率为:

$$1.603\ 0 \sim 1.604\ 0$$
$$-0.003\ 5 \sim 0.002\ 0$$

3 个月的远期汇率为:1.599 5 ~ 1.602 0

则 6 个月的远期汇率为:

$$1.603\ 0 \sim 1.604\ 0$$
$$+0.001\ 5 \sim 0.002\ 5$$

6 个月的远期汇率为:1.604 5 ~ 1.606 5

6.2.3　远期汇率和利率的关系

远期汇率和利率的关系极为密切,在其他条件不变的情况下,远期汇率主要受两种货币之间的利息率水平和即期汇率的影响。一般来讲,利率低的国家的货币的远期汇率会上升,而利率高的国家的货币的远期汇率会下跌。

汇率的本质是两国货币的相对价格,在开放经济条件下,两国货币之间的汇率由金融资产市场上两国货币资产的收益率来决定。假设有两个国家货币:A 和 B,理性的投资者将比较 A 或 B 的投资收益率,据此制定投资策略,并产生对 A 和 B 的相对供求。当 A 利率低于 B 时,投资者为获得较高收益,会将其资本从 A 国转移到 B 国,以进行套利活动,获取利息差额。但他能否达到此目的,必须以两国货币汇率保持不变为前提条件。如果货币 B 汇率未来下降,他可能不仅不能获得较高收益,反而会遭受损失。为避免这种情况,投资者会在远期外汇市场,按远期汇率将其在 B 国投资所得收益卖为 A 货币,并将此收益同在 A 国投资所得收益进行对比。这种对比的结果,便是投资者确定投资方向的依据。这种远期交易让 B 货币远期供给增多,A 货币远期需求增多,最后使得利率高的 B 货币远期贴水,利率低的 A 货币出现远期升水。两种货币投资收益的差异,形成了资本在国际流动,直到通过汇率的调整,两国的投资收益相等时,国际资本移动才会终止。基于这些分析认为:同即期汇率相比,利率低的国家的货币的远期升水,而利率高的国家的货币的远期贴水;升贴水的幅度约等于两国间的利率差。具体计算公式为:

$$升(贴)水数 = \frac{即期汇率 \times 两地利率差 \times 月数}{12}$$

$$升(贴)水的幅度 = \frac{升(贴)水数}{月数} \times \frac{12}{即期汇率}$$

比较两个公式,可以得出:升(贴)水的幅度=两地利率差

例如:某年某月某日,英镑的年利率为6%,美元的年利率为8.25%,如伦敦市场的即期汇率为:1英镑=1.522 5美元,如其他条件不变,问该市场3个月远期美元是升水,还是贴水,为什么?具体数字是多少?3个月远期美元的实际汇率是多少?

答:3个月远期美元是贴水。因为,美元的利率高,根据利率平价理论利率高的货币远期贴水。

$$贴水数字 = \frac{即期汇率 \times 两地利率差 \times 月数}{12}$$

$$= \frac{1.522\ 5 \times (8.25 - 6)\% \times 3}{12}$$

$$= 0.008\ 6$$

3个月远期美元的实际汇率:1.522 5+0.008 6=1.531 1

1英镑=1.531 1美元

6.2.4　远期外汇交易的应用

采用远期外汇交易的方式,可以在成交日将未来交割的汇率予以事先确定,因此,远期外汇交易可以被进出口商、外汇银行等用来进行套期保值或投机。

1)保值性远期外汇交易

保值性远期外汇交易是指交易者在已知未来远期外汇头寸的情况下,利用远期外汇交易对未来的外汇头寸进行抛补,从而发挥保值的作用。

在浮动汇率制下,汇率经常会波动,而在国际贸易中,进出口商从签订贸易合同到执行合同、收付货款通常需要经过一段相当长的时间,在此期间进出口商可能因汇率的变动遭受损失。因此,进出口商可以通过与外汇银行进行远期外汇交易进行保值。

客户与银行之间的远期外汇交易使外汇风险转移到了银行身上,如果银行不愿承担这种外汇风险,可将超卖部分的远期外汇买入,将超买部分的远期外汇卖出。

2)投机性远期外汇交易

投机性远期外汇交易是指投机者基于预期而主动在远期创造外汇头寸以谋利。利用远期外汇交易进行投机有买空和卖空两种基本形式。

买空是指投机者在预期某种货币的未来即期汇率将会高于远期汇率的基础上进行的单纯买入该种货币远期的交易。如果投机者预期准确,即交割日的即期汇率高于双方协定的远期汇率,投机者会获得买空收益。但是,如果预期不准确,投机者就

会遭受损失。

卖空与买空是相对的,是指投机者在预期某种货币的未来即期汇率将会低于远期汇率的基础上进行的单纯卖出该种货币远期的交易。如果投机者预期准确,即交割旧的即期汇率低于双方协定的远期汇率,投机者会获得卖空收益。但是,如果预期不准确,投机者则会遭受损失。

与保值性的远期外汇交易一样,投机性的远期外汇交易能否获得投机收益,取决于未来的即期汇率与远期汇率的差距是否有利于交易方。对于某种远期货币的买入方来说,如果未来的即期汇率高于远期汇率,则带来投机收益;反之,则有损失。而对于某种远期货币的卖出方来说,损益状况恰好相反:如果未来的即期汇率低于远期汇率带来投机收益;反之,则有损失。对于同种货币远期外汇交易的买卖双方来说,买方的收益(或损失)等于卖方的损失(或收益)。

知识链接6.2

人民币 NDF

NDF 是指无本金交割远期外汇(Non-Delivery Forward),是一种远期外汇交易的模式。作为一种衍生金融工具,用于对那些实行外汇管制国家和地区的货币进行离岸交易。在交易时,交易双方确定交易的名义金额、远期汇价、到期日。在到期日前两天,确定该货币的即期汇价。在到期日,交易双方根据确定的即期汇价和交易伊始时的远期汇价的差额计算出损益,由亏损方以可兑换货币如美元,交付给收益方。

其做法是:交易双方在签订买卖契约时"不需交付资金凭证或保证金",合约到期时也不需交割本金,"只需就双方议定的汇率与到期时即期汇率间的差额"从事清算并收付的一种交易工具。

NDF 市场是一个离岸市场,对中国政府来说,可以从中参考人民币汇率的走势,对人民币币值并没有实质影响。

人民币 NDF 市场是存在于中国境外的银行与客户间的远期市场,主要的目的是帮未来有人民币支出或收入的客户对冲风险。但是,到期时,只计算差价,不真正交割。结算货币是美元。

6.3 掉期外汇业务

6.3.1 掉期外汇业务的概念

掉期外汇业务是指外汇交易者在外汇市场上买进(或卖出)某种外汇的同时卖出(或买进)相同金额、但期限不同的同种外币的交易活动。

6.3.2 掉期外汇业务的种类

掉期交易根据交割日不同有 3 种类型。

1)即期对远期的掉期交易

它是指同时进行即期和远期的同种外汇、相同金额的交易,但两者交易方向相反,即买入某种即期外汇的同时卖出该种远期外汇。反之,卖出即期外汇的同时买进与即期交易金额相同、币种相同的远期外汇。这是外汇市场上最常见的掉期交易形式。期汇的交割期限大都为 1 星期、1 个月、2 个月、3 个月、6 个月。这是掉期交易中最常见的一种形式。

例如,假设某日一美国投资者在现汇市场上以 GBP 1 = USD 1.95 的汇价,卖出195 万美元,买入 100 万英镑,到英国进行投资,期限 6 个月。为避免投资期满时英镑汇率的下跌,同时在期汇市场上卖出 6 个月期 100 万英镑,若 6 个月期汇汇率为GBP 1 = USD 1.945 0,则 100 万英镑可换回 194.5 万美元。如果真如投资者所料,英镑汇率下跌为 GBP 1 = USD 1.94,则投资者可少损失 0.5 万美元。

2)明日对次日的掉期交易

这是指一笔交易在成交后第二个营业日(明日)交割,另一笔交易则在成交后的第三个营业日(次日)交割的掉期交易。这种掉期交易主要用于银行同业的隔夜资金拆借。

3)远期对远期的掉期交易

这是指将一笔较近期的期汇交易与一笔较远期的期汇交易结合起来进行的掉期交易。这种掉期交易多为转口贸易中的中间商所使用。

例题 1:

已知新加坡某进口商根据合同进口一批货物,1 个月后需支付货款 10 万美元。其将这批货物转口外销,预计 3 个月后收回以美元计价结算的货款。

新加坡市场美元行市如下。

1 个月美元远期汇率 USD 1 = SGD 1.821 3/1.824 3

3 个月美元远期汇率 USD 1 = SGD 1.812 3/1.816 3

为了避免美元汇率波动的风险,该商人做以下掉期。

第一步,买进 1 个月远期美元 10 万,应支付 18.243 万新加坡元。

第二步,卖出 3 个月远期美元 10 万,收取 18.123 万新加坡元。付出掉期成本为18.243－18.123＝0.12 万新加坡元。此后,无论美元如何变动,该商人均无汇率风险,还可以根据美元的有利行情,具体操作而获利。

进出口商经常出现不同期限的外汇应收款和应付款并存的情况,他们通常利用掉期业务进行套期保值。

例题 2:

某公司 2 个月后将收到 100 万英镑的应收款,同时 4 个月后应向外支付 100 万英镑。

该公司为了固定成本,避免外汇风险,并利用有利的汇率机会套期图利,而从事掉期业务。

假定市场汇率行情如下。

$$2 \text{ 个月期 GBP } 1 = \text{USD } 1.650\ 0/1.655\ 0$$
$$4 \text{ 个月期 GBP } 1 = \text{USD } 1.600\ 0/1.605\ 0$$

该公司进行以下掉期业务:"买长卖短",即买入 4 个月远期英镑 100 万,付出 160.5 万美元;卖出 2 个月远期英镑,获得 165.00 万美元,盈利 4.5 万美元。通过掉期交易该公司可赢利 4.5 万美元,又避免了英镑的汇率风险。

6.3.3　掉期交易的运用

掉期交易的运用主要表现在以下 3 个方面。

1)使保值者能够防范汇率风险

掉期交易具有固定汇率、使银行轧平头寸、消除汇率变动风险的作用。保值是掉期交易是第一个也是最重要的作用。

例如,美国某公司因业务需要,以美元购买英镑 10 000 存放于伦敦英国银行,期限 1 个月。为防止 1 个月后英镑汇率下跌,存放于英国银行的英镑不能换回如数的美元而受损失,该公司在买进英镑现汇的同时,卖出 10 000 英镑的 1 个月期汇。假设纽约外汇市场英镑即期汇率为 GBP $1 = \text{USD } 1.750\ 0 \sim 1.751\ 0$;1 个月远期汇率贴水为 $0.30 \sim 0.20$ 美分。买进 10 000 英镑现汇需支付 17 510 美元,而卖出 10 000 英镑期汇可收回 17 470 美元。这样该公司只需支付即期汇率与远期汇率之间十分有限的买卖差额 40 美元(17 510−17 470=40),不管 1 个月后英镑如何下跌,都不会再蒙受损失。

2)保证实现投资收益目标

在进行跨国投资时,汇率变动对投资收益产生很大影响。通过掉期交易,可以保障投资目标的实现。

例如,纽约一家银行存款准备金账户有 84 万美元将闲置 3 个月,决定向英国投资。过程如下:银行首先把美元兑换成英镑现汇进行投资,3 个月后收回英镑,需要把英镑兑换成美元。如果这时英镑汇率下跌,美元汇率上升,该银行的预期投资收益率就会降低。当然,如果汇率出现反向变动,其投资收益率会上升。为了避免投资收益率降低或因美元汇率大幅度上升超过利差而出现投资亏损,该银行在投资时就进行一笔掉期交易,即在买进英镑现汇的同时,卖出相同数量的 3 个月的远期英镑。

3)调整银行资金期限结构

资金期限结构是指外汇银行的外汇收付期限上的数量构成。当收与付期限不能相平衡时,通过掉期交易将即期外汇变成远期外汇或将远期外汇掉成即期外汇,使得外汇收付在时间上、数量上相一致。

例如,银行卖给客户3个月远期英镑100万,银行立即在同业市场上买进100万英镑现汇进行掉期交易。这样,既可以避免英镑升值带来的损失,又能有如数的英镑按期交割。

掉期外汇交易方式与远期外汇交易方式相比,大大方便了外贸企业,增加了企业的活动余地。但在采用这一方式进行交易时,企业应注意国内外各银行对择期的时间范围的不同规定。如果中国银行开办的择期外汇交易时间范围是3个月,则在成交后的第三天起到3个月的到期日止的任何一天,客户都有权要求银行进行交割,但必须提前5个工作日通知银行。

6.4　套汇与套利业务

6.4.1　套汇业务

1)套汇业务概述

套汇就是利用不同外汇市场的汇率差异,在汇率低的市场大量买进,同时在汇率高的市场卖出,利用低买高卖,套取差价利润的活动。这种做法具有很强的投机性。

美国、法国、德国、日本、中国香港等国家和地区的外汇市场有着密切的联系。在一般情况下,由于通信发达,信息传递的迅速,资金调拨的通畅,各外汇市场的汇率是非常接近的。但是,有的时候,不同外汇市场的汇率,也可以在很短的时间内发生相对较大的差异,从而引起套汇活动。因为汇率的较大差异是很短暂的,所以套汇都是用电汇进行。国际外汇市场的大商业银行,在国外设有分支行和代理行,消息灵通,最具有套汇业务的便利条件。市场上出现大量套汇活动后,会使贱的货币上涨,贵的货币下跌,从而使不同外汇市场的汇率很快接近。

套汇的种类主要有地点套汇、时间套汇和利息套汇。时间套汇就是前面所讲到的掉期外汇交易;利息套汇又叫套利交易;通常所说的套汇是指地点套汇,它是利用同一货币在不同外汇市场上即期汇率差异而进行的一种外汇买卖行为,地点套汇又可分为直接套汇和间接套汇两种,下面进行具体介绍。

2)套汇交易的条件

①在不同外汇市场,同一种货币汇率出现差异。

②套汇者具备一定数量的资金,而且在主要外汇市场拥有分支机构或代理行。

③套汇者具备一定的技术或经验,能够在千变万化的市场风云中迅速作出判断,果断操作。

3）套汇业务的类型

套汇业务有两种类型,直接套汇和间接套汇。

（1）直接套汇

直接套汇又称两地套汇,是利用在两个不同的外汇市场上某种货币汇率发生的差异,同时在两地市场上贱买贵卖,从而赚取汇率的差额利润。

例如:某日,纽约外汇市场上的汇率为:1 USD＝JPY 122.22/122.53

东京外汇市场上的汇率为:1 USD＝JPY 122.63/122.90

很明显,纽约和东京存在明显的汇率差,如果一个投资者在东京市场花 100 万美元,买到 12 263 万日元,同时在纽约市场买进 100 万美元,支付 12 253 万日元,顷刻之间,即可获得 10 万日元的套汇利润。上述套汇活动可以一直进行下去,直到美元与日元两地汇差消失或接近为止。

当然,套汇业务要花费电传费用、佣金等套汇费用,套汇利润必须大于套汇费用,否则套汇无利可图。

因为直接套汇比较简单,易于计算,但在当前信息传递非常迅速的前提下,各地汇率差异极小,差异存在时间也非常短暂,使得套汇者很难把握,所以做直接套汇的投资者极少。

（2）间接套汇

间接套汇又称三角套汇或多角套汇,是指银行利用 3 个或 3 个以上外汇市场之间货币汇率差异,在多个市场间调拨金,贱买贵卖,赚取其中差价的一种外汇买卖业务。一般只是在 3 个外汇市场间进行。

假如某年某月某日同一时间:伦敦外汇市场上 GBP 1＝USD 1.600 0

巴黎外汇市场上 GBP 1＝EUR 1.168 0

纽约外汇市场上 USD 1＝EUR 0.730 0

在这种情况下,如果不考虑买卖外汇的手续费,某套汇者在伦敦以 100 英镑买 160 美元,同时在纽约外汇市场用 160 美元买 116.8 欧元,在巴黎外汇市场以 116.8 欧元再买 100 英镑。交易结束,套汇者拿出 100 英镑收回 100 英镑,一分钱没有增加而且还白花电报费。

这个例子说明:三角套汇值不值得进行,不像两角套汇那样分明。首先要看,上面涉及的英镑、美元、欧元这 3 种货币之间的交叉汇率与公开汇率是否一致。交叉汇率也称套算汇率,两种货币之间的汇率是通过两者各自与第三国货币间的汇率间接计算出来的。根据上面的情况,在伦敦外汇市场上,GBP 1＝USD 1.600 0,在巴黎外汇市场上 GBP 1＝EUR 1.168 0,由此可得:USD 1.600 0＝EUR 1.168 0,USD 1＝EUR 0.730 0。

这里的 USD 1＝EUR 0.730 0 是利用英镑与美元的公开汇率,英镑与欧元的公开汇率套算出来的。这个套算汇率与公开汇率 USD 1＝EUR 0.730 0 完全一致。同样,根据美元与欧元的汇率,美元与英镑的汇率也能算出英镑与欧元之间的套算汇率与公开汇率完全一致。由此可以得出结论,如果套算汇率与公开汇率完全一致,就不存在三角套汇的条件,不能进行三角套汇。只有在套算汇率与公开汇率不一致的情况

下,才可以进行三角套汇,才能有利可图。比如:

在伦敦外汇市场上,GBP 1 = USD 2.000 0

在巴黎外汇市场上,GBP 1 = EUR 1.138 0

在纽约外汇市场上,USD 1 = EUR 0.686 8

根据伦敦和巴黎外汇市场上英镑与美元的汇率,英镑与欧元的汇率,套算出的美元与欧元的套算汇率为 USD 1 = EUR 0.569 0,而美元与欧元的公开汇率为 USD 1 = EUR 0.686 8。可见套算汇率与公开汇率不一致,为从事三角套汇提供了条件。套汇者在伦敦花 100 英镑买 200 美元,同时在纽约外汇市场上用 200 美元买 137.36 欧元,在巴黎外汇市场上用 137.36 欧元买 120.7 英镑。套汇者拿出 100 英镑,收回 120.7 英镑,三角套汇利润为 20.7 英镑。

三角套汇对外汇市场所起的作用与两角套汇的作用一样。当美元与欧元的公开的汇率与交叉汇率不一致,公开汇率高于交叉汇率,套汇者就会增加美元的供给,高价卖出美元买欧元。美元的供给增加,美元的价格逐渐下跌,欧元的美元价格逐渐上升,最终美元的价格降到 1 美元 = 0.569 0 欧元,使交叉汇率与公开汇率一致,消除了三角套汇的条件。所以三角套汇也能调节 3 个不同的外汇市场的供求关系,使外汇市场运行得更有效率。

由于套汇是同时进行的,因此没有风险。所以,外汇市场上的参与者始终盯着不同外汇市场上各种货币的汇率差异,一有机会就进行套汇,以赚取无风险利润。随着套汇的进行,汇率差异便趋于消失。

从上面的套汇例子中可以看出,套汇者在进行套汇时必须是从某种货币开始最后再回到该种货币,否则,会遭受汇率波动带来的风险。

至于三地以上的四地、五地等套汇,由于现代通信技术的发达,汇率差异持续的时间较短,再加上随着外汇市场数目的增多,交易成本(包括时间)迅速上升,因此,超过三地的套汇无实际意义。

6.4.2 套利业务

1)套利业务的概念

套利是指利用两地间的利率差异,将资金从利率较低的地区转移到利率较高的国家和地区,从而获利的行为。

关于套利,有以下需要说明的事项。

①套利是以存在利差的两国对货币的兑换和资金的流动不加任何限制为前提的。如果两国货币不可自由兑换或资金流动受到限制,套利都无法进行。

②两国的利率差异是就同一种类的货币市场工具而言的,如都是 3 个月、6 个月的定期存款等,否则不具有可比性。

③套利行为都是短期的,其投资期限一般都不超过 1 年。

④由于目前各外汇市场联系十分紧密,短期资金流动非常频繁且规模巨大,一有套利机会,大银行或大公司便会迅速投入大量资金,很快货币远期升(贴)水率使两国

利差相等,使套利无利可图。因此,套利的机会也是很小的。但是,套利活动使各国的利率和汇率形成一种有机联系,两者相互影响,相互制约,推动了国际金融市场的一体化。

2)套利业务的类型

套利按照套利者套利时是否反向做一笔远期交易,可分为非抵补套利和抵补套利。

（1）非抵补套利

非抵补套利是指套利者在将资金从利率较低的国家转移到利率较高的国家时,不同时做一笔反向的远期交易以回避风险的行为。这种套利具有投机性,投机者要承担高利率货币贬值的风险。

非抵补套利流程如图6.1所示:A货币利率低,B货币利率高。

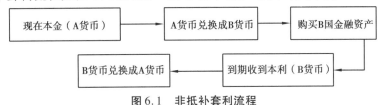

图6.1　非抵补套利流程

（2）抵补套利

抵补套利是指套利者在将资金从利率较低的国家转移到利率较高的国家时,同时做一笔反向的远期交易（卖出高利率货币）,以回避风险的行为。抵补套利实际上是一种掉期交易,因此是无风险获利。

关于抵补套利有两点注意事项。

①抵补套利的条件。根据利率平价理论,当两国利率存在差异时（忽略交易成本）,抵补套利会引起高利率货币即期汇率上升,远期汇率下降;低利率货币即期汇率下降,远期汇率上升。也就是高利率货币远期贴水,低利率货币远期升水。当高利率货币的远期贴水率（或低利率货币的远期升水率）等于两国利差时,套利终止。因此,抵补套利的条件是两国利差大于高利率货币年贴水率或低利率货币年升水率。

②货币的升（贴）水与远期汇率和两国利差的关系。如果忽略交易成本,则当抵补套利停止的条件是升（贴）水率等于两国利差,即:

$$升（贴）水率 = \frac{升（贴）水}{即期汇率}$$

$$= \frac{远期汇率 - 即期汇率}{即期汇率}$$

$$= 两国利差$$

转换成年率,表示如下:

$$年升（贴）水率 = \frac{远期汇率 - 即期汇率}{即期汇率} \times \frac{12}{月数} \times 100\%$$

$$= \frac{升（贴）水}{即期汇率} \times \frac{12}{月数} \times 100\%$$

$$= 两国年利差$$

只有当两国利差大于高利率货币年贴水率或低利率货币年升水率,套利活动才能进行。为了回避汇率波动的风险,套利者在套利时,通常要做一笔反向的远期交易,即卖出高利率货币的远期。

抵补套利流程如图6.2所示:A货币利率低,B货币利率高。

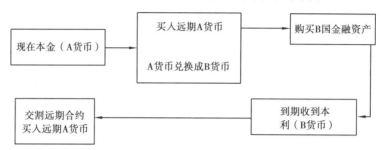

图6.2 抵补套利流程

非抵补套利和抵补套利,两者的区别在于:后者在把资金从甲地调往乙地以获取较高利息的同时,还通过在外汇市场上卖出远期的B国货币进行"抵补",以防止汇率风险。

例如:若在2020年10月11日,一美国进出口公司有暂时闲置的资金1 000美元,期限是3个月。此时伦敦3个月英镑资产的年利率为8%,纽约3个月美元资产的年利率为6%。当天市场的即期汇率为1英镑=2美元,3个月远期汇率为1英镑=2.1美元。在2021年1月11日这一天外汇市场汇率为1英镑=1.8美元。试计算该出口商进行抵补和非抵补套利活动的收益分别是多少?

分析:存入本国银行收益:$1\ 000 \times \dfrac{1+6\%}{4} = 1\ 015$ 美元

收益分析见表6.2。

表6.2 收益分析

套利	2020年10月11日		2021年1月11日				
	汇率 £／$	本金折合 ／£	本利合 ／£	汇率 £／$	收到美元 ／$	盈亏 ／$	考虑机会成本盈亏
非抵补	2	1 000/2 =500	500× (1+8%/4) =510	1.8	510×1.8 =918	−82	−82−15 =−97
抵补	2	1 000/2 =500	500× (1+8%/4) =510	2.1	510×2.1 =1 071	+71	71−15 =56

由于套利活动的存在,各国间利率的差异会引起资金在国家间的流动,以上例来说,由于英镑持有者纷纷将手中的资金兑成美元存入美国银行,美国的利率会因资金供给的增加而下降。反之,英国的利率会因资金供给的减少而上升,这一趋势会一直

持续到两地的利率不再存在差异时才停止。此时,套利活动会因无利可图而终止。套利活动的这一作用对于各国经济政策的制定有着极为重要的意义,它使得各国政府可以通过对利率的调控来影响资本的输出、输入,从而调节本国的国内经济和国际收支。

本章主要内容概要

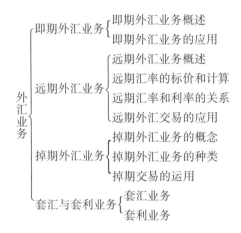

即期外汇业务 { 即期外汇业务概述 / 即期外汇业务的应用 }

远期外汇业务 { 远期外汇业务概述 / 远期汇率的标价和计算 / 远期汇率和利率的关系 / 远期外汇交易的应用 }

外汇业务

掉期外汇业务 { 掉期外汇业务的概念 / 掉期外汇业务的种类 / 掉期交易的运用 }

套汇与套利业务 { 套汇业务 / 套利业务 }

技能训练

1. 假如2021年10月15日外汇市场行情 GBP/USD 即期汇率为:1.610 0/65,90天远期为:16/10,此时,美国出口商签订向英国出口价值62 500英镑仪器的协议,预计3个月后才会收到英镑,到时需将英镑兑换成美元核算盈亏。假如美国出口商预测3个月后 GBP/USD 即期汇率为:GBP1 = USD1.600 0/50。在不考虑交易费用的情况下,问:

(1)若美国出口商现在就可收到62 500英镑,即可获得多少美元?

(2)若美国出口商现在收不到英镑,也不采取避免汇率变动风险的保值措施,而是延后3个月才收到62 500英镑,预计到时这些英镑将可兑换多少美元?

(3)美国出口商3个月到期将收到的英镑折算为美元时,相对10月15日兑换美元将会损失多少美元(暂不考虑两种货币的利息因素)?

(4)若美出口商现在采取保值措施,如何利用远期外汇市场进行操作?

2. 美国某银行的即期汇率为 USD/CHF 1.284 0,当时美元的利率为年利率17%,瑞士法郎利率为年利率13%,问:

(1)3个月远期美元是升水还是贴水? 为什么?

(2)具体升水或贴水点数是多少?

3. 如果英国投资者有100万英镑,当时纽约市场年利率9%,伦敦市场年利率6%,在伦敦外汇市场上的即期汇率为:GBP/USD = 1.751 0/1.802 0,3个月的远期汇率为:1.650 0/1.728 0,怎样利用两国的汇率差异进行抛补套利?

4. 假设在某一时刻,伦敦、上海和纽约有如下外汇行市:

伦敦外汇市场 GBP/USD = 1.689 0 ~ 1.699 5

上海外汇市场 GBP/CNY = 12.671 2 ~ 12.676 2

纽约外汇市场 USD/CNY = 7.591 0 ~ 7.594 0

根据这 3 个外汇市场的汇率水平,套汇者如何以 100 万 CNY 进行三角套汇?

5. 我国某公司出口一批商品,原报价为 CIF 温哥华 100 美元/吨。现应客户要求改欧元报价。已知:1 英镑 = 1.247 4 ~ 1.252 6 欧元,1 英镑 = 1.432 0 ~ 1.433 0 美元。

(1)将美元折报欧元,应报多少欧元?

(2)如果客户要求延期 3 个月付款,远期外汇市场上 3 个月后远期英镑对美元的点数为 30 ~ 20;英镑对欧元的点数为 25 ~ 32。将美元折报欧元应报多少欧元?

案例分析

英国罗斯莱斯厂制造高档激光机床,每台成本加利润为 18 000 英镑,现美国新泽西州兰铃公司请罗斯莱斯厂报出每台机床即期付款的美元价格,同时报出 3 个月延期付款的美元价格。通过往来电讯交流,罗斯莱斯厂估计对方接受 3 个月延期付款条件的可能性很大,但又担心届时美元汇价进一步贬值,于是打算将 3 个月后收入的美元预售给外汇银行,以固定成本匡算利润,规避外汇风险。当天英国伦敦某银行英镑兑美元的外汇牌价如下。

即期汇率:英镑/美元 = 1.580 0/1.582 0

3 个月远期:　　　　　　　　70/90

1. 伦敦某银行外汇牌价为(　　)。

　　A. 直接标价法　　　　　　　　B. 间接标价法

　　C. 买入汇率在前,卖出汇率在后　　D. 卖出汇率在前,买入汇率在后

2. 伦敦市场 3 个月美元的实际汇率是(　　)。

　　A. 卖出价 1.587 0　　　　　　B. 买入价为 1.591 0

　　C. 买入价 1.573 0　　　　　　D. 卖出价 1.574 0

3. 该外汇牌价表示(　　)。

　　A. 美元远期升水　　　　　　　B. 英镑远期升水

　　C. 美元远期贴水　　　　　　　D. 英镑远期贴水

4. 罗斯莱斯厂报出每台机床即期付款价格为(　　)。

　　A. 28 476 美元　　　　　　　B. 该数字是按买入价计算的

　　C. 28 440 美元　　　　　　　D. 该数字是按卖出价计算的

5. 罗斯莱斯厂报出每台机床 3 个月延期付款的价格为(　　)。

　　A. 28 638 美元

　　B. 28 565 美元

　　C. 该数字是按美元 3 个月远期买入价计算的

D. 该数字是按美元 3 个月远期卖出价计算的

6. 该厂将 3 个月后可能收入的美元预售给银行,3 个月后可得(   )。

A. 18 000 英镑

B. 18 045 英镑

C. 该数字是按远期汇率买入价计算的

D. 该数字是按远期汇率卖出价计算的

实训项目

项目 1

1. 实训目的

学会运用柜台、电话和网络等形式进行外汇交易。

2. 实训形式

实地调查和网上调查相结合。

3. 项目内容

(1)比较国内开展个人实盘外汇买卖的各家银行的以下情况。

交易币种、开户手续、开户金额、单笔交易最低金额、点差、交易方式、交易时间、自动刷新时间。

(2)各家银行的个人实盘外汇买卖有哪些特色服务? 有哪些方面的优惠?

4. 调查单位

(1)国有银行:中国银行、中国工商银行、中国建设银行、中国农业银行。

(2)股份制银行:招商银行、交通银行、中信银行、光大银行、广发银行、浦发银行、民生银行。

5. 实训指导

第一步:调研。每组一题,每组中的每个成员按题目要求分别调研 3 家银行。

第二步:以组为单位整理、汇总和分析,写出调研报告。

第三步:以调研报告为题在课堂进行交流。

项目 2

1. 项目内容

假定某日 A 银行收到该出口商出口外汇收入 100 万美元,当天的外汇汇率是 USD/CNY=6.306 4/85,那么 A 银行买入这笔美元,应付给出口商多少元人民币?

假定我国某进口商某日需要支付 300 万美元的进口货款,汇率同上,那么该进口商需要从其账户上划转多少元人民币来购买所需要的美元? 假如进口商所需支付的国外客户的银行账户在所在国 B 银行,该进口商如何委托 A 银行进行支付?

2. 实训形式

分小组实训操作。每组 4 名学生,分别扮演出口商、进口商、A 银行、B 银行,重点训练即期汇率的应用以及即期支付方式的选择,了解即期支付方式的流转程序。

视野拓展

有人说市场是上帝,上帝的力量巨大无比,市场规律不可违背,不可抗拒。国际金融市场也是如此。2008年,美国次贷危机引起的华尔街风暴,后来演变为全球性的金融危机,其过程之快、影响之巨,令人始料未及。这是自第二次世界大战以来将全球经济拖入全面持续衰退的最严重的一次金融危机。推荐观看中央电视台纪录片《资本的故事》之《2008年金融危机》。

第7章
外汇衍生业务

【学习目标】

1. 能够正确理解金融衍生品、期货、期权和货币互换等相关概念。

2. 能够看懂外汇期货的报价。

3. 熟悉期货交易制度。

4. 能够利用外汇期货进行套期保值和投机。

5. 能够计算外汇期权的盈亏。

6. 能够利用外汇期权进行保值的操作。

7. 能够进行货币互换和利率互换的保值操作。

【引　例】

普利制药：拟开展外汇衍生品交易增强财务稳健性

2022 年 1 月 12 日上市公司普利制药（300630）公告称，公司于 2022 年 1 月 11 日召开第四届董事会第三次会议和第四届监事会第三次会议，审议并通过了《关于公司及全资子公司开展外汇衍生品交易业务的议案》。目前，公司国际业务不断增多，外汇市场波动较为频繁，为防范并降低汇率波动带来的经营风险，公司及子公司与境内外金融机构拟开展金额不超过 20 000 万元人民币外汇衍生品交易业务。期限为该额度自股东大会批准之日起 12 个月内有效，上述额度和期限内可循环滚动使用。

公告显示,公司及子公司开展的外汇衍生品交易品种均为与公司基础业务密切相关的外汇衍生产品或组合,包括远期结售汇、人民币和其他外汇的掉期业务、外汇买卖、外汇掉期、外汇期权、利率互换、利率掉期、利率期权等。

(资料来源:证券之星,2022-01-12)

7.1　外汇期货业务

7.1.1　外汇期货和外汇期货合约

1)相关概念

(1)金融衍生产品的概念

金融衍生产品是指从传统的基础金融工具,如货币、利率、股票等交易过程中,衍生发展出来的新金融产品,其主要形式有期货、期权和掉期等。

(2)期货的概念

期货是期货合约、期货合同的简称,是由期货交易所统一制定的标准化合约。期货合约的买卖双方同意在未来的某一个确定日期按照合约约定的条件交收某种资产(这种资产称为期货合约的标的资产)。期货合约的条款是由期货交易所设计和制定的。期货合约的买卖也只能在期货交易所进行。

期货合约的买卖双方在期货交易所买卖的是合同,而不是像现货交易那样买卖的是基础性标的资产。例如,在上海黄金交易所的黄金交易中,双方买卖的是黄金实物。而在上海期货交易所交易中,双方买卖的是期货交易所制定的一纸合同。

期货合约在期货交易所内完成。目前,世界各大洲均有期货交易所。国际期货交易中心主要集中在芝加哥、纽约、伦敦和东京等地。我国国内期货经过20多年的探索和发展,现在已经成立了4家期货交易所。表7.1列出了国内和国际主要的期货交易所及其交易品种。

表7.1　国际国内主要期货交易所及其交易品种

	期货交易所名称	期货合约品种
国内	上海期货交易所	黄金、铜、铝、天然橡胶、燃料油、铅、螺纹钢、线材
	大连商品交易所	黄豆、豆粕、豆油、聚乙烯、棕榈油、焦炭
	郑州商品交易所	小麦、棉花、白糖、菜籽油、绿豆
	中国金融期货交易所	沪深300指数期货,5年期国债

续表

期货交易所名称		期货合约品种
国际	纽约商业交易所	民用燃料油、无铅汽油、电、煤、黄金
	芝加哥期货交易所	玉米、大豆、豆油、小麦、美国国债、道·琼斯指数
	芝加哥商业交易所	牛肉、黄油、瘦猪肉、活牛、木材、黄金、外汇、3个月期欧洲美元、标准普尔500指数
	伦敦金属交易所	铜、铝、锌、镍、铅、锡、铝合金
	伦敦国际石油交易所	布伦特原油、天然气、电
	伦敦国际金融期货交易所	3个月期的欧元、英镑、瑞士法郎、日本国债

（3）外汇期货的概念

外汇期货交易是指交易双方在有组织的交易市场上通过公开竞价的方式,买卖在未来某一日期以既定的汇率交割一定数额货币的标准化期货合约的外汇交易。在不同的交易所,交易的货币种类不同,有的都是外币,如新加坡国际货币交易所;有的既有外币也有本币,如伦敦国际金融期货交易所。因此,外汇期货交易也称外币期货交易或货币期货交易。

世界上第一张外汇期货合约是1972年5月16日由美国芝加哥商业交易所的分部国际货币市场(IMM)推出的。自IMM推出第一份外汇期货合约后,这项新型衍生工具的交易便迅猛发展起来。目前,世界上主要的金融中心都相继引进外汇期货交易,全世界共有数十个金融期货市场,其中比较著名和成功的,除了芝加哥国际货币市场、伦敦国际金融期货交易所、新加坡国际货币交易所外,还有东京国际金融期货交易所、法国国际期货交易所等。

2）期货交易的参与者

（1）交易所

期货交易都在交易所进行,但交易所并不参加交易,对交易活动起约束作用,是非营利机构。它提供交易设施,监督和管理交易所会员的日常活动以及发布有关信息。负责制定和实施交易规则,规定期货合同的主要条款。确定期货保证金比例,设计和监督期货的交割程序。

进入交易所的交易大厅的人员一般限于场内经纪人交易职员即交易厅经纪人。他们是交易所内实际进行交易的人,是执行客户委托订单的关键人物。

每笔期货合约都在该品种交易特定的区域进行。大部分交易所都禁止在指定交易所或指定交易时间以外发生合约交易。

每一笔期货交易均由期货交易所分别与买卖双方订立合约,买卖双方不直接见面。交易所下设清算机构。

（2）清算公司

清算公司,又称清算所、结算公司等。清算公司是期货交易所下的负责期货合约清算的营利性机构,具有法人地位。每个交易所都指定一个清算公司负责期货合约的交易与登记。清算公司可以是一个独立的组织,也可以是交易所的附属公司。

清算公司充当交易双方最后结算者。对于外汇期货的买方来说,清算公司是卖方;对于卖方来说,清算公司又是买方。交易所会员在买进或卖出交易合同时,先不做现金结算,而是由清算公司办理结算。

(3)佣金公司

佣金公司,又称经纪公司,是期货交易中起中介作用的法人实体。佣金公司代表那些不具有会员资格的客户,代表客户下达交易指令,征收客户履约保证金,提供基本会计记录,处理账户,管理资金,并为客户传递市场信息和市场研究报告;充当交易顾问,为客户提供设施和人员。佣金公司的收入是向客户收取的佣金。

(4)参与货币期货交易者

参与货币期货交易者主要是企业、银行和个人。任何单位和个人只要交纳保证金,都可以参与货币期货交易。这些交易者以保值或投机或投资为目的。

3)外汇期货合约

外汇期货合约是交易所制定的一种标准化的外汇期货合同。表7.2列举了芝加哥商业交易所(CME)国际货币市场分部(IMM)英镑期货合约的主要内容,即芝加哥商业交易所货币期货合约规格。

表7.2 芝加哥商业交易所货币期货合约规格

货币名称	英 镑
交易单位	62 500 英镑
最小变动价位	0.000 2 英镑(每张合约 12.50 英镑)
每日价格最大波动限制	开市(上午 7:20—7:35)限价为 150 点,7:35 分以后无限价
合约月份	1,3,4,6,7,9,10,12 和现货月份
交易时间	上午 7:20—下午 2:00(芝加哥时间),到期合约最后交易日
	交易截止时间为上午 9:16(市场在假日或假日之前将提前收盘)
最后交易日	从合约月份的第三个星期三倒数的第二个工作日上午
交割日期	合约月份的第三个星期三
交易场所	芝加哥商业交易所(CME)

一份期货交易合约通常要明确以下事项。

(1)交易单位

交易单位是指一个合约所规定的标准交易数量。每份外汇期货合约都由交易所规定标准交易单位,例如,IMM 每份英镑合约的规模为 62 500 英镑,瑞士法郎、欧元、加拿大元和日元的合约规模则分别为 125 000 瑞士法郎、125 000 欧元、100 000 加元和 12 500 000 日元等。不同的交易所可能有不同的规定,不同的期货品种规定也不同。

所有合约的标价均以美元为报价货币,其他货币为基础货币。

（2）期货合约中的最小的变动价位

期货合约中的最小的变动价位是指合约价格变动至少需达到的幅度。由于各种交易货币小数点以后的位数不同，所以"点"对不同货币的含义也不一样。例如，在IMM 的几种交易货币中，英镑、加元、欧元、澳大利亚元和瑞士法郎的美元报价均报至小数点以后4 位，即0.000 1 为1 个"点"，而墨西哥比索和日元则分别报至小数点以后的5 位和6 位，所以同样是1 个"点"，墨西哥比索和日元则分别为0.000 01 和0.000 001。在交易场内，经纪人所做的出价或叫价只能是最小波动幅度的倍数。

（3）最大价格波动幅度

为限制期货交易中可能出现的过度投机，合约里还规定了每日最大价格波动幅度，即每日涨跌停板额。一旦报价超出这一幅度，该期货合约就会被暂时停止交易一段时间。

（4）合约月份

合约月份是合约的到期月份，也就是期货合约的交割月份。国际货币市场所有外汇期货合约的交割月份都是一样的，为每年的（按国际货币基金组织规定）1 月、3 月、4月、6 月、7 月、9 月、10 月、12 月和现货月份。标准交割日为到期月份的第三个星期三，该星期三的前两日即为合约的最后交易日。交割期限内的交割时间随交易对象而定。

（5）合约代码

合约代码是指标的交易货币英文全称的首字母缩写。例如，BP 即为英镑"British Pound"的缩写，AD 则为澳大利亚元"Australian Dollar"的缩写等，主要是为了统一标准和使用方便。

例如，美国 CME 日元/美元期货（JY）外汇期货合约表，见表7.3。

表7.3 美国 CME 日元/美元期货(JY)外汇期货合约表

合约规模	125 400 000 日元	
交易月份	6 个季月(3 月,6 月,9 月,12 月)	
结算程序	实物交割	
持仓限制	10 000 口	
合约代码	CME Globex 电子市场:6J 公开喊价:(只能全要或全不要)JY AON 代码: LJ	
最小价格增幅	$.000 001/一日元增幅($12.50/口) $.0000 005/一日元增幅($6.25/口)——适用于人工交易、电子盘交易以及AON 系统交易执行日元/美元期货内部利差者	
交易时间	公开喊价	美中时间 7:20—14:00
	GLOBEX	周日:美中时间 17:00—隔日 16:00 周一至周五:美中时间 17:00—隔日 16:00,周五除外于 16:00关闭,周日 17:00 重开
	CME ClearPort	周日至周五 17:00—16:15;每天于美中时间 16:15 开始休息45 分钟

续表

最后交易日/时间	时间:美中时间 9:16 日期:合约月份的第三个星期三之前第二个营业日(通常是周一)
交易规则	该等合约 CME 上市,受制于 CME 规范和规则
巨额交易	是
最小巨额交易规模	150 口
EFP	是

(资料来源:芝加哥商业交易所网站)

知识链接 7.1

世界主要的金融期货交易场所

芝加哥商业交易所(CMA)

芝加哥商业交易所的金融期货业务主要集中在国际货币市场(IMM)。国际货币市场是该交易所的一个分支,是最早的有形货币期货市场,成立于 1972 年 5 月,主要交易品种是 6 种国际货币的期货合约,即美元、英镑、加拿大元、德国马克、日元、瑞士法郎,后来又增加了上述货币的期权交易。1976 年 1 月,国际货币市场推出 90 天期的美国国库券期货合约;1981 年 2 月,开设了欧洲美元期货交易。

芝加哥期货交易所(CBOT)

芝加哥期货交易所自 1975 年 10 月上市利率期货交易以来,其金融期货的交易量占总交易量的比重日益上升,已超过其农产品期货的交易量,成为一个以金融期货为主的期货市场。1977 年 8 月,该交易所开办美国长期国库券期货交易;1979 年 6 月,该交易所开办 10 年期美国中期国库券期货交易;1984 年 7 月,该交易所又推出主要市场指数(MMI)期货交易。1987 年 4 月 30 日,该交易所开始在星期日至星期四的晚上开设夜市,时间与远东主要期货市场的交易时间相对应,在国际化的道路上迈出了重要的一步。目前,该交易所交易的金融期货品种以各种利率期货为重点,利率期货的交易量占整个交易所总交易量的一半以上,成为世界上最重要的金融期货市场之一。

伦敦国际金融期货交易所(LIFFE)

伦敦国际金融期货交易所(LIFFE)于 1982 年 9 月正式开业,是欧洲建立最早、交易最活跃的金融期货交易所。虽然该交易所的建立较美国最早的金融交易市场晚了 10 年之久,但对于维护伦敦这一传统金融中心的地位仍有着十分重要的意义。目前,该交易所交易的货币期货有以美元结算的英镑、瑞士法郎、德国马克和日元期货以及以德国马克结算的美元期货。利率期货包括英国的各种国库券期货、美国长期国库券期货、日本长期国库券期货、3 个月期欧洲美元定期存款期货以及 3 个月期英镑利率期货等。股票指数期货有金融时报 100 种股票指数期货。此外,该交易所的结算与国际货币市场等不同,是依靠独立的结算公司——国际商品结算公司(ICCH)进行的。国际商品结算公司作为独立的专业性结算公司,与伦敦国际金融期货交易所没有行政隶属关系,仅负责该交易所的日常结算。

香港期货交易所（HKFE）

香港期货交易所的前身是1977年开始运营的香港商品交易所。1984年对交易所改组和对管理条例修订后才重新挂牌，将香港"商品"交易所更名为"期货"交易所，并把恒生指数期货定为期货交易的头类合约。1998年恒生指数期货和期权合约交易量占市场总交易量的90%以上。目前在香港期货交易所上市的还有红筹股票指数、个股等金融品种的期货和期权。由于香港是国际金融中心，有着发达的外汇市场、金融衍生品市场、股票市场、债券市场、资本市场和黄金市场，因此，香港期货交易所有着广阔的发展前景。

新加坡国际货币期货交易所（SIMEX）

新加坡国际货币期货交易所（SIMEX）建立于1984年9月，由原来的新加坡黄金交易所与芝加哥商业交易所以合伙的方式创办。在该交易所上市的欧洲美元、日元、德国马克、英镑4种期货合约都是芝加哥商业交易所的上市品种，合约规格完全一样，并可在两个交易所之间实行相互对冲。这一相互对冲制度延长了交易时间，提高了交易效率，极大地促进了金融期货交易的国际化进程。此外，在新加坡国际货币期货交易所上市的品种还有90天期欧洲日元期货合约、日经225股指期货合约及美国长期国库券期货合约等。目前，该交易所已成为东南亚地区最有影响的金融期货市场。

7.1.2　外汇期货交易制度

期货市场是一个高度组织化的市场，为了保障期货交易者有一个"公开、公平、公正"的环境，保证期货市场平稳运行，期货交易所制定了一系列的交易制度，下面作简单介绍。

1）保证金制度

投资者在进行期货交易时，由于期货交易买卖双方资信互不了解，进行交割或者对冲的时候都是通过清算所进行的，因此，为了防止信用风险，经纪商会要求客户在期货交易所指定的清算所开立保证金账户，并存入相应的保证金。保证金是用来确保期货买卖双方履约并承担价格变动风险的一种财力保证。

例如，每份欧元期货缴纳的保证金为6 075美元，市场交易价格为1.456 7美元，那么投资者买入（或者卖出）1份欧元期货合约，合约价值1.456 7×125 000 = 182 087.5（美元），需要缴纳的保证金是6 075美元。这部分保证金保留在投资者的保证金账户上，也就是说，该投资者只需在保证金账户里存入较少的6 075美元，就可以进行价值高达182 087.5美元的期货合约交易，杠杆倍数为30倍（182 087.5/607 5）。

保证金的收取是分级进行的，可分为期货交易所向会员收取的结算保证金和期货经纪公司向客户收取的交易保证金，即会员保证金和客户保证金。期货的买方和卖方都需要缴纳保证金。

期货交易所保证金分为初始保证金和维持保证金。初始保证金是初次买入或卖出期货合约时应缴纳的保证金。维持保证金是在保证金一部分用于弥补亏损后，剩下的保证金所达到的最低水平。当维持保证金不足时，交易所通知经纪公司或经纪公司通知客户追加保证金,追加后的保证金水平应达到初始保证金标准。

例如,欧元期货合约的初始保证金是每份合约 6 075 美元,维持保证金是每份合约 4 500 美元。如果投资者买进 1 份欧元期货合约,应缴纳初始保证金 6 075 美元。当价格下跌时,投资者发生亏损。假如亏损 2 040 美元,此时投资者账户里的保证金只剩下 4 035 美元,低于 4 500 美元的维持保证金水平,经纪公司就通知客户追加保证金,追加到不低于初始保证金 6 075 美元的水平。

我国的保证金是按照合约面值的比例收取的,而国际上通行的方式是每份合约收取一定的金额。

2)每日无负债结算制度

每日无负债结算制度也称为"逐日盯市"制度。简单地说,经纪商每日闭市后根据当日结算价与上一个交易日结算价的差额对投资者所持有的合约计算盈亏。如果赢利就向其保证金账户打入相应赢利的资金;如果亏损就从其保证金账户扣除相应资金,同时适时发出保证金追加单,使保证金余额维持在一定水平上,防止负债发生。

例如,某投资者 2021 年 1 月 5 日星期三以 1.265 0 美元价格买入 1 份欧元期货合约,初始保证金为 6 075 美元/份,维持保证金为 4 500 美元/份。1 月 20 日,该投资者将该份合约以 1.263 3 美元卖出,进行对冲平仓。每日无负债结算操作实例,见表 7.4。

表 7.4 每日无负债结算操作实例

单位:美元

日 期	结算价格	当日盈亏	保证金账户余额	追加保证金
	建仓 1.265 0		6 075	
1 月 5 日	1.262 0	−375	5 700	
1 月 6 日	1.260 0	−250	5 450	
1 月 7 日	1.261 8	+225	5 675	
1 月 10 日	1.240 0	−2 725	2 950	追加 3 125
1 月 11 日	1.250 2	+1 275	7 350	取出 1 000
1 月 12 日	1.257 2	+875	7 225	取出 1 100
1 月 13 日	1.255 5	−212.5	5 912.5	
1 月 14 日	1.259 8	+537.5	6 450	
1 月 17 日	1.260 5	+87.5	6 537.5	
1 月 18 日	平仓 1.263 3	+350	6 887.5	

从表 7.4 可以看出,在 1 月 10 日,该投资者保证金账户余额低于维持保证金,因此该投资者必须在第二天开盘前将余额补充到初始保证金 6 075 美元的水平。对于保证金账户余额超过 6 075 美元的部分,投资者可以保留在账户里,也可以转作他用。

1月20日平仓后该账户余额为6 887.5美元。该投资者损失了212.5美元，即：

$$(1.263\ 3-1.265\ 0)\times125\ 000=-212.5（美元）$$

3）平仓制度

在外汇的即期交易中，只能采取实物交割的方式。而在外汇期货交易中，还允许采取对冲的交易方式。如果交割以前买入期货合约，投资者可以卖出相同交割月份、相同数量、同样标的资产的外汇期货合约；如果交割以前卖出期货合约，投资者可以买入相同交割月份、相同数量、同种标的资产的期货合约，从而使投资者不再持有任何多仓或者空仓，这种方向交易行为称为平仓，也称为对冲交易。

在期货交易中，大部分投资者都是在最后交易日以前用平仓的方式进行对冲操作，极少有投资者会真正等到交割日时进行实物交割。

建仓又叫开仓，是指投资者买入或卖出某种期货合约的行为。开仓有两种操作，即开多仓和开空仓。开仓时买入期货合约称为开多仓，开仓时卖出期货合约称为开空仓。对个人投资者而言，持仓量是开多仓和开空仓时合约数量之和。

由于开仓和平仓有不同的含义，因此交易者在买卖期货合约时必须指明开仓还是平仓。

例如，某投资者在2021年1月11日开仓买进10份3月份欧元期货，成交价为1.452 8，这时，他就有了10份多头持仓。到1月13日，期货价格上涨，该投资者在1.468 8的价格上平仓卖出6份3月份欧元期货合约。成交后，该投资者的实际持仓只有4份多单。如果当日该投资者在报单时报的是开仓卖出6份3月份期货合约，成交之后，该投资者则是10份多头持仓和6份空头持仓。

4）强行平仓制度

当投资者的交易保证金不足且没有在规定的时间时补足，或当投资者的持仓量超过规定的限额，或当投资者违规时，交易所为了防止风险进一步扩大，将对其持有的未到期合约进行强制性平仓处理，这就是强行平仓制度。

5）持仓限额制度

交易所为了防范市场操纵和少数投资者风险过度集中的情况，对会员和投资者手中持有的期货合约数量的上限进行一定限制，这就是持仓限额制度。限仓数量是指交易所规定结算会员或投资者可以持有的、按单边计算的某一合约的最大限额。一旦会员或客户的持仓总量超过这个数额，交易所可以按规定强行平仓或者提高保证金比例。

6）大户报告制度

大户报告制度是指当投资者的持仓量达到交易所规定的持仓限额时，应通过结算会员向交易所或监管机构报告其资金和持仓情况，这是与持仓限额制度紧密联系的一种防范大户操纵市场价格、控制市场风险的制度。

7.1.3　期货交易的流程

客户参与期货交易的一般过程如下。

①期货交易者在经纪公司输开户手续,包括签署一份授权经纪公司代为买卖合同及缴付手续费的授权书,经纪公司获此授权后,就可以根据该合同的条款,按照客户的指标办理期货的买卖。

②经纪人接到客户的订单后,立即用电话、电传或其他方式迅速通知经纪公司驻在交易所的代表。

③经纪公司交易代表将收到的订单打上时间图章,即送至交易大厅内的出市代表。

④场内出市代表将客户的指令输入计算机进行交易。

⑤每一笔交易完成后,场内出市代表须将交易记录通知场外经纪人,并通知客户。

⑥当客户要求将期货合约平仓时,要立即通知经纪人,由经纪人用电话通知驻在交易所的交易代表,通过场内出市代表将该笔期货合约进行对冲,同时通过交易电脑进行清算,并由经纪人将对冲后的纯利或亏损报表寄给客户。

⑦如客户在短期内不平仓,一般在每天或每周按当天交易所结算价格结算一次。如账面出现亏损,客户需要暂时补交亏损差额;如有账面盈余,即由经纪公司补交盈利差额给客户。直到客户平仓时,再结算实际盈亏额。

期货交易过程示意图如图7.1所示。

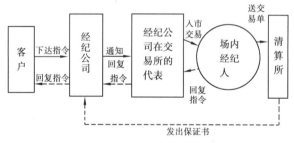

图7.1　期货交易过程示意图

7.1.4　外汇期货和远期外汇交易比较

要真正理解外汇期货交易的含义,有必要将外汇期货和远期外汇交易进行比较。同时,这对外汇期货的运用也有实际意义。

1)相同点

①都是通过合同形式,把购买或出卖外汇的汇率固定下来。

②都是一定时期以后交割,而不是即时交割。

③购买与出卖外汇所追求的目的相同,都是为了保值或投机。

2）不同点

外汇期货和远期外汇交易的不同点见表 7.5。

表 7.5　外汇期货和远期外汇交易的不同点

不同点	外汇期货交易	远期外汇交易
买卖双方的关系	买方—期货交易所—卖方	银行与客户直接签订合约
标准化规定	对买卖外汇的合同规模、交割期限、交割地点统一规定	无统一规定，可灵活掌握
交易场所与方式	在交易所内进行场内交易，双方委托经纪人在市场上公开喊价	以电讯联系进行场外交易，双方可直接接触成交
报价内容	买方或卖方只报出一种价格	买入价/卖出价
手续费	双方都须支付给经纪人佣金	远期双向报价的买卖价
清算	每日清算所结清未冲抵的期货合同，有现金流动	到期日一次性交割结算
实际交割	在完善的市场中基本无交割，实际交割量小于 1%	基本都交割，多于 90%

7.1.5　外汇期货交易的运用

外汇期货交易主要是为了规避汇率风险，或者是以投机为目的。

1）投机

外汇期货市场的投机是指交易者根据其对未来市场走势的预测和判断，通过买卖外汇期货合约，从中赚取差价的交易行为。主要可分为单笔头寸投机和价差头寸投机。

（1）单笔头寸投机

单笔头寸投机可以分为做多和做空。前者是当投机者预测某种外汇的期货价格将会上升，便买入该外汇期货合约，待以后择机对冲，如价格上升便盈利，否则就受损；后者则是当投机者预测某种外汇的期货价格有下跌之势，便先行卖出该外汇期货合约，待以后再择机买进。若价格下跌便盈利，否则就受损。

例如：某年 9 月 3 日，IMM12 月份加元的期货价格为 USD 0.742 5/CA，某投机者预测加元期货将进入牛市，便买进 4 手 12 月份加元期货合约。10 月中旬时，12 月份加元期货价格真的上扬，到 11 月中旬已涨至 USD 0.742 9/CA，该投机者此时对冲平仓，便可获利 USD 160 = 4×100 000×(0.742 9−0.742 5)

例如：某年 10 月 7 日，IMM 欧元现货和期货的价格如下所示。

欧元现货价格：$1.164 3/EC

12 月份欧元期货：$1.164 9/EC

次年3月份欧元期货：$1.167 7/EC

从上述价格中可以看出，市场预期欧元相对美元将会上涨。然而，某投机者认为未来欧元的价格将会下跌，于是他于10月7日这天卖出了1份次年3月份欧元期货合约。

假设到了3月10日这天，欧元现货价格为$1.165 1/EC，3月份欧元期货合约的价格为$1.165 3/EC，均高于10月7日那天欧元的现货价格，但却低于10月7日该投机者买入此3月份欧元期货的价格。因此，尽管欧元的现货价格并未如该投机者预测的那样下跌，但由于期货价格的下跌，该投机者此时对冲平仓仍可获利$300 = 125 000×(1.167 7−1.165 3)。可见，单笔头寸投机的关键是对未来期货价格的判断。

（2）价差头寸投机

由于单笔头寸投机的风险极大，因此外汇期货市场上有相当部分的投机都属于价差头寸投机。与其他金融期货一样，外汇期货的价差头寸也可以分为商品内价差和商品间价差。

例如：8月12日IMM英镑的现货和期货价格如下所示。

BP现货价格：$1.448 5/BP

9月份BP期货：$1.448 0/BP

12月份BP期货：$1.446 0/BP

次年3月份BP期货：$1.446 0/BP

次年6月份BP期货：$1.447 0/BP

某投机者预计未来英镑相对美元将会贬值，但又害怕单笔头寸投机过大的风险，所以决定卖出1份价格相对高估的次年3月份BP期货，同时买入1份价格相对低估的12月份BP期货合约，建立一个价差头寸来达到其投机获利的目的。

假设12月11日，市场上12月份BP期货的价格下跌为$1.431 3/BP，次年3月份BP期货的价格下跌为$1.425 3/BP。若投机者此时对冲平仓，结束所有头寸。则12月份BP期货合约的亏损为−$367.50 = 25 000×(1.431 3−1.446 0)，但次年3月份BP期货合约却盈利$517.50 = 25 000×(1.446 0−1.425 3)，因此，总获利$510。

2）套期保值

外汇期货市场上的套期保值主要是指国际经贸交往中的债权人和债务人为防止其预计收回的债权或将要支付的债务因计价货币贬值或升值而蒙受损失，将汇率风险控制在一定程度内，便在金融期货市场上叙做一笔与金融现货市场头寸相反、期限对称、金额相当的外汇期货交易，以达到保值的目的。它同样可以分为买入套期保值和卖出套期保值。

例如：加拿大某出口企业A公司于2021年3月5日向美国B公司出口一批价值为1 500 000美元的商品，用美元计价结算，3个月后取得货款。为减小汇率风险，A公司拟在IMM做外汇期货套期保值以减小可能的损失。出口时和3个月后的加元现货与期货价格如下所示。

	3月5日	3个月后
CA现货价格	$0.800 1/CA	$0.833 4/CA

6 月份 CA 期货价格　$0.800 3/CA　　　　　　　　$0.831 6/CA

尽管 A 公司担心的是未来美元相对加元贬值,但由于 IMM 外汇期货合约中美元仅是报价货币,而不是交易标的的货币,因此,不能直接做卖出美元进行套期保值,而必须通过买入加元期货来达到相同的目的。A 公司的套期保值交易(多头套期保值示例)见表 7.6。

表 7.6　多头套期保值示例

	现货市场	期货市场
3 月 5 日	预计 3 个月后将会收到 $1 500 000 货款,其当前价值为 1 874 766 加元,预期 3 个月后该笔货款的价值为 1 874 297 加元	以 $0.800 3/CA 的价格买入 19 份 6 月份加元期货合约,总价值为 $1 520 570
3 个月后	收到 $1 500 000 货款,按当前的现货价格 $0.833 4/CA 可以转换为 1 799 856 加元	以 $0.831 6/CA 的价格卖出 19 份 6 月份加元期货合约,总价值为 $1 580 040
盈亏状况	亏损:74 441 加元	盈利:$59 470＝71 358 加元
总头寸盈亏	净损失:3 083 加元	

例如:假设某年年初时某美国公司 A 在德国的子公司 B 预计今年年底需要汇回母公司的净利润为欧元 4 300 000,1 月 2 日和 12 月 15 日 IMM 欧元现货和期货的价格如下所示。

　　　　　　　　　　　　　　1 月 2 日　　　　　　　　12 月 15 日
欧元现货价格　　　　　　　$1.170 0/EC　　　　　　$1.150 0/EC
12 月份欧元期货价格　　　$1.155 4/EC　　　　　　$1.150 0/EC

担心到时美元升值,B 公司拟在 IMM 做外汇期货套期保值,以减小可能的损失,其套期保值交易(空头套期保值示例)见表 7.7。

表 7.7　空头套期保值示例

	现货市场	期货市场
1 月 2 日	预计年底需要汇回母公司的净利润为 EC4 300 000,以 $1.155 4/EC 计算的预期该笔利润在 12 月份的价值为 $4 968 220	以 $1.155 4/EC 的价格卖出 35 份 12 月份欧元期货合约,总价值为 $5 054 875
12 月 15 日	净利润 EC4 300 000 按当前的现货价格 $1.150 0/EC 可以转换为 $4 945 000	以 $1.150 0/EC 的价格买入 35 份 12 月份欧元期货合约,总价值为 $5 031 250
盈亏状况	亏损:$23 220	盈利:$23 625
总头寸盈亏	净盈利:$405	

7.2 外汇期权业务

7.2.1 认识期权

外汇期权业务

1)期权的概念

外汇期权又称货币期权,是指期权购买者在向期权出售者支付相应期权费后获得一项权利,即期权购买者有权在约定的到期日或期满前按照双方事先约定的协定汇率向期权出售者买卖约定数量的外汇。外汇期权买卖的直接对象是期权合约,主要以美元、欧元、日元、英镑、瑞士法郎、加拿大元及澳大利亚元等为标的物。

外汇期权的交易实际上是买卖一种权利,期权合同的买方可根据市场情况决定是否执行权力。

例题:某进出口公司手中持有美元,需要在1个月后用日元支付进口货款。为防止美元兑日元的汇率风险,该公司向银行购买一份买入日元、卖出美元的期权,期限1个月,并且为美式期权。假设约定的汇率为 USD/JPY 108,该公司则有权在合约有效期内的任何一天按 USD/JPY 108 的价格向银行购买约定数额的日元。如果在这一个月内,美元升值,日元贬值,市场汇率为 USD/JPY 110 以上,该公司不执行期权,而将原拟卖出的美元直接在市场上按即期汇价卖出,并同时买进日元。如果在这一个月内,美元贬值,日元升值,市场汇率为 USD/JPY 105,那么,B 公司则可行使期权,银行按 USD/JPY 108 的汇率买进日元卖出美元。

2)期权的类型

(1)根据行使选择权的时间划分为欧式期权和美式期权

欧式期权是指期权的买方只能在到期日当天的交割时间之前,决定执行或不执行期权合约。目前市场上大多为欧式期权。

美式期权是指在期权合约规定的有效期内任何一个工作日,决定执行或不执行期权合约。美式期权的灵活性较大,期权卖方的风险大,因此期权费也较高。在有效期内任何时候都可以行使权利。

(2)根据期权内容分为看涨期权和看跌期权

看涨期权又称买入期权,是指期权的买方在到期日或期满前按约定的汇率从对方买入特定数量的外币。这是买方在预期某一货币将会升值时,所采取的交易策略。

看跌期权又称卖出期权,是指期权的买方在到期日或期满前按约定的汇率向对方卖出特定数量的外币。这是卖方在预期某一货币将会贬值时,所采取的交易策略。

3)期权的特点

期权有如下三大特点。

（1）买卖双方风险和收益的不对称性

期权的购买者在支付了期权费之后，他的最大损失是期权费，而最大收益是无限的，而对于期权的卖出方来说，正好相反，他的最大损失是无限的，而最大收益是期权费。

（2）履约的灵活性

期权的买方支付了期权费之后，即获得了能以确定的时间、价格、数量和品种买卖某种外汇的权利。买方可以根据自己意愿，选择执行该权利，或放弃该权利，甚至可以将权利出售他人直接获利。

（3）期权费不能退回

如果市场汇率对期权的购买者不利，购买者不能要求退回期权费。

7.2.2　外汇期权的概念及主要条款

1）外汇期权的概念

外汇期权又称货币期权，是指期权购买者在向期权出售者支付相应期权费后获得一项权利，即期权购买者有权在约定的到期日或期满前按照双方事先约定的协定汇率向期权出售者买卖约定数量的外汇。外汇期权买卖的直接对象是期权合约，主要以美元、欧元、日元、英镑、瑞士法郎、加拿大元及澳大利亚元等为标的物。外汇期权的交易实际上是买卖一种权利。期权合同的买方可以根据市场情况决定是否执行权力。

例题：某进出口公司手中持有美元，需要在1个月后用日元支付进口货款。为防止美元兑日元的汇率风险，该公司向银行购买一份买入日元、卖出美元的期权，期限1个月，并且为美式期权。假设约定的汇率为USD/JPY 108，该公司则有权在合约有效期内的任何一天按USD/JPY 108的价格向银行购买约定数额的日元。如果在这一个月内，美元升值，日元贬值，市场汇率为USD/JPY 110以上，该公司不执行期权，而将原拟卖出的美元直接在市场上按即期汇价卖出，并同时买进日元。如果在这一个月内，美元贬值，日元升值，市场汇率为USD/JPY 105，那么，B公司则可行使期权，银行按USD/JPY 108的汇率买进日元，卖出美元。

2）外汇期权合约的主要条款

期权合约是一种标准化合约。所谓标准化合约，即除了期权的价格是在市场上公开竞价形成的之外，合约的其他条款如合约到期日、交易品种、交易金额、交易时间、交易地点等要素都是事先规定好的，是标准化的。

外汇期权交易由美国费城证券交易所于1982年12月率先推出。目前，费城证券交易所仍然是外汇期权的主要交易场所，经常交易的有英镑、欧元、澳元、加元、日元和瑞士法郎6种外汇期权。下面以费城证券交易所的欧元期权合约为例解释外汇期权合约的具体内涵（各条款的释义与期货合约类似），如表7.8所示。

表7.8 欧元期权合约主要条款

合约标的	欧元
合约代码	XDE
合约规模	10 000 欧元
期权类型	欧式期权
交割月份	3月,6月,9月,12月,12月4个季月及最近2个非季月,共6个交易品种
期权价格报价单位	美分
期权价格最小变动价位	0.01美分或者每份合约100美元
执行价格间距	0.5美分
最后交易日	交割月份的第三个星期五
合约到期日	交割月份的第三个星期五后的星期六
持仓限制	20万份(同一部位)
交易时间	东部时间9:30—16:00
交割方式	现金交割

7.2.3 外汇期权交易的功能及案例

外汇期权主要有回避风险和投机两种功能。

1)买入看涨期权(主要适用于进口商或借款人)

例题:2021年某月某日,美国一交易者认为 AUD 兑 USD 的汇率将上升,他以1AUD 需要支付 USD 0.04 为期权费,买进一份3个月后到期的协议价格为 1AUD = USD 0.588 0 的 AUD 看涨期权(欧式)。合同金额为 62 500AUD,试问该交易者的盈亏状况如何?

答:①合同到期日,AUD 的市场汇率≤0.588 0,不会行使权利,损失为期权费。

②合同到期日,0.588 0<AUD 的市场汇率<0.628 0,会行使权利,但汇率上的收益抵不上支付的期权费,总体上仍受损,损失小于期权费,执行权力。

③合同到期日,AUD 的市场汇率=0.628 0,汇率上的收益=期权费,执行权力。

④合同到期日,AUD 的市场汇率>0.628 0,汇率上的收益>期权费,执行权力。

买入看涨期权损益情况如图7.2所示。

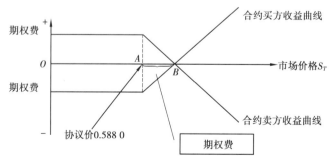

图7.2 买入看涨期权损益情况

通过期权交易,该美国交易者将最大损失锁定为期权费,当市场汇率上升时,进口商可获得执行期权的收益。

2)买入看跌期权(主要适用于出口商或贷款人)

2021年某月某日,一期权交易者认为GBP兑USD的汇率下跌,因此,买入一份2个月后到期的看跌期权(欧式),合同金额2.5万GBP,协定价格是GBP 1=USD 1.561 0,期权费GBP 1支付USD 0.002,交易者的盈亏状况如何?

答:①市场汇率>1.561 0,不会行使权利。

②合同到期日,市场汇率=1.559 0,汇率上的收益=期权费。

③合同到期日,1.559 0<市场汇率<1.561 0,会行使权利但汇率上的收益抵不上支付的期权费,总体上仍受损。

④市场汇率< 1.559 0,汇率上的收益>期权费。

买入看跌期权损益情况如图7.3所示。

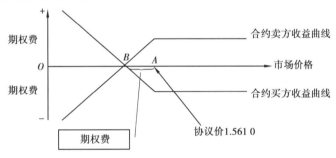

图 7.3　买入看跌期权损益情况

7.2.4　外汇期权和外汇期货的区别

1)不同点

①标的物不同。期货交易的标的物是代表具体形态的金融资产的合约,而期权交易的标的物只是一种选择权。

②买卖双方的权利和义务不同。期货交易的买卖双方的权利和义务是对等的,到期必须交割。而期权交易的买方具有履约的权利而无义务,期权的卖方有履约的义务而无权利,到期是否交割依买方意愿。

③交易场所不同。期货交易一般属于场内交易,而期权交易既可在场内交易,也可在场外交易,且大部分在场外交易。

④费用不同。若在场内交易,期货和期权都需要缴纳保证金;若在场外交易,期权不用缴纳保证金。无论场内还是场外,期权买方都要缴纳期权费,而期货不用。

⑤损益不同。期货交易买卖双方的损失和收益都可能是无限的,具体情况随市场行情变化而变化。而期权交易中,买方的收益无限而亏损有限,卖方的收益有限而亏损无限。因此,期货交易是一种"零和游戏",而期权交易是一种行"非零和游戏"。

2)相同点

①客体相同,都是以货币为标的物的交易。

②目的相同,都是为了回避风险或投机。

③原理相同,都是一种远期合约。

7.3 互换业务

互换业务是指参与互换交易的双方按照市场行情约定在一定时期内相互交换各自所需的货币或利率,以达到规避风险目的的金融交易行为。

互换业务是继金融期货后,又一个典型的金融市场创新业务,被金融界誉为"金融业务链条中的集成电路"。若能够充分理解其结构,并在实际交易中应用,就会开发出很多行之有效的交易技巧。互换业务不断为金融市场增添新的保值工具,也为金融市场的运作开辟了新的空间。

金融互换结合了外汇市场、货币市场和资本市场的避险操作,为规避中长期汇率和利率风险提供了有力的工具。因此,自1982年始创后得到迅速发展,目前许多大型跨国银行和投资银行都提供互换交易业务。其中,最大的互换交易市场是伦敦和纽约的国际金融市场。作为一项高效的风险管理手段,金融互换交易对象可以是资产,也可以是负债,可以是本金,也可以是利息。金融互换根据内容不同,可以简单地划分为货币互换和利率互换两大类。

7.3.1 货币互换

在货币互换交易中,通常是两个独立的借款人,借入不同种类的货币,双方同意在未来的时期内,按照约定的规则,相互负责归还对方到期的本金和利息。

货币互换的目的是降低融资成本,货币互换能够进行是由于比较优势的存在。下面通过具体的例子更好地理解货币互换。

例题:有两家信用级别分别为 AAA 级、BBB 级的 A 公司和 B 公司,现在外汇市场上澳元兑美元的汇率是1美元=0.9澳元。A 公司想借入9 000万澳元,B 公司想借入1亿美元,期限都是10年。表7.9是两家公司固定贷款利率。

表7.9 A 公司、B 公司固定贷款利率

项 目	美元利率	澳元利率
A 公司	5.0	7.6
B 公司	7.0	8.0

从表7.9可以看出,由于 A 公司信用等级比较高,它的美元和澳元的固定贷款利率均比 B 公司低。根据绝对优势理论,A 公司在美元和澳元上都占有绝对优势。但

从比较优势角度分析,A 公司在美元贷款利率上比 B 公司低2%,而在澳元上只低0.4%,A 公司在美元贷款上更具有比较优势。同理,B 公司在澳元贷款上具有比较优势。

因此,A 公司可以先从银行借入1亿美元(利率5%),然后将这1亿美元以高于5%的利率(如5.2%)贷给 B 公司,并交付本金。B 公司从银行借入9 000 万澳元(利率8.0%),然后将这9 000 万澳元以7%贷给 A 公司。

每年 A 公司按5.2%从 B 公司收取美元利息,然后按5%归还银行利息。同样,B 公司按7.0%从 A 公司收取澳元利息,然后再按8.0%向银行归还澳元利息。

A 公司实际的贷款利率为5% +7% −5.2% =6.8%

B 公司实际的贷款利率为8% +5.2% −7% =6.2%

通过货币互换,A 公司得到了想要的澳元贷款,且贷款利率比从银行贷款低0.8%;B 公司也得到了想要的美元贷款,且比从银行贷款低0.8%,双方都降低了融资成本。

7.3.2 利率互换

在利率互换交易中,通常是两个单独的借款人,从不同的金融机构取得贷款,贷款的币种、本金数量、贷款期限相同,双方同意相互为对方支付贷款利息。

利率互换的目的是降低融资成本。利率互换能够存在是由于比较优势的存在。下面通过具体的例子更好地理解利率互换。

例题:有两家信用级别分别为 AAA 级、BBB 级的 A 公司和 B 公司,都想借入1亿欧元,期限都是5年。其中,A 公司想借浮动利率的贷款,B 公司想借固定利率的贷款。由于两家公司的信用等级不同,在固定、浮动利率市场上的贷款利率水平也不同(表7.10)。

表7.10 A 公司、B 公司借款的利率水平

项　　目	美元利率	澳元利率
A 公司	10.0	LIBOR+0.3
B 公司	11.2	LIBOR+1.0

从表7.10 中可以看出,由于 A 公司的信用级别比较高,无论是固定利率还是浮动利率,均具有绝对优势。但从比较优势的角度看,A 公司在固定利率上比 B 公司低1.2%,而在浮动利率上低0.7%。因此,A 公司在固定利率上有比较优势。同理,B 公司在浮动利率上有比较优势。

A 公司以固定利率向银行借入1亿欧元(利率10%),然后将这1亿欧元以9.95%的固定利率贷给 B 公司。B 公司先向银行按 LIBOR+1%的浮动利率借入1亿欧元,然后将这1亿欧元按 LIBOR+0%的浮动利率贷款 A 公司。因为两者都是1亿欧元,没有本金的交换,只有利息的交换。

A 公司实际的贷款利率为:LIBOR+0% +10% −9.95% =LIBOR+0.05%

B 公司实际的贷款利率为:LIBOR+1% +9.95% -LIBOR-0% = 10.95%

通过利率互换,A 公司得到了想要的浮动利率,且利率降低了 0.25% ;B 公司也得到想要的固定利率,且利率降低了 0.25%。双方均降低了融资成本。

7.3.3　互换交易的特点

1)互换交易的市场

互换交易是在互换市场上进行的。

2)互换交易的期限结构

互换交易的货币交换,一般是在远期外汇市场不能提供中长期合约时才使用。利率互换也是在期货、期权市场不能提供较为灵活的条件时才使用,故互换交易主要是对中长期货币或利率的互换。

3)互换交易的性质

互换交易中的货币互换交易,在期初或到期日均交换本金,在过渡阶段没有利息的互换。利率互换交易则在期初或者到期日均无实际的本金交换,但要在预先规定的名义本金基础上交易不同的利息。

4)互换交易的作用

互换交易在国际金融市场上是降低长期资金筹措成本和资产、负债管理中防范汇率与利率风险的最有效的金融工具之一。它集外汇市场、证券市场、短期货币市场和长期资本市场于一身,既是融资工具的创新,又是金融风险管理的新手段。

本章主要内容概要

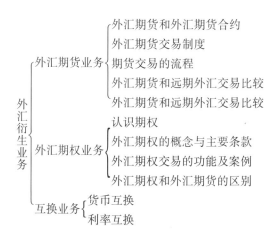

技能训练

1. 某瑞士出口商要在 3 月份投标，保证提供 10 辆电动车，价值为 50 万美元，但投标的决定必须在 3 个月后即 6 月中旬才能做出。为了避免一旦中标后所获美元贬值的风险（当时的汇率为 USD 1 = CHF 1.522 0），该出口商买入 10 笔美元看跌期权（每张金额为 50 000 美元），到期日为 6 月份，履约价格为：USD 1 = CHF 1.500 0，每一期权费为 0.015 0 CHF。假设到 6 月中旬，出现下列情况：

（1）该出口商中标，而市场行情为 USD 1 = CHF 1.430 0。

（2）该出口商没有中标，市场行情为 USD 1 = CHF 1.530 0。

在上述情况下，该出口商是否应该执行期权？其损益如何？

2. 假定某家美国公司 1 个月以后有一笔外汇收入 500 000 英镑，GBP/USD 即期汇率为 1.320 0 美元。为避免 1 个月后英镑贬值的风险，决定卖出 8 份 1 个月后到期的英镑期货合约（8×62 500 英镑），成交价为 1 英镑 = 1.322 0 美元。1 个月后英镑果然贬值，即期汇率为 1 英镑 = 1.280 0 美元，相应地英镑期货合约的价格下降到 1 英镑 = 1.282 0 美元。如果不考虑佣金、保证金及利息，试计算其净盈亏。

3. 美国的 A 公司在德国开展业务，需要筹措一笔欧元资金。德国的 B 公司在美国也开展业务，需要美元资金。作为外国公司，它们很难以优惠的利率筹措到低成本的资金，但作为本国公司，它们在各自国内往往能获得较优惠的利率。具体见表 7.11。

表7.11　A 公司、B 公司发行债券利率表

公　　司	在美国发行美元债券	在德国发行欧元债券
A 公司	6.0	4.8
B 公司	6.4	4.6

请问：

（1）A 公司、B 公司分别在哪种货币债券市场上占有绝对优势、比较优势？

（2）请设计一个交换条件，使双方能够通过货币互换降低融资成本。

4. 某银行交易员认为近期美元兑瑞士法郎（USD/CHF）汇率将上升，于是卖出一项期权：美元卖权，瑞士法郎买权（USD PUT CHF CALL），金额 1 000 万美元，协议价格 1.400 0，有效期限 1 个月，期权费为 1.5%。

请回答：

（1）该项期权费的金额是多少英镑？

（2）如何计算该项期权卖方卖权的盈亏平衡点？

（3）该项期权卖方卖权期权的最大亏损是多少？

（4）该项期权卖方卖权期权的最大收益是多少？

（5）当市场汇率高于执行价格 1.400 0 时，交易对手是否要求执行该项期权？此时，交易员盈亏情况如何？

（6）当市场汇率为多少时,交易对手将会执行该项期权? 此时,交易员盈亏情况如何?

（7）只有到期日市场汇率为多少时,该卖方卖权的策略就能获益?

5. A 和 B 两公司在市场上筹集资金,A 计划筹集一笔浮动利率的美元资金,B 计划筹集一笔固定利率的美元资金。A 公司筹集资金的固定利率为 7%,浮动利率为 LIBOR,B 公司筹集资金的固定利率为 8%,浮动利率为 LIBOR+0.5%,两家公司分别用什么方式筹集资金更合理?

6. 2020 年 3 月 26 日,美国某出口商预计 3 个月后收入 6.25 万英镑(即 1 份合约量),为了防止将来英镑下跌造成损失,出口商进行卖出套期保值交易以防范风险。请完成表 7.12 空白部分填写并说明其操作方法。

表 7.12

外汇现汇市场	外汇期货市场
3 月 26 日,GBP/USD＝1.414 0	3 月 26 日,GBP/USD＝1.420 0
预计收入＿＿＿＿＿＿	卖出/买入＿＿＿＿＿＿
6 月 26 日,GBP/USD＝1.390 0	6 月 26 日,GBP/USD＝1.390 0
卖出 62.5 万英镑,实际获得美元＿＿＿＿	卖出/买入＿＿＿＿＿＿
亏损/盈利＿＿＿＿＿＿	亏损/盈利＿＿＿＿＿＿
净盈利/净亏损＿＿＿＿＿＿＿＿＿＿＿＿＿＿	

案例分析

案例分析 1

案情 1:一家中国企业于 2021 年 7 月 1 日出口 100 万美元的商品,结算日为 9 月 30 日,假设 7 月 1 日即期汇率为 1 美元＝6.7 元人民币,收入 100 万美元,可兑换 670 万元人民币。9 月 30 日,即期汇率跌为 1 美元＝6.6 元人民币,收入 100 万美元,只兑换到 660 万元人民币,少收入人民币 10 万元。

案情 2:总经理与财务主管的对话。

某美国企业在 3 月 1 日得知将在 7 月底收到 10 亿日元。9 月份日元期货的现价为 1 日元＝0.850 0 美分。该公司财务主管在 3 月 1 日卖空 80 份 9 月份的日元期货,并准备在 7 月底收到日元时,将期货合约平仓。当 7 月底收到日元时,即期价格为 0.875 0,期货价格为 0.880 0。财务主管将期货平仓,期货损失＝100 000×(0.880 0－0.850 0)＝3 000 万日元,折算为美元＝3 000×0.875 0/100＝26.25 万美元。

总经理:我们 3 个月内在期货市场上损失了 26 万美元,我需要您的解释。

财务主管:购买期货是为了对冲暴露的日元面临的风险,而不是为了获利。不要忘了我们的日元在现货市场上也获得了更好的价格。

总经理:那有什么关系? 这好像是说我们在纽约的销售量上升了就可以不用担心加利福尼亚的销售量下降。

财务主管:如果日元贬值了……

总经理:我不关心日元贬值会出现什么情况,事实是日元升值了。我不得不向公司股东说明由于你的错误行为使公司损失了近 30 万美元,这恐怕会影响你今年的奖金了。

财务主管:这不公平,这全在于你怎么看待它……

从以上两个例子我们可以看出,汇率风险对企业经营业绩的影响还是比较明显的。从案情 2 看,即使在经济高度发达的美国,当财务人员运用套期保值手段对冲外汇风险时,有时仍不能得到高层管理人员的理解。

案例讨论:

(1)案例中所涉及的汇率风险是指什么? 它是如何产生的?

(2)企业在何种情况下会面临该风险? 具体影响如何?

(3)对中国企业来讲,应该如何规避此类风险?

案例分析 2

某企业从 A 银行贷款一笔日元,金额为 10 亿日元,期限 5 年,利率为固定利率 6.25%。付息日为每年 6 月 30 日和 12 月 31 日。2020 年 12 月 20 日提款,2025 年 12 月 20 日到期一次性归还本金。企业提款后,将日元换成美元,用于采购生产设备,产品出口后获得美元收入。

一、风险提示

从以上情况来看,企业这笔日元贷款存在汇率风险。企业借的是日元,用的是美元,收到的货款也是美元。而在偿付利息和到期一次性归还本金时,企业都需要将美元换成日元。如果日元升值、美元贬值,那么企业需要用更多的美元来换成日元还款,直接增加了企业的财务成本。

二、解决方案

企业采取以下货币互换的方式,就可以有效锁定汇率风险。

1. 在提款日(2020 年 12 月 20 日)企业与 B 银行互换本金。企业从 A 银行提取贷款本金,同时支付给 B 银行,B 银行按约定的汇率支付相应的美元。

2. 在付息日(每年 6 月 30 日和 12 月 31 日)企业与 B 银行互换利息。B 银行按日元利率水平向企业支付日元利息,公司将日元利息支付给 A 银行,同时按约定的美元利率水平向 B 银行支付美元利息。

3. 在到期日(2025 年 12 月 20 日)企业与 B 银行再次互换本金。B 银行向企业支付日元本金,企业将日元本金归还给 A 银行,同时按约定的汇率水平向 B 银行支付相应的美元。

从以上资料可以看出,由于在期初与期末,企业与 B 银行均按约定的同一汇率互换本金,且在贷款期内企业只支付美元利息,而收入的日元利息正好用于归还日元贷款利息,从而使企业避免了汇率波动的风险。

案例分析 3

2021 年 1 月 15 日,A 公司以 1 亿欧元的价格向 B 公司出售设备。为了促成交易,A 公司同意借给 B 公司 8 000 万欧元,5 年后收回本金,B 公司按季支付利息。与此同时,由于业务发展,A 公司在 C 银行有一笔 6 000 万英镑的贷款,需要按季向 C 银行支付利息。

一、风险提示

在这一过程中,A 公司面临较大的货币风险。A 公司担心在此后的 5 年中,由于每次必须将从 B 公司收到的欧元利息换成英镑支付给 C 银行,汇率必定波动,因此,公司永远不能确定每次其收到的欧元利息能换得多少英镑。如果欧元贬值,那么 A 公司将蒙受巨大的损失。

二、解决方案

A 公司与 C 银行协商后,决定使用货币互换合约对自己的货币敞口进行套期保值。

1. A 公司与 C 银行同意在 2026 年 1 月 15 日,用 8 000 万欧元交换 6 000 万英镑。A 公司支付欧元,收到英镑。固定汇率为 0.75 英镑/欧元,这一数值是根据银行的买价按照舍入原则得到的最接近的"大数"。

2. A 公司每季度向 C 银行支付本金为 8 000 万欧元的利息,固定年利率是 4.36%,以欧元标价。

3. C 银行每季度向 A 公司支付本金为 6 000 万英镑的利息,固定年利率是 5.78%,以英镑标价。

货币互换合约为 A 公司的货币风险提供了一个完美的对冲。A 公司不必将从 B 公司得到的欧元换成英镑,不用担心欧元贬值带来损失。B 公司定期向 A 公司支付利息,A 公司可以将这部分利息直接付给 C 银行。另外,C 银行向 A 公司支付本金为 6 000 万英镑的利息,这正是 B 公司所获得的贷款现值。事实上,这相当于 C 银行直接收受了 B 公司支付的利息。

(资料来源:外汇网)

实训项目

1. 实训目的
学会运用外汇期权理财产品进行投资。

2. 实训方式
实际调查。

3. 项目内容
比较国内各家银行的外汇期权理财产品。

4. 调研部门
国有商业银行:中国银行、中国工商银行、中国建设银行、中国农业银行。

股份制银行：招商银行、交通银行、中信银行、光大银行、广发银行、浦发银行、民生银行。

5. 调研渠道

网上、电话和实地调查。

6. 实训指导

第一步：调研。每组一题，每组中的每个成员按题目要求分别调研 3 家银行。

第二步：以组为单位整理、汇总和分析，写出调研报告。

第三步：以调研报告为题在课堂进行交流。采取模拟方式，发言者以银行理财室的客户经理身份介绍外汇期权理财产品，其他同学作为客户，向"客户经理"咨询。

视野拓展

视野拓展 1

1995 年 2 月 27 日，英国巴林银行宣布破产。人们无法想象，这样一个历史悠久、声名显赫的银行，却因一个年轻的交易员期货投机失败毁于一旦，酿成国际金融市场上衍生金融工具交易失败又一发人深省的事件——"巴林银行事件"。推荐观看中央电视台纪录片《资本的故事》之《惊天赌局》。

视野拓展 2

如果在全球外汇市场有什么人非提不可的话，那一定是索罗斯，他是世界上最知名、最具影响力、最具争议性和最高深莫测的基金管理人。他非常擅长外汇市场投机，他靠狙击英镑一战成名，又因挑起亚洲金融危机而引来无数骂名，而他的存在，也促使金融市场不断完善。推荐观看中央电视台纪录片《资本的故事》之《资本之鳄》。

第 8 章
汇率的预测与风险管理

【学习目标】

1. 通过本章的学习，懂得国际收支、利率、通货膨胀和财政政策，以及货币政策是如何影响汇率的。

2. 能够简单解释美国公布的重要经济指标。

3. 能够根据影响汇率的基本因素对汇率走势进行大致的预测。

4. 能够正确理解外汇风险的含义。

5. 能够识别外汇风险。

6. 能够正确运用防范外汇风险的方法。

【引　例】

人民币狂升！几家欢喜几家愁

2021年4月底，A股4 290家上市公司披露了2020年年报。有超过2 600家上市公司存在汇兑损失，其中，汇兑损失超过10亿元的就有3家，分别是中国电建、中国交建、安道麦。但外币负债占比较高的航空公司，在人民币升值的情况下，可谓一片欢喜。国内三大航空公司2020年年报显示，财报期间合计实现汇兑收益95.83亿元。其中，中国国航全年实现汇兑收益36.04亿元，南方航空34.85亿元，东方航空24.94亿元。

2020年5月底，在岸人民币兑美元一度贬至7.176 5，之后随着我国新冠肺炎疫情得到控制，复工复产走在全球前列，出口强劲增长，在全球经济低迷情况下"一枝独秀"。而同时，国外疫情泛滥,欧美货币大放水,因此人民币对美元汇率开始急速升值,至 2020 年末升值至 6.514 8。人民币升值导致部分出口企业利润受到一定侵蚀,很多出口型上市公司出现"增量不增利"的现象。

在当前汇率弹性增强的背景下,企业必须对汇率风险敞口管理加以重视,对企业来说,汇率风控是大势所趋。企业应采取汇率避险一贯制,不能因为汇率短期的升值或贬值而改变套期保值策略,这样才能确保利润水平平衡。

(资料来源:东方财富网,2021-05-06)

8.1　汇率走势的分析

8.1.1　影响汇率变化的因素分析

一国汇率的变动要受到许多因素的影响,既有经济因素,也有非经济因素。各个因素之间相互联系、相互制约,甚至相互抵消。

1)国际收支差额

一国国际收支差额既受汇率变化的影响,又会影响外汇供求关系和汇率变化,其中,贸易收支差额又是影响汇率变化最重要的因素。当一国有较大的国际收支逆差或贸易逆差时,说明本国外汇收入比外汇支出少,对外汇的需求大于外汇的供给,外汇汇率上涨,本币对外贬值。反之,当一国处于国际收支顺差或贸易顺差时,说明本国出口等外汇收入增加,进口等外汇支付较少,外汇供给大于支出。同时,外国对本国货币需求增加,会造成本币对外升值,外汇汇率下跌。

2)利率水平

利率也是货币资产的一种"特殊价格",它是借贷资本的成本和利润。在开放经济和市场经济条件下,利率水平变化与汇率变化息息相关,主要表现在当一国提高利率水平或本币利率高于外国利率时,会引起资本注入该国,由此对本国货币需求增大,使本币升值,外汇贬值。反之,当一国降低利率水平或本币利率低于外国利率时,会引起资本从本国流出,由此对外汇需求增大,使外汇升值,本币贬值。

一国提高利率水平多数情况下是为了紧缩国内银根,控制投资的扩大和经济过热,它对外汇市场的作用就是使本币在短期内升值。而一国降低利率水平则主要是为了放松银根,刺激投资的增加和经济增长,它对外汇市场的作用就是使本币在短期内贬值。

利率对于汇率的另一个重要作用是导致远期汇率的变化,外汇市场远期汇率升水、贴水的主要原因在于货币之间的利率差异。远期差价是由两国利率差异决定的,并且高利率国货币在远期市场上贴水,低利率国货币在远期市场上升水。

3)通货膨胀因素

纸币制度下,货币所代表的实际价值(可以用货币购买力来体现)是汇率决定的基础。纸币制度的特点决定了货币的实际价值是不稳定的,通货膨胀以及由此造成的纸币实际价值与其名义价值的偏离几乎在任何国家都是不可避免的,而这就必然引起汇率水平的变化。具体来说,一国通货膨胀率提高,货币购买力下降,纸币对内贬值,其对外汇率下跌。进一步说,汇率是两国货币的比价,其变化受制于两国通货膨胀程度的比较。如果两国都发生通货膨胀,则高通货膨胀国家的货币会对低通货膨胀国家的货币贬值,而后者则对前者相对升值。

4)财政、货币政策

一国政府的财政、货币政策对汇率变化的影响虽然是较间接的,但也是非常重要的。一般而言,扩张性财政、货币政策造成的巨额财政收支逆差和通货膨胀,会使本国货币对外贬值;紧缩性财政、货币政策会减少财政支出,稳定通货,从而使本国货币对外升值。但这种影响具有短期性,财政、货币政策对汇率的长期影响则要视这些政策对经济实力和长期国际收支状况的影响如何,如果扩张政策能最终增强本币经济实力,促使国际收支顺差,那么本币对外价值的长期走势必然会提高,即本币升值。如果紧缩政策导致本国经济停滞不前,国际收支逆差扩大,那么本币对外价值必然逐渐削弱,即本币贬值。

5)投机资本

随着浮动汇率制度的产生以及西方各国对外汇管制和国际资本流动管制的放松,外汇市场各种投机活动已十分普遍。因此,投机资本对市场供求关系和外汇行市的影响也就不容忽略,但是,投机资本对汇率的作用是复杂多样的和捉摸不定的。有时,投机风潮会使外汇汇率跌宕起伏,失去稳定;有时投机交易则会抑制外汇行市的剧烈波动。例如,当国际金融市场上出现利率、汇率等价格的地区差或时间差,或者利率预期、汇率预期等发生变化时,必然吸引大批国际游资涌入外汇市场,这时会增大外汇交易规模,加剧汇率波动。而当外汇市场汇率高涨或暴跌时,投机性的卖空、买空交易会抑制涨跌势头,起到平抑行市的作用。

知识链接 8.1

国际游资

国际游资,也叫国际热钱(Hot Money),是指在国际间频繁流动,以追逐短期汇率、利率、股票市场与其他金融市场价格波动的短期资本,是国际短期资本中最活跃的部分。国际游资从不隶属任何一个产业,也不参加任何一个国家的国民经济动作,它没有国界,是属于无数个集团和个人所拥有的巨额闲散资金,专以嗜利为生。它靠的是信息的极端灵敏、准确,判断、计算的极端精微,动作的极端周到,每一步都要求到位不差丝毫。它从不依靠他人,更不依靠中介机构运作,也不通过金融外汇期货市场上进行即期和远期交易,而是利用每个国家或地区的利率和汇率的"双高"条件,一般在 1 个月左右极短的时间内飞速地在汇市以"往复式"动作,反复利用各国或各地区的利率、汇率兑换本币和外汇,获取暴利而不留蛛丝马迹。国际游资典型的组织形式是对冲基金,世界最有名的是索罗斯的量子基金和 Julian Robertson 管理的老虎基金。

6)政府的市场干预

尽管第二次世界大战后西方各国政府纷纷放松了对本国的外汇管制,但政府的市场干预仍是影响市场供求关系和汇率水平的重要因素。通过公开市场业务,即当外汇市场汇率波动对一国经济、贸易产生不良影响或政府需要通过汇率调节来达到一定政策目标时,货币当局便可以参与外汇买卖,以改变外汇供求关系,促使汇率发生变化。

为进行外汇市场干预,一国需要有充足的外汇储备,建立专门的基金——外汇平准基金,随时用于外汇市场的干预。政府干预汇率往往是在特殊情况下(如市场汇率剧烈波动、本币大幅度升值和贬值等),或者为了特定的目标(如促进出口、改善贸易状况等)而进行的,它对汇率变化的作用一般是短期的。

7)一国经济实力

一国经济实力的强弱是奠定其货币汇率高低的基础,而经济实力强弱通过许多指标表现出来。稳定的经济增长率、低通货膨胀水平、平衡的国际收支状况、充足的外汇储备以及合理的经济结构、贸易结构等都标志着一国较强的经济实力,这不仅形成了本币币值稳定和坚挺的物质基础,也会使外汇市场上人们对该货币的信心增强。反之,经济增长缓慢甚至衰退、高通货膨胀率、国际收支巨额逆差、外汇储备短缺以及经济结构、贸易结构失衡,则标志着一国经济实力差,从而本币失去稳定的物质基础,人们对其信心下降,对外不断贬值。与其他因素相比较,一国经济实力强弱对汇率变化的影响是较长期的。

8)其他因素

在现代外汇市场上,汇率变化常常是十分敏感的,一些非经济因素、非市场因素的变化往往也会波及外汇市场。一国政局不稳定、有关国家领导人的更替、战争爆发等,都会导致汇率的暂时性或长期性变动。其原因是:无论是政治因素、战争因素或其他因素,一旦发生变化,都会不同程度地影响有关国家的经济政策、经济秩序,从而造成外汇市场上人们的心理恐慌,人们或者寻求资金安全、保值,或者乘机进行投机、获利,都会进行迅速的外汇交易,引起市场行情的波动。

此外,诸如黄金市场、股票市场、石油市场等其他投资品市场价格发生变化也会导致外汇市场波动。这是由于国际金融市场的一体化,资金在国际的自由流动,使各个市场间的联系十分密切,价格的相互传递成为可能和必然。

上述各因素的关系,错综复杂。有时各种因素汇合在一起同时发生作用;有时个别因素起作用;有时各因素的作用相互抵消;有时某一因素的主要作用,突然被另一因素所代替。一般而言,在较长时间内(如 1 年)国际收支是决定汇率基本走势的重要因素;通货膨胀、汇率政策只起从属作用——助长或削弱国际收支所起的作用;投机活动不仅是上述各项因素的综合反映,而且在国际收支状况决定的汇率走势的基础上起推波助澜的作用,加剧汇率的波动幅度。从最近几年看,在一定条件下,利率水平对一国汇率涨落也起了重要作用。

8.1.2 影响汇率的经济指标解读

经济指标是反映经济活动结果的一系列数据和比例关系。一些国家政府、国际组织及民间研究机构常常定期发布一些重要经济数据的预测,以此反映和推测一国经济实力的强度和发展前景。由于这些经济数据是上述因素对汇率影响的综合反映,已成为人们分析汇率走势的重要指标。

对外汇市场影响最大的首先是美国每月(或每季度)公布的经济统计数据,其次是欧元区国家(主要为德国和法国)、日本、英国的统计数据,再往后是澳大利亚、加拿大、瑞士等国的统计数据。之所以美国的经济数据影响最大,主要是因为美元是国际外汇交易市场中最重要的货币,同时,美元在国际贸易的结算方式中占有50%以上的比例。各国投资者都非常关注美国的经济数字,以把握投资的时机。一些重要的美国经济数字常常在北京时间20:30公布,因此,对亚洲地区的外汇交易员而言,常会因为等数字公布而工作到深夜,即常说的"等数字"现象。下面我们以美国为例,解读其定期发布的经济指标,仅就常用的、主要的指标作简要介绍。美国经济指标见表8.1。

表 8.1 美国经济指标

经济指标名称	近期数据	前次数据	公布时间	预测值	下次公布时间	重要等级
领先指数/%	6月+0.3	5月+0.5	07-18	+0.5	2014-08-21	★★★★
新屋开工/千	6月893	5月1001	07-17	1018	2014-08-19	★★★
失业人数/万	30.2	30.4	07-17	31.0	2014-07-24	★
建屋许可/千	6月963	5月991	07-17	1020	2014-08-19	★
工业生产/%	6月+0.2	5月+0.6	07-16	+0.4	2014-08-15	★★★
产能利用率	5月79.3%	4月79.1%	07-16	79.1%	2014-08-15	★★★
PPI/%	6月+1.9	5月+2.0	07-16	+1.7	2014-08-15	★★★★
净资本流入/b $	5月+19.4	4月-41.2	07-16	N/A	2014-08-15	★★★★★
进口物价/%	6月+0.1	5月+0.4	07-15	+0.3	2014-08-14	★
商业存货/%	5月+0.5	4月+0.6	07-15	+0.6	2014-08-13	★★★
零售销售/%	6月+0.2	5月+0.3	07-15	+0.6	2014-08-13	★★★★★
出口物价/%	6月-0.4	5月+0.1	07-15	+0.2	2014-08-14	★
批发存货/%	5月+0.5	4月+1.1	07-10	+0.7	2014-08-08	★★

经济指标名称	近期数据	前次数据	公布时间	预测值	下次公布时间	重要等级
消费信贷/b $	5月+1.96	4月+26.85	07-09	+20.0	2014-08-08	★★
失业率/%	6月6.1	5月6.3	07-03	6.3	2014-08-01	★★★
国际贸易/b $	5月-44.4	4月-47.2	07-03	-45.2	2014-08-06	★★★★★
非农就业人数/千	6月21.8	5月21.7	07-03	21.5	2014-08-01	★★★★★
工厂订单/%	5月-0.5	4月+0.7	07-02	-0.3	2014-08-05	★★★★
耐用品销售/%	5月-0.9	4月+0.6	07-02	-1.0	2014-08-05	★★★
营建开支/%	5月+0.1	4月+0.2	07-01	+0.5	2014-08-01	★★
ISM	6月55.3	5月55.4	07-01	55.8	2014-08-01	★★★
个人支出/%	5月+0.2	4月-0.1	06-26	+0.4	2014-08-01	★
GDP/%	第一季(F)-2.9	第一季(R)-1.0	06-25	-1.7	2014-07-30	★★★★★
新屋销售/千	4月504	3月433	06-24	440.0	2014-07-24	★★
消费者信心	6月85.1	5月83.0	06-24	N/A	2014-07-29	★★★
成屋销售/%	5月+4.9	4月+1.3	06-23	N/A	2014-07-22	★
CPI/%	5月+2.1	4月+2.0	06-17	+1.9	2014-07-22	★★★★
实际收入/%	5月-0.1	4月-0.3	06-17	N/A	2014-07-22	★
劳动力成本/%	第一季(F)+5.7	第一季(P)+4.2	06-04	+5.0	2014-08-08	★★★★★
非农生产/%	第一季(F)-3.2	第一季(P)-1.7	06-04	-2.7	2014-08-08	★★★★★
个人收入/%	4月+0.4	3月+0.5	05-30	+0.4	2014-08-01	★
就业成本/%	第一季+0.3	第四季+0.5	04-30	+0.5	2014-07-31	★★★★

(资料来源:FX168财经网,2014-07-20)

1)美国经济指标概述

美国政府公布的经济数据可以分为3类:先行指标、同步指标和滞后指标。先行指标是由12个一系列的相关经济指标群构成,用来测试美国经济总体运行的综合性指标,是一项重要的预测与规划工具。但由于先行指数的构成中有些只是统计局的估计,因此先行指标所表明的只是经济发展的一种可能性,它与现实经济也并非完全吻合。同步指标和滞后指标可以显示经济发展的总趋势,并用于肯定或者否定先行指标所预示的经济发展趋势,而且通过它们可以看出经济变化的深度。

2）解读常用的美国经济指标

（1）国内生产总值（GDP）

国内生产总值指某一国在一定时期其境内生产的全部最终产品和服务的总值。反映一个国家总体经济形势的好坏，与经济增长密切相关，被大多数西方经济学家视为"最富有综合性的经济动态指标"，主要由消费、私人投资、政府支出、净出口额4部分组成。数据稳定增长，表明经济蓬勃发展，国民收入增加；反之，则利淡。一般情况下，如果GDP连续两个季度下降，则被视为衰退，它是外汇市场最关注的指标。

在美国，国内生产总值由商务部负责分析统计，惯例是每季估计及统计一次。每次在发表初步预估数据后，还会有两次的修订公布，主要发表时间在每个月的第三个星期。国内生产总值通常用来跟去年同期作比较，如有增加，就代表经济较快，有利于其货币升值；如减少，则表示经济放缓，其货币便有贬值的压力。以美国来说，国内生产总值能有3%的增长，便是理想水平，表明经济发展是健康的，高于这个水平表示有通货压力；低于1.5%的增长，就显示经济放缓和有步入衰退的迹象。

（2）工业生产指数

工业生产指数是衡量制造业、矿业与公共事业实质产出重要的经济指标，工业生产指数是反映一个国家经济周期变化的主要标志。

工业生产指数由美国联邦储备银行搜集资料，其引用数据不是确实生产数据，绝大部分是估计数据（因资料搜集不易）。样本为250家个别企业，代表27种不同的工业，以1987年为基期。内容有3种不同类别。

① 所有工业。

② 市场分类：包括最终产品、中产品和原料市场。

③ 工业类别：包括制造业（耐用品与非耐用品）、矿业及公用事业。

工业生产指数是反映经济周期变化的重要标志，可以以工业生产指数上升或者下降的幅度来衡量经济复苏或者经济衰退的强度。工业生产指数稳步攀升表明经济处于上升期，对于生产资料的需求也会相应增加，利率可能会调高，有利于美元升值；反之，利空美元。

美国于每月15号公布上个月的工业生产指数的统计结果。

（3）就业报告

就业报告包括"失业率"及"非农业就业人口"。就业报告通常被誉为外汇市场能够作出反应的所有经济指标中的"皇冠上的宝石"，它是市场最为敏感的月度经济指标，投资者通常能从中看到众多市场敏感的信息，外汇市场特别重视的是随季节性调整的每月就业人数的变化情况。就业报告也是反映经济周期变化的指标，在经济衰退的情况下，失业率上升，非农就业人口下降；而在经济复苏的情况下，失业率下降，非农就业人口增加。

由于公布时间是月初，一般用来当作当月经济指针的基调，其中非农业就业人口是推估工业生产与个人所得的重要数据。失业率降低或非农业就业人口增加，表示景气转好，利率调升，有利于美元升值；反之，则不利。美国于每个月第一个星期五公布前一个月的统计结果。

（4）生产者物价指数（PPI）

生产者物价指数（PPI）主要在衡量各种商品在不同生产阶段的价格变化情形，显示的是商品生产成本的变化。在美国，美国生产者物价指数的资料搜集由美国劳工局负责，他们以问卷的方式向各大生产厂商搜集资料。根据价格传导规律，PPI 对 CPI 有一定的影响，PPI 反映生产环节价格水平，CPI 反映消费环节的价格水平；整体价格水平的波动一般首先出现在生产领域，然后通过产业链向下游产业扩散，最后波及消费品；PPI 通常作为观察通货膨胀水平的重要指标，其对美元汇率的影响比较复杂。如果通货膨胀数据较高，并判断美联储将会提高利率时，美元汇价就会上升。但当通货膨胀较严重，经济非常疲弱，出现滞胀局面时，美联储又不能采取紧缩的货币政策时，通货膨胀又会引起美元汇率下跌。美国通常每月 15 号公布上个月的工业生产指数的统计结果。

（5）消费者物价指数（CPI）

CPI 是以与居民生活有关的产品及劳务价格统计出来的物价变动指针，是讨论通胀时最主要的数据。数据上升，则通胀可能上升，联储趋于调高利率，美元升值；反之，则可能调低利率，美元汇率下跌。该数据由美国劳工局编制，每月第三个星期某日 23:00 公布。

（6）零售销售指数

凡以现金或信用卡方式付账的商品交易均是零售业的业务范围，但服务业并不包括在内。该指标主要反映当前社会消费状况，与 PPI 和 CPI 相比较，该指数反映了较长时间内更为广泛的通货膨胀情况。一国零售销售的提升，代表该国消费支出的增加，经济情况好转，利率可能会被调高，对该国货币有利；反之，如果零售销售下降，则代表景气趋缓或不佳，利率可能调降，对该国货币偏向利空。在美国，通常在每月 11—14 日公布前一个月的零售销售数据。

（7）消费者信心指数

消费者支出占美国经济的 2/3，对于美国经济有着重要的影响。为此，分析师追踪消费者信心指数，以寻求预示将来的消费者支出情况的线索。消费者信心指数稳步上扬，表明消费者对未来收入预期看好，消费支出有扩大的迹象，从而有利于经济走好，所以该指数也为汇率变化提供了一个风向标。

反映消费者信心指数的有两个数据：一个是密歇根大学公布的消费者信心指数，这项消费者信心的调查是根据对全国大约 500 名美国人的电话采访进行的，调查内容包括个人财务、企业状况和购买状况；另一个是美国经济咨商会公布的消费者信心指数，这项调查是由民营研究机构受经济咨商会委托所进行的，以美国 5 000 个家庭为调查对象。

密歇根大学每月公布两次消费者信心指数，一次是在月初，一次是在月末。

（8）个人所得与个人消费支出

个人所得代表个人从各种所得来源获得的收入总和。个人所得是个人可支配收入，个人所得提高，代表经济好转，个人消费支出可能会增加。如果个人所得与消费支出大于预估值，市场可能会预期美国联邦准备局将提高利率，对美元偏向利多。该指标的公布日期是每月的22—31日。

（9）耐用品销售（订单）

所谓耐用品是指不易耗损的财物，如汽车、飞机等重工业产品和制造业资本，其他如电器用品等也是。耐用品订单代表未来一个月内制造商生产情形的好坏，数据与经济状况呈正相关，但需要注意其国防订单所占的比例。耐用品订单由美国商务部统计，一般在每月的22日至25日21:30或23:00公布。

由于该统计数据包括了国防部门用品及运输部门用品，这些用品均为高价产品，这两个部门数据变化对整体数据有很大的影响，故市场也比较注重扣除国防部门用品及运输部门用品后数据的变化情况。总体而言，若该数据增长，则表示制造业情况有所改善，对该国货币利好。反之若降低，则表示制造业出现萎缩，对该国货币利空。

8.1.3　汇率对经济的影响

汇率水平因受到诸多因素的影响而变动，反过来，汇率的变化又对各经济因素具有不同程度、不同形式的作用或影响，尤其在浮动汇率制度下汇率变化频繁，对各国经济产生的影响日益深刻。

1）汇率变动对对外贸易的影响

汇率稳定，波动幅度不大，有利于进出口贸易的成本匡计和利润核算。汇率不稳，波动频繁，并且波动较大，一般会增加对外贸易的风险，影响对外贸易的开展。如果本币贬值，而本国国内物价未变或变动不大，则以外币表示的本国商品价格就会下降，外商就有可能增加对该国商品的需求，从而可以扩大该国商品的出口规模。与此同时，因本币贬值，以本币所表示的进口商品的价格则会提高，影响进口商品在本国的销售，起着抑制进口的作用。在2003—2004年，美国布什政府未真正对美元对外汇率不断下跌趋势进行干预，目的就是刺激出口、抑制进口，减缓贸易逆差，以期在大选前鼓励企业雇用更多劳动力，降低失业率，增加其获胜砝码。

2）汇率变动对国内经济的影响

汇率变动对国内经济的直接影响集中表现在对物价的影响上。物价的上涨或下跌，会进一步加剧和减缓本国的通货膨胀，从而对国民经济各部门发生作用。

①对于食品、原材料等需求弹性小的商品主要依靠进口的国家，如英国、日本，其本币汇率的变动会立即对消费品及原材料的国内价格产生影响；对进口依赖的程度越深，影响就越大。汇率变动后，还会对以进口原料加工出口的商品，或与进口商品相类似的国内商品的价格发生影响，或者上涨，或者下降。如在英镑对外汇率下跌的情况下，英国必需的原料与食品的进口不能减少，国内以英镑标示的食品与原料的价格必然高涨，从而推动英国国内消费物价水平的提高、通货膨胀的加剧、国际收支逆差的扩大，使英镑的地位进一步疲软。

②汇率的变动，也会影响一国出口商品国内价格的变动。如果本币贬值，则外

币购买力提高,国外进口商就会增加对本国出口商品的需求,在出口商品供应数量不能相应增长的情况下,出口商品的国内价格必然会上涨,并且上涨幅度较大。如果本币升值,则外币的购买力下降,可能引起对本国出口商品需求的减少,从而引起出口商品价格的下降。在初级产品的出口贸易中,汇率变化对价格的影响特别明显。

3) 汇率变动对资本流动的影响

在一般情况下,当本币价值下降时,本国资本为了防止货币贬值的损失,常常逃往国外,特别是存在本国银行的国际短期资本或其他投资,也会调往他国,以防损失。这不仅会引起该国国内投资规模的缩减,也会导致该国对外支出的增加,使该国国际收支状况恶化。如本币升值,则对资本流动的影响与上述情况相反。过去几年来,由于美元的特殊地位在短期内也曾发生过美元汇率下降时,外国资本反而急剧涌入美国进行直接投资或证券投资,利用美元贬值的机会取得较大的投资收益,对缓和美元汇率的急剧下降有一定的好处,但这只是一种特例。

4) 汇率变动对国内旅游业及其有关部门的影响

若本币贬值,而国内物价水平未变,外国货币购买力相对加强,对国外旅游者来说,本国商品和服务项目显得便宜,对其有一定的“招徕”作用,促进本国旅游及有关非贸易收入的增加。如以本币所表现的外币价格下跌,则会发生相反情况。

8.1.4　制约汇率发挥作用的基本条件

汇率变动对一国和国际经济都有较为深刻的影响,但实际上汇率变动对不同国家的影响是不相同的。汇率变动对一国经济发展进程影响的大小和波及的范围,主要看以下 4 个基本条件。

1) 一国对外开放的程度

一国经济对外依赖程度较深,进出口贸易在国内生产总值中所占比重较大者,汇率变动对该国经济进程影响较大;反之,则较少。

2) 一国商品生产是否多样化

汇率变动对生产单一商品的国家的经济影响较大,对商品生产多样化的国家影响较少。

3) 与国际金融市场的联系程度

对联系密切的国家影响较大,对较少参与国际金融市场活动的国家影响较小。

4) 通货的兑换性

一国货币完全自由兑换、在国际支付中使用较多者,影响较大;否则影响较小。

此外,贸易对手国家的汇率状况,进口国家实施的外汇管制、进口管制等各种措施等,都会使汇率与一国经济发展进程的联系复杂化。在研究这些问题时,必须予以注意。

8.2　认识汇率风险

8.2.1　外汇风险的概念

1）外汇风险的概念

外汇风险是经济实体和个人在国际经济交往中,由于汇率波动而遭受损失的可能性。从事涉外贸易、投资、借贷等活动的企业和个人,不可避免地会在国际范围内收付大量外汇,或拥有以外币表示的债权债务。当汇率突然变化时,就会造成价值的不确定性。对具有外币资产与负债的相关人来讲,外汇风险可能具有两个结果:或者获得利益,或者遭受损失。

在目前浮动汇率制占主流的情况下,货币汇率波动日益频繁,不仅幅度大,而且各种主要货币之间经常出现强弱、地位互相转换的局面。由此外汇风险问题显得更为突出,如何防范外汇风险就成为有关经济主体经营管理的一个重要方面。

2）外汇风险的构成因素

一个涉外企业或银行在其经营活动中所发生的外币收付、资本的借入或贷出等,均需与本币进行折算,以便结清债权与债务并考核其经营活动成果。本币是衡量一个企业经济效果的共同指标,从交易达成后到应收账款的最后收进,应付账款的最后付清,或者借贷本息的最后偿付均有一个期限,这个期限就是时间因素。在确定的时间内,外币与本币的折算比率可能发生变化,从而产生外汇风险,这就是人们一般说的外汇风险三因素:本币、外币与时间。

货币需要折算,是因为货币不是一个国家或地区的,外汇风险中的本币、外币因素,说明地点差是外汇风险发生的一个条件。不同时点上的汇率差别,是外汇风险产生的另一个前提。因此,外汇风险的产生需要两个前提条件:一个是地点差,一个是时间差。没有这两个差别,外汇风险就不会存在和产生。比如,一个涉外企业在对外交易中只使用本币计价收付,而不使用外汇,就不会存在外汇风险,因为它取消了外汇风险产生的前提条件地点差。又如,一笔外币债权债务的收取或偿付,缩短时间差,就可以减少外汇风险,取消时间差,那就是在同一个时点上,当然也就没有外汇风险了。外汇风险的防范从根本上说就是取消时间差和地点差。在地点差不能取消的情况下,则采取分散地点差的办法,来求得地点差的平衡和相互抵消,比如用多种货币来计价或者一半用硬币来计价一半用软币来计价就是这样。

外汇风险的种类

8.2.2　汇率风险的种类

根据风险发生的时间,外汇风险可分为交易风险、会计风险和经济风险。

1) 交易风险

交易风险是指由于外汇汇率波动而引起的应收资产与应付债务价值变化的风险,是一种流量风险。在进出口贸易中,如果外汇汇率在支付货款时比签订合同时上涨或下跌,进出口商的支付或收入额就会相应发生变化。

例如,我国某进出口公司 2021 年 1 月 1 日从日本进口一批家用电器,双方签订 6 个月远期合约,合约价值为 100 万美元,7 月 1 日进行交割。其间汇率变动如下:

	USD/JPY	USD/RMB
1 月 1 日	123.000	8.100
7 月 1 日	116.380	8.102

由于合同货币为美元,而美元又在半年之内对日元和人民币分别有所贬值和升值,因此对中日进出口商双方而言,均面临外汇风险。具体汇兑损益如下:

	1 月 1 日等值货币	7 月 1 日等值货币
中国进口商(支付人民币)	8.100×1 000 000	8.102×1 000 000
日本出口商(收到日元)	123.00×1 000 000	116.38×1 000 000

因此,日本出口商的损失金额为:

$$(123.00-116.38)\times1\ 000\ 000=6\ 620\ 000(日元)$$

中国进口商的损失金额为:

$$(8.102-8.100)\times1\ 000\ 000=2\ 000(人民币)$$

交易风险具有静态性和客观性的特点。因为交易风险产生于经营过程中,其风险衡量的时间是在过去已发生的交易的某一时点上;其造成的损失是真实的,损失结果可以用一个明确的数字来表示。

2) 会计风险

会计风险,又称换算风险、折算风险、账面风险、转换风险,是指汇率变化而引起资产负债表中某些外汇项目金额变动的风险。

会计核算是企业经营管理的主要内容之一,一般通过编制资产负债表来反映其经营状况。因此,拥有外币资产负债的企业就要将原来的以外币度量的各种资产和负债按一定汇率换算成本币来表示,以便汇总编制综合的财务报表。一旦功能货币(企业在经营活动中流转使用的各种货币)与记账货币(编制综合财务报表时使用的报告货币)之间汇率发生变动,如记账货币升值,同样多功能货币的价值在账面上就减少了,这就是会计风险。

会计风险产生于经营活动后,造成的损失不是实际交割时的真实损失,只是账面上的损失。

3)经济风险

经济风险是指未预料到的汇率变动,使企业在未来一定期间的收益发生变化。它是一种潜在的风险,其程度大小取决于汇率变动对产品数量、价格及成本的影响程度。

值得注意的是,经济风险定义中汇率的变动不包括预期的汇率变动,因为公司管理当局或广大投资者在评价预期收益或市场价值时,已经把预期汇率变动考虑进去了。对于一个企业来说,经济风险影响比交易风险和会计风险大。因为这种风险的影响是长期的,而其他风险的影响是一次性的。

经济风险着眼于对企业经营结果的分析,是从企业整体上进行预测、规划和进行经济分析,涉及资金、营销、采购和生产等的各个层面。经济风险的分析在很大程度上取决于该公司预测能力,特别是预测汇率变动的能力,带有一定的动态性和主观性。经济风险直接影响海外企业在融资、销售、经营目标与生产等方面的战略决策。经济风险所造成的损失比会计风险或交易风险更具重要性和严重性。

3 种汇率风险的区别见表 8.2。

表 8.2　3 种汇率风险的区别

区别点	经济风险	交易风险	会计风险
发生的时间	预测企业未来收益	经营过程中	经营结果
造成的损益的真实性	潜在的	真实的	账面的
衡量损益的角度	企业整体	单笔的交易	母公司
衡量风险的时间	长期的	一次性的	一次性的
损益表现的形式	动态性和主观性	客观性	客观性

交易风险是我们要论述的重点。经济风险是国际投资研究的范畴,不作为这里论述的重点。会计风险受不同国家会计制度的制约,有不同的折算方法,折算损益的金额及处理也不同,不作为论述的重点。

8.3　汇率风险的管理

涉外经济主体的外汇风险管理是指对外汇市场可能出现的变化作出相应的决策,以避免汇率变动可能造成的损失。对于不同类型的外汇风险,应采取不同的管理方法。

8.3.1　交易风险的管理

对于交易风险,可供选择的管理方法有 3 类。

汇率风险的管理

1）签订合同时选择的防范措施

（1）选择好合同货币

在有关对外贸易和借贷等经济交易中，选择何种货币签订合同作为计价结算的货币或计值清偿的货币，直接关系到经济主体是否承担汇率风险。在选择合同货币时，应遵循以下原则。

①争取使用本国货币作为合同货币。选择本币作为计价货币，不涉及货币的兑换，进出口商则没有外汇风险。目前主要工业国家尤其是一些储备货币发行国的出口贸易，很大部分是以本币计价结算的，如英国和德国分别高达 73% 和 87%。随着日元国际化，日本企业以日元计价的出口也与日俱增。当然，并不是任何国家的货币都可以用于国际支付，即使可以，对方也不一定能接受。

②选择有利的外币计价。选择有利的外币计价，注意货币汇率变化趋势，选择有利的货币作为计价结算货币，这是一种根本性的防范措施。其基本原则是"收硬付软"，即应收外汇应选择汇率相对稳定并具有上浮趋势的"硬货币"，而应付外汇则应选择汇率相对不稳定且有贬值趋势的"软货币"。对于资产、债权用硬货币，对于负债、债务用软货币，以减少外汇风险。

遵循这一原则，其实质在于将汇率风险的损失转嫁给交易对方。在实际业务中，货币选择对交易双方来说是对立的，选择何种货币并非一厢情愿，双方往往各持己见。因此，采用这种方法只有在对方处于被动（或劣势）的交易情况下进行，否则难以成交。

（2）在合同中加列货币保值条款

货币保值是指选择某种与合同货币不一致的、价值稳定的货币，将合同金额转换用所选货币来表示，在结算或清偿时，按所选货币表示的金额以合同货币来完成收付。目前，各国所使用的货币保值条款主要是"一篮子"货币保值条款，就是选择多种货币对合同货币保值，即在签订合同时，确定好所选择多种货币与合同货币之间的汇率，并规定每种所选货币的权数，如果汇率发生变动，则在结算或清偿时，根据当时汇率变动幅度和每种所选货币的权数，对收付的合同货币金额作相应调整。

例题：某出口商有一出口合同金额为 90 万美元，以瑞士法郎、英镑、澳元 3 种货币为"一篮子"货币加以保值。它们所占的权数分别为 1/3，与美元的汇率分别为：5SFR/USD，0.5GBP/USD，2AUD/USD，则以这 3 种货币计算的合同金额各为 30 万美元，相当于 150 万瑞士法郎，15 万英镑和 60 万澳元。如到期结算时，3 种货币的汇率分别为：5.5SFR/USD，0.45GBP/USD，1.8AUD/USD，按这些汇率将以法国法郎、英镑和德国加元计算的部分折成美元，分别为 27.3 万美元（150/5.5），33.3 万美元（15/0.45）和 33.3 万美元（60/1.8），合计 93.9 万美元，即到期付款时，进口商支付给出口商 93.9 万美元。

（3）调整价格或利率

在一笔交易中，交易双方都争取到对己有利的合同货币是不可能的，当一方不得不接受对己不利的货币作为合同货币时，可以争取对谈判中的价格或利率作适当调整：如要求适当提高以软币计价结算的出口价格，或以软币计值清偿的贷款利率；要求适当降低以硬币计价结算的进口价格,或以硬币计值清偿的借款利率。

2)金融市场操作

交易合同签订后,涉外经济实体可以利用外汇市场和货币市场来消除外汇风险。主要方法有:

(1)现汇交易

这里主要是指外汇银行在外汇市场上利用即期交易对自己每日的外汇头寸进行平衡性外汇买卖,是指具有近期外汇债权或债务的公司与外汇银行签订出卖或购买外汇的即期合同,以消除外汇风险的方法。即期交易防范外汇风险需要实现资金的反向流动。企业若在近期预定时间有出口收汇,就应卖出手中相应的外汇头寸;企业若在近期预定的时间有进口付汇,则应买入相应的即期外汇。

例如,美国 A 公司在两天内要支付进口货款 10 000 英镑,可立即进行英镑的即期买进,即期汇率为 GBP 1 = USD 1.520 6/1.521 6,两天后交割时公司付银行美元,银行付公司英镑,公司把英镑付给出口商。A 公司以 USD 152 16 购进 GBP 10 000,实现了外汇资金的反向流动,消除了两天内的汇率风险。

(2)远期合同法

远期合同法是指具有外汇债权或债务的公司与银行签订卖出或买进远期外汇的合同,以消除外汇风险的方法。

具体做法:出口商在签订贸易合同后,按当时的远期汇率预先卖出合同金额和币种的远期,在收到货款时再按原定汇率进行交割。进口商则预先买进所需外汇的远期,到支付货款时按原定汇率进行交割。这种方法的优点在于:一方面将防范外汇风险的成本固定在一定的范围内;另一方面,将不确定的汇率变动因素转化为可计算的因素,有利于成本核算。

例题:一家意大利企业向美国某公司出口货物,该企业 3 个月后将从美国公司获得 80 000 美元的货款。为了防范 3 个月后美元汇率价格的波动风险,意大利企业可与该国外汇银行签订出卖 80 000 美元的 3 个月远期合同。假设签订此远期合同时美元对欧元的远期汇率为 USD 1.000 0 = EUR 0.890 0,3 个月后,意大利公司履行远期合同,与银行进行交割,将收进的 80 000 美元售予外汇银行,获得本币 71 200 欧元。如此操作就消除了时间风险与货币风险,最后得到了本币的流入。

利用远期合同法,通过合同的签订把时间结构从将来转移到现在,并在规定时间内实现本币与外币的冲销,因此该法能消除所有风险,即时间风险和价值风险。

(3)LSI 法

LSI 法是提早收付—即期合同—投资法(Lead-Spot-Invest)。具有应收外汇账款或应付外汇账款的公司,在征得债务方或债权方同意后,通过提前或延期收付货款、即期外汇交易和投资的程序,争取消除汇率风险的管理方法。具体做法如下:

①具有应收账款的企业,在征得债务方同意后,以一定折扣为条件提前收回货款(以此消除时间风险),并通过在即期外汇市场上将外汇兑换成本币(以此消除价值风险)。然后,将换回的本币进行投资,所获的收益用以抵补因提前收汇的折扣损失。

例如,2021 年 6 月德国的 A 公司 90 天后有一笔 USD 100 000 的应收货款。为防止届时美元贬值给公司带来损失,该公司征得美国进口商的同意,在给其一定付现折扣的情况下,要求其在两天内付清款项(暂不考虑折扣数额)。A 公司提前取得美元货款后,立即进行即期外汇交易换成欧元,随即 A 公司用兑换回的欧元进行 90 天的投资(暂不考虑利息因素)。

②具有应付账款的企业,在征得债权方同意后,先从银行借入本币,并通过在即期外汇市场上将本币兑换成应付外汇(以此消除价值风险);紧接着以一定折扣为条件提前支付账款(以此消除时间风险);所获的折扣可完全或部分抵补借款利息的损失。

LSI 法消除外汇应收账款和应付账款的汇率风险的操作程序都是三部曲,其收入和支出的外币完全抵消,付出的成本以投资收益可完全或部分抵补。两者的区别在于,前者是请付款方提前支付货款,将外币换本币,用本币投资;后者是借本币,将本币换外币,提前支付账款。

(4)外币票据贴现

这种方法既有利于加速出口商的资金周转,又能达到消除外汇风险的目的。出口商在向进口商提供资金融通,而在拥有远期外汇票据的情形下,可以拿远期外汇票据到银行贴现,提前获取外汇,并将其出售,取得本币现款。

(5)BSI 法

BSI 法就是借款—即期合同—投资法(Borrow-Spot-Invest)。拥有外汇应收账款或应付账款的公司,为了防止汇率变动,通过借款、即期外汇交易和投资的程序,争取消除外汇风险的管理方法,其做法如下。

①拥有应收账款的出口商,为了防止汇率变动,先借入与应收外汇等值的外币。同时,通过即期交易把外币兑换成本币。然后,将本币存入银行或进行投资,以投资收益来贴补借款利息和其他费用。届时应收款到期,就以外汇归还银行贷款。

例如,2021 年 7 月德国 A 公司在 90 天后有一笔 USD 100 000 的应收款。为防止将来收汇时美元贬值带来损失,该公司向银行借入 90 天期限的 USD 100 000 借款。该公司借款后用美元在外汇市场兑换成欧元,随即将所得本币进行 90 天的投资。90 天后,A 公司以收回的 USD 100 000 应收款归还银行贷款,用欧元投资所得收益贴补借款利息和其他费用。

②拥有应付账款的公司,在签订贸易合同后,借入相应数量的本币,同时以此购买结算时的外币,消除了价值风险。然后,以这笔外币在国际金融市场上做相应期限的短期投资,改变时间风险。付款期限到期时,该企业收回外币投资,并向出口商支付货款。

上述消除应收账款和应付账款汇率风险的操作程序,虽然都是借款—即期外汇交易—投资三部曲,使收入和支出的外币完全抵消,但币种操作顺序不同。前者借款是借外币,投资用本币;后者借款是借本币,投资用外币。

BSI 法与借款法的主要区别在于操作中多出一道投资程序,既能提前利用资金,也可以投资收益完全或部分抵补承担借款利息的代价。

（6）期货交易合同法

期货交易合同法是指具有远期外汇债务或债券的公司,委托银行或经纪人购买或出售相应的外汇期货,借以消除外汇风险的方法。这种方法主要有多头套期保值和空头套期保值。

例如,美国向英国出口货物,价格为 10 万英镑。美国出口商为防止 6 个月后英镑汇率下跌带来的损失,可到外汇期货市场卖出 6 个月期英镑期货。6 个月后,如果外汇市场的英镑现汇汇率下跌,期货市场上的英镑价格也会下跌,这样该企业可以低价买回英镑期货合约,用期货上的赢利抵销出口货款的损失。

（7）期权合同法

与远期外汇合同法相比,期权合同法更具有保值作用。因为远期法届时必须按约定的汇率履约,保现在值不保将来值。但期权合同法可以根据市场汇率变动作任何选择,即既可履约,也可不履约,最多损失期权费。进出口商利用期权合同法的具体做法是:进口商应买进看涨期权,出口商应买进看跌期权。

案例:美国公司从加拿大进口设备,3 个月支付价款 140 万加元。即期汇率为:1.4 CAD/USD。按现货价计算,该公司须支付 100 万美元。为防范汇率波动风险,该公司以 2 万美元费用为条件,按 1.4 CAD/USD 的协议价,买进 140 万加元期权。3 个月后合同到期,加元汇率可能出现的情况如下。

①仍为 1.4 CAD/USD,此时,该公司除支付 2 万美元的费用外,无任何损益,也无所谓是否执行弃权合同。

②加元升值,汇率为:1.2 CAD/USD,如果该公司没有签订期权合同,在市场上购买加元需要支付 116.67 美元,与 3 个月前相比,多支付 16.67 万美元。现由于签订了期权合同,公司执行合约,以 2 万美元代价,防范了 16.67 万美元的损失。

③加元贬值,汇率为 1.6 CAD/USD。显然,该公司从市场上购买加元合算,买进 140 万加元支付 87.5 万美元。与 3 个月前相比,少付 12.5 万美元。扣除 2 万美元之后,实际还赚了 10.5 万美元。

（8）掉期合同法

掉期合同法是指具有远期的债务或债权的公司,在与银行签订卖出或买进即期外汇的同时,再买进或卖出相应的远期外汇,以防范风险的一种方法。它与套期保值的区别在于:套期保值是在已有的一笔交易基础上所做的反方向交易,而掉期则是两笔反方向的交易同时进行。掉期交易中两笔外汇买卖币种、金额相同,买卖方向相反,交割日不同。这种交易常见于短期投资或短期借贷业务外汇风险的防范上。

案例:日本某公司现筹得资金 100 万美元,在美国订购价值 100 万美元的机械设备,3 个月后支付货款。当前国际金融市场上汇率为 153 日元/美元,而 3 个月日元远期为 150 日元/美元。为获取汇率差价的收益,又保证将来按时支付美元货款,防止汇价风险,该公司按 1:153 的比价与银行签订以 100 万美元购买 1.53 亿日元的即期外汇合同。与此同时,还按日元对美元 3 个月远期 1:150 比价,出卖 1.5 亿日元,购回 100 万美元的远期合同。掉期合同的签订保证美元付款义务的按期完成不致遭到汇价损失,同时又能盈利 300 万日元和存 300 万日元的利息。

3）其他管理方法

除上述签订合同的方法、借助金融操作的方法外，还有一些方法，主要是提前或错后、配对、保险。

（1）提前或错后收付外汇

提前或错后收付外汇是指涉外经济实体根据对计价货币汇率的走势预测，将收付外汇的结算日或清偿日提前或错后，以达到防范外汇风险或获取汇率变动收益的目的。提前或错后法的一般原则如下。

①外币债权人和出口商在预测外币汇率将要上升时，争取延期收汇，以获得计价货币汇率上涨的利益；预期汇率下降时，争取提前收汇。

②外币债务人和进口商在预期外币将要上升时，争取提前付汇，以免受该计价货币升值的损失；预期外币汇率将要下降时，争取推迟付汇。汇率变化与结汇日期变化的关系见表8.3。

表8.3 汇率变化与结汇日期变化的关系

交易商	预计外币上升 （本币疲软）	预计外币下跌 （本币上升）
出口商（收取外币）	推迟收汇	提前收汇
进口商（支付外币）	提前付汇	推迟付汇

（2）配对

配对是指涉外主体在一笔交易发生时或发生后，再进行一笔与该笔交易在币种、金额、收付日上完全相同，但资金流向正好相反的交易，使两笔交易所面临汇率变动的影响相互抵消的一种做法。

在一般情况下，一个国际企业取得每笔交易的应收应付货币"完全平衡"是难以实现的。一个国际公司采用配对法，依赖于公司领导下的采购部门、销售部门与财务部门的密切配合。金额较大的、存在一次性外汇风险的贸易，可以采取平衡法。

（3）保险

保险是指涉外主体向有关保险公司投保汇率变动险，一旦因汇率变动而蒙受损失，便由保险公司给予合理的赔偿。汇率风险的保险一般由国家承担。

8.3.2 折算风险的管理

涉外主体对折算风险的管理，通常是实行资产负债表保值。这种方法要求在资产负债表上各种功能货币表示的受险资产与受险负债的数额相等，以使其折算风险头寸（受险资产与受险负债之间的差额）为零。只有这样，汇率变动才不致带来任何折算上的损失。

实行资产负债表保值，一般要做到以下几点。

①弄清资产负债表中各账户、各科目上各种外币的规模，并明确综合折算风险头

寸的大小。

②根据风险头寸的性质确定受险资产或受险负债的调整方向,如果以某种外币表示的受险资产大于受险负债,就需要减少受险资产,或增加受险负债,或者双管齐下。

③在明确调整方向和规模后,要进一步确定对哪些账户、哪些科目进行调整。这正是实施资产负债表保值的困难所在,因为有些账户或科目的调整可能会带来相对于其他账户、科目调整更大的收益性、流动性损失,或造成新的其他性质的风险(如信用风险、市场风险等)。在这一意义上说,通过资产负债表保值获得折算风险的消除或减轻,是以经营效益的牺牲为代价的。因此,需要认真对具体情况进行分析和权衡,确定科目调整的种类和数额,使调整的综合成本最小。

8.3.3 经济风险的管理

1) 经营多样化

经营多样化是指在国际范围内分散其销售、生产地址以及原材料来源地。在汇率出现意外变化后,通过比较不同地区生产销售和成本的变化趋利避害,迅速调整其经营策略,改善竞争条件因而增加一些分支机构的生产,减少另一些分支机构的生产,使得产品更有竞争力。

2) 财务多样化

财务多样化是指在多个金融市场、以多种货币寻求资金来源和资金去向,即实行筹资多样化。在筹资方面,公司应该从多个金融市场、多种货币着手。同样,在投资方面,公司也应该向多个国家投资、创造多种外汇收入。这样,在有的外币贬值、有的外币升值的情况下,公司就可以使一大部分的外汇风险相互抵消。另外,由于资金来源和去向的多渠道,公司就有更好的条件在各种外币的资产和负债之间进行对抵配合。

本章主要内容概要

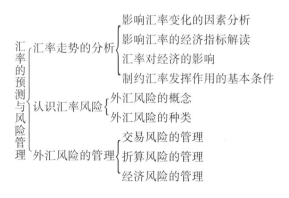

1. 仔细阅读本章"引例"《人民币狂升！几家欢喜几家愁》，在人民币升值背景下为出口型企业提出防范汇率变动风险的具体方案。

2. 某年 8 月 6 日，假设美国公司出口了一批商品，4 个月后可收到 100 万瑞士法郎，为防止 4 个月后瑞士法郎贬值，该公司在 8 月 6 日买进 8 份瑞士法郎看跌期权合约（每份 12.5 万瑞士法郎），协定价格为 1 CHF＝0.648 0 USD，保险费率为每法郎 0.2 美分。

试回答：

（1）画出期权的损益图。

（2）如果到期日市场即期瑞士法郎的汇率为 1 CHF＝0.650 0 USD，是否执行该期权合约？如执行，其损益为多少？

3. 某跨国公司的母公司在美国，一个子公司在英国，一个子公司在德国，如预测欧元对美元将上浮，英镑对美元将下浮，为消除外汇风险，跨国公司之间在进口与出口业务中将如何运用提前结汇和推迟结汇？请完成表 8.4 的填写。

表 8.4

	国　家		
	英　国	美　国	德　国
英镑计价 （对英国收付）	—	进口： 出口：	进口： 出口：
美元计价 （对美国收付）	进口： 出口：	—	进口： 出口：
欧元计价 （对德国收付）	进口： 出口：	进口： 出口：	—

4. 中国的一家跨国公司获得了 5 亿欧元的德国政府采购合同，合同期限 3 年，德国政府以欧元付款。德国政府的采购约占该公司销售量的 60%，公司 10% 的经营费用是欧元，其他是人民币。公司的财务主管安排你拟定一份报告，具体要求如下：

（1）该公司在未来 3 年可能会出现多大的经济风险？

（2）应该采取哪些行动来降低欧元汇率波动所产生的经济风险？

（3）可以获得哪些外部资源来实现外汇风险管理？

案例分析

案例分析1

2020 年 1 月 20 日美国 A 公司与日本出口商签订了购买一批聚氯乙烯的合同,以日元计价,货价总值为 5 亿日元,交货期在 2020 年 4 月中旬,但具体日期不能确定,当日东京市场美元兑日元的外汇牌价为:

即期汇率	3 个月远期
115.48 ~ 120.74	120.88 ~ 128.79

进出口双方议定,出口商将货物装船后,凭其交付的有关单证,A 公司要立即付款。A 公司考虑采用远期合同、美式期权、欧式期权和择期 4 种方法以规避日元汇价上涨。请分析解答下列问题。

1. 既能规避汇率波动风险,降低进口成本,又不影响 A 公司对出口商及时支付的最佳避险方法是(   )。

    A. 远期合同法   B. 美式期权法   C. 欧式期权法   D. 择期法

2. 如果不考虑其他因素,采用远期合同法,A 公司购买 5 亿日元 3 个月远期(   )。

    A. 需花费美元成本 423.73 万美元   B. 需花费美元成本 416.67 万美元

    C. 该美元成本是按买入汇率计算的   D. 该美元成本是按卖出汇率计算的

3. 远期合同法对 A 公司来讲(   )。

    A. 可降低进口成本

    B. 可不交保险费

    C. 远期合同到期前,一旦进口货物装船,A 公司就有权要求银行实行交割

    D. 远期合同到期前,即使进口货物装船,A 公司也无权要求银行实行交割

4. 美式期权法对 A 公司来讲(   )。

    A. 增加了进口成本

    B. 要交保险费

    C. 期权合同到期前,一旦进口货物装船,A 公司就有权要求银行立即交割

    D. 期权合同到期前,即使进口货物装船,A 公司也无权要求银行立即交割

5. 欧式期权对 A 公司来讲(   )。

    A. 要交保险费,增加进口成本

    B. 只有在到期日 A 公司才能要求银行实行交割

    C. 合同到期日前,一旦进口货物装船,A 公司就有权要求银行实行交割

    D. 合同到期日前,即使进口货物装船,A 公司也无权要求银行实行交割

6. 择期合同法对 A 公司来讲(   )。

    A. 最有利于进口成本降低

B. 不用交保险费

C. 择期合同到期前，一旦进口货物装船，就有权要求银行进行交割

D. 择期合同到期前，即使进口货物装船，也无权要求银行进行交割

案例分析 2

2021 年 3 月 12 日美国出口商 A 与瑞士进口商 B 签订了 50 万瑞士法郎的出口合同，预定在 3 个月后进行货款结算。假设签约时即期汇率为 USD/CHF = 1.795 0/63，出口商 A 认为 3 个月后瑞士法郎贬值的可能性很大，届时将影响其出口收入。该出口商有以下方案可选择。

方案 1：不做任何外汇风险的防范措施。

方案 2：采用远期外汇交易来防范外汇风险（3 月 12 日，USD/CHF 3 个月的远期汇水为 70/80）。

方案 3：采用外汇期货交易来防范外汇风险。该出口商指示外汇期货经纪人卖出 4 份 6 月 16 日交割的瑞士法郎期货合约，期货价格为 CHF 1 = USD 0.564 8。假设 6 月 12 日即期外汇市场贬值，汇率为 USD/CHF = 1.822 3/48，期货市场价格为 CHF1 = USD 0.545 0，该出口商指示外汇经纪人买入 4 份 6 月 16 日交割的瑞士法郎期货合约，同时将收到的出口货款 50 万瑞士法郎在即期外汇市场上卖出。

请问：

1. 计算该出口商签约时计划出口收入的美元金额。

2. 如果执行方案 1，该出口商将蒙受多少汇率风险损失？

3. 如果执行方案 2，请计算 3 个月远期汇率，并分析方案 2 是否起到了防范汇率风险的作用。若是直到了作用，方案 2 比方案 1 减少了多少损失？

4. 如果执行方案 3，比较该出口商到期收入与计划出口收入情况，分析方案 3 是否起到了防范汇率风险的作用。

5. 比较方案 2 和方案 3，哪一种方案防范汇率风险的效果更好？

实训项目

1. 实训目的

学会识别汇率风险，掌握防范汇率风险的方法。

2. 实训形式

实地调查。

3. 项目内容

通过调查企业（包括银行）或身边的人和事，列举案例说明在兑换外汇、存款、个人外汇买卖、进出口、国际投资、国际融资等方面的汇率风险，并提出防范汇率风险的建议或方案。

4. 调查渠道

企业（包括银行）或身边的人。

5. 实训指导

第一步:调查、收集资料。

第二步:在调查研究的基础上,每人写出实训报告。

第三步:分组讨论上述项目内容,每组推荐发言人在课堂进行交流。讨论时通过分析实际案例,提出防范汇率风险的建议或方案。

第9章
银行提供的融资业务

【学习目标】

1. 能够熟悉国际商业银行贷款的条件。

2. 了解我国对国际商业银行贷款的管理办法和程序。

3. 能够明白出口押汇、票据贴现、打包放款和预支信用证融资的业务特点。

4. 熟悉对外贸易中长期信贷（即出口信贷）的主要形式和业务流程。

5. 能够解释对外贸易中长期信贷的有关问题。

6. 能够对中国进出口银行的买方信贷和卖方信贷业务、中国银行的福费廷信贷业务流程进行操作。

【引　例】

稳外贸保订单，浦发银行为外贸企业增强"免疫力"

2020年4月国内新冠肺炎疫情防控形势好转、全国各地陆续吹响复工复产复市号角的同时，新冠肺炎疫情却在全球其他国家和地区快速蔓延，引发全球市场巨震，对经济和社会的中长期影响并不乐观。

受疫情影响，订单无法按时履约；海外买家出于对疫情的担忧，原本谈好的订单突然取消或推迟；国际航班、轮班减少，运输成本上升，部分出口货物滞留；外汇市场波动加剧，贸易成本增加……这一连串的现实问题让刚喘口气的外贸企业受到打击。关键时刻，金融机构驰援助力，浦发银行打出"稳外贸"组合拳，通过贸易融资、出口保函、外汇避险、快捷跨境支付等方式多管齐下,为外贸企业注入金融活水。

2020年年初至今,浦发银行已累计为全国近900家疫情防控相关企业批复超过1 400亿元授信额度。而在全力打好疫情防控阻击战、全力支持企业复工复产之后,浦发银行秉承金融服务实体经济的责任和担当,为"稳外贸、保订单"而全力以赴。

(资料来源:新浪财经,2020-04-07)

9.1 国际商业银行贷款

9.1.1 国际商业银行贷款的含义和特点

国际商业银行贷款是指一国借款人在国际金融市场上向外国银行借入货币资金。外国银行既包括资金雄厚的大银行,也包括中小银行及银行的金融机构。国际商业银行贷款的特点如下。

①贷款利率按国际金融市场利率计算,利率水平较高。例如,欧洲货币市场的伦敦银行间同业拆放利率(Libor)是市场利率,其利率水平是通过借贷资本的供需状况自发竞争形成的。

伦敦银行同业拆放利率可以用以下几种方法选择。

第一,借贷双方以伦敦市场主要银行的报价协商确定。

第二,指定两家或三家不参与此项贷款的主要银行的同业拆放利率的平均利率计算。

第三,按贷款银行与不是这项贷款参与者的另一家主要银行报价的平均数计算。

第四,由贷款银行(牵头行)确定。

②贷款可以自由使用,一般不受贷款银行的限制。政府贷款有时对采购的商品加以限制;出口信贷必须把贷款与购买出口设备项目紧密地结合在一起;项目借款与特定的项目相联系;国际金融机构贷款有专款专用的限制。国际银行贷款不受银行的任何限制,可由借款人根据自己的需要自由使用。

③贷款方式灵活,手续简便。政府贷款不仅手续相当烦琐,而且每笔贷款金额有限;国际金融机构贷款,由于贷款多与工程项目相联系,借款手续也相当烦琐;出口信贷受许多条件限制。相比之下,国际银行贷款比较灵活,每笔贷款可多可少,借款手续相对简便。

④资金供应充沛,允许借款人选用各种货币。在国际市场上有大量的闲散资金可供运用,只要借款人资信可靠,就可以筹措到自己所需要的大量资金。不像世界银行贷款和政府贷款那样只能满足工程项目的部分资金的需要。

9.1.2 国际商业银行贷款的种类

1）根据贷款的期限不同分类

根据贷款的期限不同,可分为短期信贷、中期信贷和长期信贷。

（1）短期信贷

短期信贷通常指借贷期限在 1 年以下的资金。短期资金市场一般称为货币市场。借贷期限最短为 1 天,称为日贷。还有 7 天,1 个月,2 个月,3 个月,6 个月,1 年等几种。短期贷款多为 1~7 天及 1~3 个月,少数为 6 个月或 1 年。这种信贷可分为银行与银行间的信贷和银行对非银行客户（公司企业、政府机构等）的信贷,银行之间的信贷称为银行同业拆放。这种贷款完全凭银行间同业信用商借,不用签订贷款协议。银行可通过电话、电传承交,事后以书面确认。同业拆放期限以 1 天到 6 个月为多,超过 6 个月的少。每笔交易额在 10 亿美元以下。典型的银行间的交易为每笔 1 000 万美元左右。银行对非银行客户的交易很少。

（2）中期信贷

中期信贷是指 1 年以上,5 年以下的贷款。这种贷款是由借贷双方银行签订贷款协议。由于这种贷款期限长、金额大,有时贷款银行要求借款人所属国家的政府提供担保。中期贷款利率比短期贷款利率高,一般要在市场利率的基础上再加一定的附加利率。

（3）长期信贷

长期信贷是指 5 年以上的贷款,这种贷款通常由数家银行组成银团共同贷给某一客户。银团贷款的当事人,一是借款人（如银行、政府、公司、企业等）,二是参加银团的各家银行（包括牵头行、经理行、代理行等）。

2）根据组织放贷方式分类

根据其组织放贷方式,可分为单独贷款、联合贷款和银团贷款。

①单独贷款是指由某一家商业银行独立向借款人协议提供的国际贷款,其贷款资金由贷款人单独组织安排。由于国际贷款风险较大,一时发生损失难以挽回,因此单一银行贷款一般数额较小,期限较短。

②联合贷款是指在不超过法律限制的条件下,由几家国际商业银行共同作为贷款人联合向借款人协议提供的国际贷款,按照一些国家的法律,联合贷款的贷款人不得超过 5 家商业银行,否则其贷款将被视为推销性银团贷款,须适用证券法和特别法的有关规定。

③银团贷款又称为"辛迪加贷款",一般是指 5 家以上的国际商业银行或金融机构按照法律文件约定的方式,联合向借款人协议提供数额较大的国际贷款。银团贷款是目前国际贷款融资中最为典型、最有代表性的方式。它不仅包含了国际商业贷款关系中的一切基本要素,而且体现了分散贷款风险和提高筹资效率的市场要求,因此在国际商业银行贷款实践中有日益普遍化的趋向。

9.1.3　国际商业银行贷款的条件

1）贷款利息与各种费用

国际商业银行贷款的借款成本由支付的利息与有关费用构成。

利息根据合同利率计算。利率可分为固定利率和浮动利率两种。目前商业银行贷款普遍采用浮动利率,其利率通常由伦敦银行同业拆放利率(LIBOR)和附加利息率组成。拆放利率随资本市场供求情况上下浮动,各大国际金融中心有着各自的拆放利率,并且相互影响。附加利息率是在拆放利率之外,依据贷款期限的长短、资金数额与供求关系的变化情况,以及借款者资信的高低所附加的利率,一般为0.375%~0.5%(有时超过此范围)。固定利率一般由借出国的国内优惠利率和附加利息率组成。

相关费用是指借款者除支付利息外,银团贷款除收承担费外,还收取如下费用:

(1)承担费

外国银行贷款除收取利息外,往往还收取承担费,一般按0.125%~0.25%的年利率计算。在签订借款协议前,要规定承担期,在承担期中一般又分为两部分,前一段为不收承担费时期,后一段为计收承担费期。

(2)管理费

在银团贷款中,由牵头银行向借款人收取的一种费用,费率一般是贷款金额的0.25%~0.5%。

(3)代理费

由于牵头银行在整个贷款期内,需要与借款人、参与行联系,在联系过程中需要借款人支付的电报、电传费及办公费等,称为代理费。代理费的收取标准不一,计算方法是按年计算。在贷款期内每年由借款人支付一笔固定金额给牵头银行。目前,国际上最高的代理费是1年5万~6万美元。

(4)杂费

杂费是指某银行作为牵头银行与借款人之间进行联系、谈判,直至签订贷款协议前所发生的费用。这种费用包括牵头银行为贷款协议的达成而发生的旅费、律师费等。一般的支付方法是牵头银行提出账单,由借款人一次支付。杂费的收取标准不一,高的可达10万美元。

2）贷款期限与偿还方式

贷款期限是指贷款协议生效3日起,到还清全部本息为止的整个时期。中长期贷款通常都规定宽限期(只付利息,不还本金的期限)。短期贷款有隔夜、7天、1个月、3个月、半年、1年等几种。中长期贷款的期限和宽限期可由借贷双方商定。

利息一般是半年或3个月支付一次。本金的偿还是在宽限期后根据协议,半年或1年支付一次。每年的支付额可参考下列公式计算。

每年支付额=(LIBOR+附加利息率)×在使用的贷款额+规定的还本额+承担费

率×未用贷款+利息税+代理费

还款方式有以下 3 种。

①到期一次还款。在签订贷款协议后,对贷款分次支付,期满时一次归还本金。

②分次还款。在宽限期后开始还本,每半年还等额本金并付息一次,宽限期内只付息不还本。

③无宽限期自支用贷款日起,逐年归还。

对借款人来说,在上述 3 种偿还方式中,以到期一次偿还最为有利,因为实际期限与名义期限相一致,占用的时间较长。有宽限期的尚可接受,没有宽限期最为不利。

9.1.4　我国对国际商业银行贷款的管理办法和程序

1)管理办法

(1)对短期贷款的管理办法

我国对短期贷款采取余额管理的办法,即由国家主管部门向经批准的金融机构下达短期国际商业银行贷款的年度余额,由金融机构据此调整本单位的债务水平和资金运用。

(2)对中长期贷款的管理办法

对于中长期贷款的宏观管理,采取指标控制的办法,主要内容如下:

①规模控制。国家通过两类计划对中长期贷款实行规模控制:一类是中长期国际商业银行贷款计划,它与国家国民经济和社会发展五年计划、十年规划相衔接,确定全国计划期内借用国际商业银行贷款的总规模和分地区、分部门规模以及主要建设项目。另一类是年度借用国外贷款计划,它主要确定全国年度借用国外贷款的总规模,并下达正式签约生效的大中型项目当年支付的国外贷款数额。

②项目的审批管理。各地方计划委员会和部门计划管理部门将本地区、本部门准备使用国外贷款的项目初审后报国家发展计划委员会审批。送审的文件应包括项目建议书、可行性研究报告和利用外资方案,其内容必须包括借用国际银行贷款的具体形式、数额,国内配套资金落实安排情况,贷款的主要用途,项目经济效益初步测算及外汇平衡情况,贷款的偿还方式和偿还责任(还款人和担保人)。

各地方计委和部门及国家发展计划委员会对借用国际商业银行贷款的项目执行情况进行跟踪检查,并逐步实行项目后评价制度,从而为后续同类项目提供经验。

③对外贷款的"窗口管理"。筹措国际商业银行贷款需要经过国家指定的或者经批准的国内金融机构进行。未经批准的企业或金融机构不得从境外取得贷款,擅自筹措国外贷款,国家将不允许对外偿付本息。

④外债的统计、监测、监督制度。借用各类国际商业银行贷款的单位在贷款签约后,必须及时到国家主管部门进行外债登记。每次偿付贷款本息前,借款人应提前向主管部门报送贷款偿还计划,并在主管部门同意后,及时对外偿还应付的本息。

需要说明的是,我国借用中长期国际商业贷款也将要实行外债余额管理,具体管理办法国家发展计划委员会和中国人民银行等部门正在制定之中。

2)贷款程序

(1)取得利用贷款项目的批复

国内项目要借用国际商业银行贷款,首先要根据项目的规模取得国家或者地方、部门计划管理部门的批准,在批复中明确项目建设的部分资金来源为国际商业银行贷款。

(2)取得国际商业银行贷款指标

各地方、各部门计划管理部门将准备使用国际商业银行贷款的项目初审后,报国家发展计划委员会审批,如果符合国际商业银行贷款的条件,国家发展计划委员会将同意该项目使用一定数量的国际商业银行贷款,即取得国际商业银行贷款指标。

(3)委托金融机构对外筹资

目前,国内筹措国际商业银行贷款主要通过中国银行、中国交通银行、投资银行、中国建设银行、中国工商银行、中国农业银行、中信银行以及经国家批准的省市级国际信托投资公司等银行和非银行金融机构对外筹措。

(4)金融条件核准

国家为避免各筹资窗口在市场、时机和条件等方面发生冲突,在筹资窗口筹措国际商业银行贷款前,由国家主管部门对其贷款的金融条件,即贷款期和利息、筹资市场、筹资方式等进行审核和协调。筹资窗口在国家主管部门正式批准贷款条件后,才能与国际商业银行签订借款协议。

9.2 出口贸易融资

9.2.1 出口押汇

出口押汇是指银行以出口商提交的单据和汇票为抵押品,预支部分或全部贷款的短期融资活动。出口押汇一般可分为出口信用证押汇和出口托收押汇。出口押汇见表9.1,即期信用证出口押汇的金额见表9.2。

表9.1 出口押汇

出口信用证押汇	出口托收押汇
申请出口押汇应具备的条件: 1.经工商机关或主管机关核准登记,具有订立履行本业务项下合同的资格和能力,具有进出口经营权和货物出口手续 2.具有良好的信誉和资质,有良好的记录 3.长期良好的出口收汇经营业绩,能保持稳定的出口收汇业务量或其他资金流入 4.贸易背景正式,出口业务手续齐全	申请出口押汇应具备的条件: 1.经工商机关或主管机关核准登记,具有订立履行本项业务项下合同的资格和能力,具有进出口经营权和货物出口手续 2.具有良好的信誉和资质,有良好的记录 3.长期良好的出口收汇经营业绩,能保持稳定的出口收汇业务量或其他资金流入 4.贸易背景正式,出口业务手续齐全 5.提供抵押、质押或担保 6.按银行要求提供财务报表与贷款使用情况的资料

出口信用证押汇	出口托收押汇
申请出口押汇应提交的材料： 　1.出口商基本资料 　2.国外银行开来的正本信用证 　3.信用证要求的全套单据 　4.出口押汇业务(信用证项下)申请书 　5.要求提供的其他材料	申请出口押汇应提交的材料： 　1.出口商基本资料 　2.出口合同、结算记录、托收账项下的全套单据 　3.出口押汇业务申请书 　4.要求提供的其他材料
申请出口押汇的业务流程： 　1.出口商凭进口方银行发来的信用证发出货物 　2.按照信用证要求制作单据 　3.以单据为抵押,同时提供信用证正本、出口销售合同、银行要求的其他资料 　4.出口商向银行提出融资要求 　5.银行对出口商情况进行审查 　6.签订出口押汇合同 　7.出口商收到进口商货款后到外管局办理收汇核销 　8.出口商向银行清偿贷款	申请出口押汇的业务流程： 　1.发出货物后取得相关单据 　2.向银行提交单据,委托代为收款并提出融资额度申请 　3.银行受理并审查 　4.签订最高额担保合同 　5.逐笔申请 　6.发放贷款 　7.收回货款后还贷
押汇金额、币种、利率和期限： 　1.金额。不超过信用证金额的 90% 　2.币种。银行接受的可自由兑换的货币 　3.利率。根据银行利率管理规定,一般按照国际金融市场的状况,申请行筹资成本,开证行资信风险等因素确定,利率一般按伦敦 LIBOR,香港 HIBOR 1 个月期利率加 0.5% ~ 1.5%,或按外汇流动资金贷款利率计收 　4.期限。原则上不超过 180 天,即期信用证押汇不超过 20 天,远期信用证押汇根据信用证条款加以规定	押汇金额、币种、利率和期限： 　1.金额。不超过托收金额的 90% 　2.币种。人民币或外币 　3.利率。根据银行利率管理规定,一般按照国际金融市场的状况,申请行筹资成本,开证行资信风险等因素确定,利率一般按伦敦 LIBOR,香港 HIBOR 1 个月期利率加 0.5% ~1.5%,或按外汇流动资金贷款利率计收 　4.期限。根据贸易背景和结算周期,原则上不超过 180 天
付款担保属于银行信用,风险小。	付款取决于商业信用,风险大。

表 9.2　即期信用证出口押汇的金额

1.押汇金额最高为汇票金额的 90% ,一般采用预扣利息方式,即押汇金额−押汇利息。 2.即期信用证的押汇利息 =(押汇金额×押汇利率×押汇天数)/360 天。

　　例如:上海某纺织品进出口企业 A 公司年营业额超过 5 亿元,常年向欧美出口毛纺织产品。金融危机后,纺织业受到冲击,从前通常采用的赊销交易方式风险加大,且进口商的资金亦不宽松,其国内融资成本过高。经商议,双方达成以开立远期信用证的方式进行付款。这一做法虽然在某种程度上避免了 A 公司收不到货款的风险,但从组织货物出口到拿到货款仍需较长一段时间,这让 A 公司的流动资金出现了短

缺。另外,A 公司担心较长的付款时间会承担一定的汇率风险。

银行分析认为,A 公司出口一向较为频繁,且该公司履约记录良好。结合具体情况,设计融资方案如下:

在押汇总额度内,为 A 公司提供 50% 的出口押汇和 50% 的银行承兑汇票,借以降低客户的融资成本。A 公司按美国某银行开立的金额为 200 万美元,期限为提单后 90 天付款的远期信用证出运货物后,公司将全套单据提交给某商业银行浦东 B 分行,申请办理出口押汇业务。而后,B 银行将单据寄往美国开证行,对方向我国银行开来承兑电,承诺到期付汇。于是 B 银行答应放款,并与 A 公司协商以人民币押汇,以免除客户的汇率风险。融资金额扣除自贴现日至预计收汇日间利息及有关银行费用后,总计 1 400 万元人民币,提供 700 万元人民币贷款,700 万元银行承兑汇票额度支付给出口商。待进口信用证到期,B 银行将汇票提交开证行托收,按期收到信用证项下款项,除归还银行押汇融资外,余款均划入 A 公司账户。

9.2.2　票据贴现

1）无息票据贴现

例如:一张汇票面值 100 万美元,出票日期为 3 月 4 日,5 月 4 日到期。持票人于 4 月 5 日到银行贴现此汇票,贴现率为 12%。要求计算贴息和贴现净额。

【分析】贴现天数:4 月 5 日至 5 月 4 日（共 30 天）

贴现息:$1\ 000\ 000 \times (30 \div 360) \times 12\% = 10\ 000$（美元）

贴现净额:$1\ 000\ 000 - 10\ 000 = 990\ 000$（美元）

2）有息票据贴现

例如:一张带息汇票面值 100 万美元,利率 9%,出票日期为 3 月 4 日,5 月 4 日到期。持票人于 4 月 5 日到银行贴现此汇票,贴现率为 12%。要求计算票据到期值、贴息和贴现净额。

【分析】贴现天数:4 月 3 日至 5 月 2 日（共 30 天）

票据到期利息:$1\ 000\ 000 \times (2 \div 12) \times 9\% = 15\ 000$（美元）

票据到期值:$1\ 000\ 000 + 15\ 000 = 1\ 015\ 000$（美元）

贴现息:$1\ 015\ 000 \times (30 \div 360) \times 12\% = 10\ 150$（美元）

贴现净额:$1\ 015\ 000 - 10\ 150 = 1\ 004\ 850$（美元）

9.2.3　打包放款

打包放款的业务流程如下:

①收到信用证后,提出打包申请。

②提供报表等材料。

③信用证正本质押,获得贷款。

④收汇还款。其特点是：专款专用，只能用于出口商品所需原材料的采购、包装和运输。

打包放款与出口押汇的区别见表9.3。

表9.3　打包放款与出口押汇的区别

打包放款	出口押汇
1.打包放款仅以信用证为抵押	1.信用证在内的全套出口单据
2.货物装运之前	2.货物装运之后
3.手续简单	3.手续复杂
4.专款专用	4.用款自由安排

例如：2020 年 3 月，广州市一家经营家具的 A 公司接到美国 B 公司一批价值125 万美元的订单，约定结算方式为信用证。但受国内疫情影响，A 公司赊账进行原料采购的模式受到严重冲击，原料迟迟无法到货，公司急需贷款，却又苦于缺少有效抵押物，陷入了手握订单却为资金周转发愁的窘境。

经审核，银行同意给 A 公司发放信用证金额80% 的打包贷款授信额度。收到美方开立的 125 万美元即期付款信用证后，A 公司凭正本信用证向银行提出叙做打包贷款申请，假定期限为 90 天，同期的美元贷款利率仅为年息 2.987 5%。则企业需要付出的利息计算为：

$$125 \ 万美元 \times 80\% \times 2.987 \ 5\% \times 90 \ 天 \div 360 \ 天 = 0.746 \ 8 \ 万美元$$

生产结束后，A 公司向银行交单，单证相符，银行向开证行寄单索汇。银行收到该笔信用证项下的出口货款 125 万美元，在归还银行打包贷款本息100.746 8 万美元后，余额入 A 公司结算账户。

9.2.4　预支信用证融资

预支信用证是指开证行授权代付行（通知行）向受益人（通常为出口商）预付信用证金额的全部或一部分，由开证行保证偿还并负担利息，即开证行付款在前，受益人交单在后，与远期信用证相反。预支信用证凭出口人的光票付款，也有要求受益人附一份负责补交信用证规定单据的说明书，当货运单据交到后，付款行在付给剩余货款时，将扣除预支货款的利息。

垫款人可以是进口商、开证行或指定的代付银行，一般由垫款人收取利息。如果进口商未提交合格单据而造成损失，进口商承担相关的利息与费用。实际上是进口商向出口商提供融资。

其特点有以下 4 点：

①进口商付款在先，出口商交单在后。

②适用于卖方市场。

③出口商面临资金周转困难时，进口商以此压低进价。

④进口商承担偿还责任与费用，风险较大。

9.3　出口信贷

9.3.1　出口信贷的含义

由于对外贸易中长期信贷追求的目的侧重于扩大出口,因此国际上将对外贸易中长期信贷统称为出口信贷。

出口信贷是一种国际信贷方式,是出口国政府为支持和扩大本国资本货物的出口,提高产品的国际竞争能力,通过提供利息补贴和信贷担保的方式,鼓励本国银行向本国出口商或外国进口商提供利率较低的贷款,以解决本国出口商资金周转的困难,或者满足进口商对本国出口商支付货款需要的一种融资方式。出口信贷是官方支持的融资方式,是开拓机械设备销售市场的一种手段。

认识出口信贷

9.3.2　出口信贷的特点

与其他信贷方式相比,出口信贷具有以下 5 个特点。

①出口信贷是一种官方资助的政策性金融业务。许多国家设有专门发放出口信贷的机构,负责制定政策、管理和分配国家信贷资金。有的国家虽然没有出口信贷机构,但设有专门的政府部门,对商业银行办理的出口信贷给予资助。

②出口信贷的发放与信贷保险相结合。由于对外贸易中长期信贷的金额大、期限长、风险大,因此发放贷款的银行存在着较大的风险。为了解除银行的后顾之忧,保证其贷款资金安全,银行在办理出口信贷之前,都会要求出口商向本国的出口信贷保险机构投保,以减少可能发生的违约风险损失。

③出口信贷是一种相对优惠的贷款,其贷款利率一般低于相同条件的商业银行贷款利率,利差由国家补贴。大型设备价值高、交易金额大,为了加强本国设备的出口能力,削弱竞争对手,许多国家采用出口信贷,以低于市场利率的利率给外国进口商或本国出口商提供贷款,以扩大本国资本货物出口。

④出口信贷的金额只能占到合同金额的 85%,其余的要支付现汇。

⑤出口信贷一般有指定用途,限于购买贷款提供国的商品。如果某资本货物由多个国家参与制造,则该国部件占 50% 以上是获得出口信贷的必要条件,有时该比例高达 85%。有的国家只对资本货物中属于本国制造的部分提供出口信贷支持。

由上述特点可以看出,出口信贷是政府干预经济的一个重要手段,扩大出口能带动国内诸多经济部门的发展。各国政府都在采取措施努力支持出口,出口信贷就是其中有效的方法,尤其当一国经济增长速度下降、失业率上升时,政府增加出口信贷可以减少失业和经济衰退带来的社会问题,刺激经济增长。

9.3.3　出口信贷的作用

出口信贷推动了世界经济贸易的发展,具体表现在以下 4 个方面。

1)出口信贷促进了资本货物的国际贸易的发展

出口信贷使进口商具有了购买资本货物的能力,使资本货物的制造商和出口商获得了出口收汇的安全保障,解决了资金周转困难,从而刺激了资本货物的生产和出口。

2)出口信贷促进了项目的开发和建设

大型工程项目的开发周期长,耗费大,需要期限长、成本低的融资,而出口信贷正好符合这一要求。向工程设备的进口商或承包商提供补贴性的出口信贷,就能使投资项目开工运转,而这些项目如果按商业条件取得融资,则可能拖延工期或被迫下马。

3)出口信贷促进了设备提供国的经济发展

出口信贷促进了设备提供国的出口。大型设备出口一方面可以增加国民收入,另一方面可以增加就业,可谓一举两得。例如,美国进出口银行,在其近 60 年的历史中,支持了 2 600 亿美元的美国资本货物出口,为美国提供了上百万个就业机会,提高了美国资本货物在国际市场上的竞争能力。

4)出口信贷促进了发展中国家的经济发展

发展中国家一方面资金缺乏,另一方面又需要进口技术设备以提高国内生产水平,而且发展中国家国内往往有许多具备潜在开发价值的项目也需要大量资金,如果没有足够的资金或足够的优惠资金来引进和开发,会阻碍和延误经济发展,而出口信贷恰好能够弥补这方面的不足。在发展中国家国际贸易发展的初期,这对来自出口信贷部门的贸易融资支持起了很大的作用。

9.3.4　出口信贷的主要融资形式

出口信贷已成为各国普遍使用的一种信贷方式,在国际贸易发展中具有十分重要的作用。出口信贷的业务类型主要有:卖方信贷、买方信贷、混合信贷、福费廷、信用安排限额以及签订存款协议等。

卖方信贷和买方信贷

1)卖方信贷

卖方信贷,是指由出口商(卖方)所在地银行为支持出口而向出口商提供的中长期低息贷款,通常用于大型机器或成套设备的出口。这种出口产品生产周期长,资金占用多,贷款回收慢,出口商在组织出口中资金流动不畅,而且进口商做这种进口时,常常要求延期付款,更使得出口商资金难以周转。因此,出口商本国银行往往对其提供贷款,以帮助其出口。

我国进出口银行向出口商发放的出口卖方信贷包括:船舶信贷、设备信贷、高新技术产品信贷、一般机电产品信贷、对外工程承包贷款和境外投资贷款。

（1）卖方信贷的具体做法

①出口商以延期付款或赊销方式向进口商出售大型装备。合同签订后,进口商先支付10% ~15%的定金,余款在全部交货后若干年内分期偿还,并付延期付款期间的利息。

②出口商凭借出口单证向其所在地的银行商借贷款,签订贷款协议,以融通资金。

③进口商随同利息分期偿还出口商货款后,根据贷款协议,出口商再用其偿还银行贷款。

卖方信贷程序如图9.1所示。

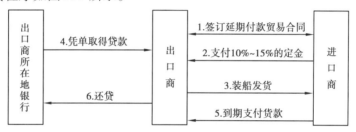

图9.1 卖方信贷程序

（2）卖方信贷的利弊分析

有利的方面:出口商在办妥卖方信贷后,就获得了融资便利,而且不仅是出口商,进口商在贸易中也得到了方便,有利于进口方进行合同磋商。因为进口商减少了与银行信贷的程序,只需与出口商洽谈商品的价款、支付方式、近期付款利率等,不必担心购货资金。

不利的方面:首先,对进口商来讲,进口商品的成本难以核算,价格的透明度较低。由于卖方将卖方信贷中发生的利息及其他一切费用均纳入货价,这些费用具体金额进口方不得而知,进口商难以了解真实货价,也就无法与其他国家的同类产品作细致的横向比较。其次,在风险方面,由于出口商允许进口商延期付款,他就有可能遇到进口商不能按期交付货款的风险。因此,出口商在通过卖方信贷出口时,往往要采取一定的保护措施,如取得政府保险机构或私营保险公司对出口信贷的保险,在发生外国进口商违约时,由保险机构负责向出口商赔偿部分或全部货款。最后,对于出口商来讲过于忙碌,一方面要与进口商洽谈贸易条件,签订贸易合同;另一方面还要组织生产,保证按时保质保量交货;同时还要与银行签订贷款协议。所以,在卖方信贷条件下,出口商疲于应付。

（3）获得卖方信贷的条件

由于卖方信贷具有政府贴补、支持本国出口的性质,因此具有相当的优惠,不过,并不是所有的出口商都能够获得卖方信贷的支持,申请这种贷款必须符合一定的条件。除了像 OECD 组织的"君子协定"那样的国际惯例,各国也大都有自己的规定。下面,我们就简单介绍一下在我国申请使用卖方信贷所需的一些条件:

①只有在中国注册的,并且经国家有关部门批准有权经营机电产品和成套设备出口的中国法人企业(进出口企业或生产企业),才有资格申请中国的出口卖方信贷支持。

②我国要求卖方信贷支持的出口产品属于机电产品和成套设备,这是因为我国改善出口商品结构(提高机电产品的比例,降低原材料和初级加工品的比例)的外贸政策,希望通过出口信贷的方式促进出口商品结构的优化。这种规定在其他国家并不多见,而且要求出口商品在中国境内制造的部分一般应占 70% 以上(船舶占 50% 以上)。

③由于我国希望优先支持大额机电产品和成套设备的出口,要求提供出口卖方信贷融资的最低出口合同金额为 50 万美元。而且,为了提高交易的安全性,要求进口商所支付的最低现金比例一般不低于合同金额的 15%,同时要求出口商投保出口信用险。

④根据 OECD 组织"君子协定"的划分,二类国家的出口信贷还款期最长为 10年。在我国,卖方信贷贷款期限的规定一般也是不超过 10 年。

2)买方信贷

买方信贷是指在大型成套设备贸易中,为了扩大本国设备的出口,由出口商所在国的银行向进口商或进口商所在国的银行所提供的中长期贷款。它是目前国际上出口信贷中的主要类型,其具体做法有以下两种形式。

①直接贷款给进口商。即出口方银行或出口信贷机构直接向进口商提供贷款(通常要求进口方银行给予担保),出口商与进口商签订的成交合同中规定即期付款。出口方银行或出口信贷机构根据合同规定,凭出口商提供的交货单据,将贷款付给出口商。同时,借记进口商的贷款账户。进口商根据与出口方银行或出口信贷机构签订的借款协议,陆续将借款本息偿还给出口方银行或出口信贷机构。

②先贷款给进口方银行,再由其转贷给进口商。具体来说,出口方银行或出口信贷机构向进口方银行提供贷款,再由进口方银行转贷给进口商,以便进口商以现汇支付进口的资本货物、技术和劳务款项。进口方银行按其与出口方银行或出口信贷机构签订的借款协议还本付息。进口商除按上述借款协议中的同等条件向进口方银行还本付息外,还需要向进口方银行支付一定金额的转贷手续费。

(1)直接贷款给进口商的买方信贷

这种信贷的程序与做法如下。

①进出口双方洽谈贸易,签订贸易合同。

②进口方先支付 15% 的现汇定金,现汇定金在合同生效日支付,也可以在合同签订后的 60 天或 90 天支付。

③贸易合同签订后到预付定金前,进口方与出口方银行签订贷款协议,此协议以上述贸易合同为基础。

④进口方用贷款以现汇条件支付出口方货款。

⑤进口方按贷款协议条件分期偿还贷款本息。

直接贷款给进口商的买方信贷程序如图9.2所示。

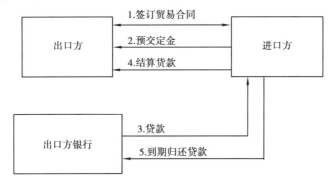

图9.2　直接贷款给进口商的买方信贷程序

(2)直接贷款给进口商银行的买方信贷

这种信贷的程序与做法如下。

①进出口双方洽谈贸易,签订贸易合同。

②进口商先支付15%的现汇定金。

③进出口双方的贸易合同经出口商所在地银行审查同意后,出口商所在地银行与进口商所在地银行签订贷款协议,出口商所在地银行为进口商所在地银行提供贷款。

④进口商所在地银行将款项转贷进口商,进口商用贷款以现汇方式支付出口商货款。

⑤进口商所在地银行根据贷款协议分期向出口商所在地银行偿还贷款。

⑥进口商与进口商所在地银行的债务,按转贷协议,在国内清偿结算。

直接贷款给进口商所在地银行的买方信贷程序如图9.3所示。

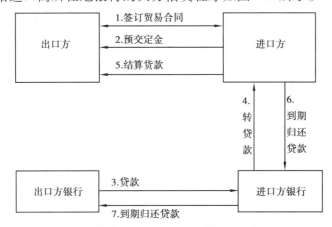

图9.3　直接贷款给进口商所在地银行的买方信贷程序

(3)买方信贷的一般原则

①接受买方信贷的进口商只能以其所得的贷款向发放买方信贷国家的出口商、出口制造商或在该注册的外国出口公司进行支付,不能用于第三国。

②进口商利用信贷仅限于进口资本货物,一般不能以贷款进口原材料、消费

品等。

③提供买方信贷国家出口的资本货物限于是该国制造的,如该资本货物的部件由多国产品组装,本国部件应占 50% 以上,个别国家规定外国部件不能超过 15%。

④贷款只能提供贸易合同金额的 80% ~ 85%,一般付足 15% ~ 20% 的定金或部分货款后才能使用贷款。

⑤贷款偿还均为分期偿还,一般规定半年还本付息一次。

⑥还款期限对于富有国为 5 年,中等水平国家为 8.5 年,相对贫穷国家为 10 年。

(4)买方信贷的贷款条件

①买方信贷所使用的货币:一种是使用提供买方信贷国家的货币或美元;另一种是提供买方信贷国家的货币与美元共用,不同货币不同利率。

②申请买方信贷的贷款起点。进口商利用买方信贷购买资本货物都规定有最低起点,未达到规定起点,不能使用买方信贷。各国提供买方信贷的起点不尽相同,且有时根据市场情况有所变动。这一规定是为了促进大额交易的完成,扩大资本货物的出口。

③买方信贷的利率与计算方法。买方信贷的利率一般都低于市场利率,一般均参照 LIBOR 利率和经合组织利率。借取美元 1 年按 360 天计算,借取日元和欧元 1 年按 365 天计算。

④买方信贷的费用。买方信贷除支付利息外,还需支付管理费、承担费以及信贷保险费等。管理费的费率为贷款总额的,信贷保险费的费率一般为贷款金额的 0.25%。

借款人使用买方信贷除支付利息外,还需支付以下费用。

A. 管理费。费率一般在 0.1% ~ 0.5%,有的国家规定在签订信贷协议后一次性支付,有的规定每次按支取贷款金额支付。

B. 承担费。费率在 0.1% ~ 0.5%,每 3 个月或 6 个月支付一次,有的国家有时不收承担费。

C. 信贷保险费。即支付给贷款国出口信贷保险机构的担保费用,费率一般为贷款金额的 0.25%,但信贷保险费由谁支付,各国的规定也有所不同,有的国家规定由进口商支付,有的规定由出口商支付。

⑤买方信贷的用款手续。出口商银行与进口商银行签订贷款总协议,规定贷款总额,一旦进口商与出口商达成交易,签订贸易合同需要贷款时,根据贸易合同向进口国银行申请,批准后即可使用贷款。但有些国家规定在签订买方信贷总协议之外,根据贸易合同,还需签订具体协议。

⑥贷款期限与偿还方式。买方信贷的偿还期限,一般根据进口设备的性质与金额大小而定,还款的起始时间也由借贷双方协商确定。概括起来大体有 3 种情况:

A. 单机一般在货物装船后 6 个月开始分期偿还,但也有些国家按提单日期、支用贷款日期或合同规定的装运日期开始偿还。

B. 对成套设备的买方信贷:有的国家规定,在其基本交货完毕或最终交货后 6 个月开始偿还;有的规定按交接验收后 6 个月开始偿还;也有的规定在保证期满后 6 个月开始偿还。

C. 对技术劳务的买方信贷,一般按技术劳务合同执行完毕后或分段执行后 6 个月开始偿还。

(5)买方信贷和卖方信贷的比较

在实际贸易中,买方信贷比卖方信贷更为流行,究其原因主要有以下几个方面。

①买方信贷比卖方信贷能提供更多的融通资金。

②买方信贷对进口商更有利。因为采用买方信贷,在与出口商的贸易谈判中进口商无须考虑信贷因素,避免了对价格构成缺乏了解的问题。进口商或进口方银行直接承担贷款手续费,比出口商转嫁这笔费用更为合适。利用买方信贷可以使进口商集中精力谈判技术条款及商务条款,同时有利于降低买方银行的融资费用。

③买方信贷对出口商也有利。利用买方信贷,出口商可以及时收回资金,不存在汇率风险。另外,采用买方信贷,出口商可以省去联系信贷的手续,并且可以消除卖方信贷对其资产负债表的影响。对于上市公司来说,卖方信贷产生的巨额负债和应收款项对其股票价格有消极影响。

④买方信贷对出口方银行有利。对于出口方银行来说,买方信贷可以使它贷款给进口方银行,这比卖方信贷业务中贷款给国内出口商更为保险。此外,买方信贷使它可以直接介入国际贸易谈判和国际融资,增强它的万能垄断者地位。

⑤买方信贷对进口方银行有利。可获得利息与手续费收入。

3)福费廷

福费廷,也称中长期票据收买业务,它是指在延期付款的大型成套设备贸易中,出口商把经进口商承兑的期限在半年以上到 5 ~ 6 年的远期汇票,无追索权地卖给出口商所在地的银行或大金融公司,提前支取现款的一种资金融通形式。从实质上看,这种业务也是出口信贷的一种类型。由于福费廷是一种类似于贴现的融资业务,因此有人认为,它是一种无追索权的贴现业务。

福费廷和其他
融资形式

(1)福费廷业务的主要内容

①出口商与进口商在洽谈设备、资本货物等贸易时,欲使用福费廷,应事先与其所在地的银行或金融公司约定,以便做好各项信用安排。

②出口商与进口商签订贸易合同,言明使用"福费廷"。出口商向进口商索取货款而签发的远期汇票,要取得进口商往来银行的担保,保证在进口商不能履行支付义务时,由其最后付款。银行对远期汇票的担保形式有两种:第一,在汇票票面上签章,保证到期付款。第二,出具保函,保证到期付款。

③进口商延期支付设备货款的偿付票据,可以从下列两种形式中任选一种。

A. 由出口商向进口商签发的远期汇票,经进口商承兑后,退给出口商,以便其贴现。

B. 由进口商开具本票,寄交出口商,以便其贴现。

④选择担保银行要经出口商所在地银行的同意。

⑤出口商发运设备后,将全套货运单据通过银行的正常途径,寄送给进口商。

⑥出口商取得经进口商承兑并经有关银行担保的远期汇票或本票后,按照与买

进这项票据的银行的原约定,依照放弃追索权的原则,办理贴现,取得现款。

（2）福费廷业务与一般贴现的区别

福费廷业务与贴现业务极为相似,但又有所不同。两者的主要区别如下。

①从票据的追索权看,一般票据贴现,如票据到期遭拒付,银行可行使票据的追索权;而福费廷业务,银行不能行使票据的追索权,即对出口商或出票人不得追索。也就是说,利用福费廷融资,出口商贴现票据是一种买断,以后票据遭到拒付时,出口商概不负责,由从事福费廷业务的银行承担拒付风险。

②从票据产生的基础来看,一般票据产生的基础,既有国内贸易,也有国际贸易;而福费廷业产生的基础仅限于国际贸易,且主要与出口成套设备相关。

③从票据的担保看,一般票据无须担保;而办理福费廷业务的票据必须有信誉很高的银行担保。

④从办理贴现的手续与费用来看,一般票据贴现,手续比较简单,贴现的费用一般只按当时市场利率收取的利息,费用较低;而办理福费廷业务手续比较复杂,如需预约,要有担保等。贴现的费用,除按当时市场利率收取的利息外,还要收取管理费、承诺费,甚至出口商未能履行（或撤销）贸易合同,使福费廷未能开展所承担的罚款。

⑤从风险承担的主体来看,贴现业务的风险不转移,而福费廷业务的风险转移给出口商所在地的银行（或贴现行或大金融公司）,风险包括汇率风险、利率风险、信用风险等。

（3）福费廷业务与保付代理业务的区别

①保付代理业务一般多在中小企业之间进行,商品交易额不大,付款期限在1年以下;福费廷业务一般在大企业之间进行,成交的商品为大型设备,交易额大,付款期限长。

②保付代理业务无须进口商所在地银行对汇票支付进行保证,而福费廷业务必须如此。

③保付代理业务不需要出口商事先与进口商协商;而福费廷业务则要出口商与进口商事先协商,取得一致。

④保付代理业务内容比较综合,福费廷业务内容单一突出。

（4）福费廷业务的利弊分析

福费廷业务对出口商来讲有4点好处。

①及时进行贸易融资,有利于加速资金周转,提高经济效益。

②福费廷业务通常是保密的,有利于保护出口商的商业秘密。

③无追索权的风险转移。

④资产负债表中减少负债,增加资产,降低了资产负债率,有利于企业资信的建立和上市融资。

不利之处:福费廷业务的费用较大。

福费廷业务对进口商来讲有3点好处。

①迅速灵活简便。

②可以获取扣除贴息后的100%融资。

③还款计划和利率可以视进口商规定而定。

不利之处:按规定进口商必须支付开证行的一切费用;出口商往往把福费廷业务中的高费用转嫁给进口商,因此导致进口成本上升。由于汇票、本票或其他债权凭证所具有的性质,进口商不能因为任何有关货物或服务的贸易纠纷拒绝或拖延付款。

福费廷业务对于包买商来说,主要有两点好处。

①收益率较高,其福费廷业务收益率明显高于他所报出的贴现率。

②由于包买商所购票据可以在二级市场上转让,使他拥有较强的选择性。

不利之处:包买商无追索权地承担了各种收汇风险。为减少风险,他需要详细了解担保行的信誉。如果他邀请一流的金融机构进行风险参与,还要付出相应的费用。

福费廷业务对于担保行来说,主要有两点好处。

①福费廷业务给担保行提供了获取可观的保费收入的机会。

②担保行保留着对进口商的追索权。

不利之处:担保行必须对进口商的资信有全面的了解,承担的风险是比较大的。

4)信用安排限额

20世纪60年代后期出现了一种新的出口信贷形式——信用安排限额,信用安排限额是指出口商所在地的银行为了扩大本国消费品出口或对外承包基础工程,给予进口商所在地银行以中长期融资的便利,并与进口商所在地银行配合,促成有关业务的成交。

信用安排限额有两种形式。

(1)一般用途信用限额

一般用途信用限额,也称购物篮子信用,出口商所在地的银行给予进口商所在地银行一定的贷款限额,以满足对方许多彼此无直接关系的进口商购买该出口国消费品的资金需要。这些消费品是由出口国众多彼此无直接关系的出口商提供的,出口国银行与进口国银行常常相互配合,促成成交。

(2)项目信用限额

出口商所在地的银行给予进口商所在地银行一定的贷款限额,以满足进口国的厂商购买出口国的基础设备或基础工程建设的资金需要。这些设备和工程往往由几个出口商共同负责,有时甚至没有一个总的承包者。

5)混合信用贷款

混合贷款是指出口国政府为支持本国商品国际市场的竞争力,将政府贷款与买方信贷或卖方信贷相结合的贷款方式。

(1)混合贷款的形式

混合贷款的形式大致可以分为两种。

①对一个项目的融资,同时提供一定比例的政府贷款(或赠款)和一定比例的买方信贷(或卖方信贷)。政府贷款(或赠款)和买方信贷(或卖方信贷)分别签署贷款协议,两个协议各自规定其不同的利率、费率和贷款期限等融资条件。

②对一个项目的融资,将一定比例的政府贷款(或赠款)和一定比例的买方信贷(或卖方信贷)混合在一起,然后根据赠予成分的比例,计算出一个混合利率。这种形式的混合信贷只签署一个贷款协议,当然其利率、费率和贷款期限等融资条件也只有一种。

（2）申请混合信贷的条件

近年来,OECD对混合信贷的发放逐步收紧,1999年4月通过的出口信贷君子协定中规定的申请混合信贷的条件有以下3项。

①项目资金难以或无法获得。

②项目一定为无盈利项目,即项目的现金流不足以抵补项目的运营成本。

③从其他渠道不能取得符合君子协定所规定的信贷条件或符合市场信贷条件的资金。但是这3项规定,不适用于最不发达国家。

6）签订存款协议

出口商所在地银行在进口商银行开立账户,在一定期限之内存放一定金额的存款,并在期满之前要保持约定的最低额度,以供进口商在出口国购买设备用,这也是提供出口信贷的一种形式。中国银行在1978年与英国曾签订过这样的协议,供我国进口机构用该项款在英国购买设备,一般适用于中小型项目。

9.4　国际保付代理

9.4.1　国际保付代理业务的概念

国际保付代理业务(International Factoring),简称保理业务。办理保理业务的银行,财务公司或其他专门组织,在出口商以商业信用形式卖出商品、装运货物后,买下出口商的发票、汇票、提单等有关单据并向其支付全部或部分货款,从而使出口商获得所需的融通资金,而办理保理业务的银行,财务公司或其他专门组织在票据到期时直接向进口商收回货款。简单地讲,这是一项代出口商收款的业务。

由于保理业务能够很好地解决赊销中出口商面临的资金占压和进口商信用风险的问题,在欧美、东南亚等地日渐盛行,在世界各地发展迅速。

9.4.2　保付代理业务的基本流程与内容

1）保付代理业务的基本流程

（1）贸易洽谈

出口商以赊销方式向进口商出卖商品,贸易洽谈时不一定说明通过保理收取货款。

（2）提出申请

出口商向出口保理商提出申请,申请内容应真实具体,如进口商(债务人)的名称、地址、法人代表、所在国家及地区、商品名称、数量、赊销金额、期限及全年累计赊销金额等,交易中有无佣金、回扣、暗扣等均应如实说明。如有隐瞒,将来发生问题,保理商不承担信用风险担保责任,并可向其追索。

（3）申请传递,提出信用风险担保

出口保理商向进口保理商传递申请,并要求进口保理商对出口商向进口商提供的信用风险进行担保。

（4）资信调查

进口保理商对进口商的资信进行调查,如交易情况与进口商资信情况相称,进口保理商则接受申请,否则加以拒绝。调查结果必须在 14 天内告知出口保理商;如不能,应向出口保理商说明原因,或要求出口商进一步补交有关材料。

（5）信息反馈,信用担保承诺

作为债务人的进口商如符合条件,进口保理商愿担保信用风险,则向出口保理商发出书面承诺,或电告后书面确认。明确每笔交易最高赊销金额与全年累计赊销金额,在此金额内进口保理商承担信用风险。进口保理商信用风险担保生效的前提是：

①出口商提交债权转让的凭证(发票或汇票,并在其上签注债权转让给进口保理商)。

②出口商交付全套出口有关单据。

（6）书面签约

出口商与出口保理商签订书面保理协议,可根据出口商与进口商单笔交易合同签订一个协议,也可根据一定时期内出口商与该进口商的多笔交易签订一个总协议。

（7）货物出运,单据卖断

出口商出运货物后,将附有债权转让给进口保理商字样并签字盖章后的发票(或汇票)及全套单据卖断给出口保理商,后者根据票据金额扣除该日至票据到期日的利息后给予出口商资金融通。

（8）单据传递,催收账款

出口保理商将有关单据传递给进口保理商,进口保理商根据票据的付款日期向进口商催收账款。

（9）账款划回,交易终结

进口保理商收到进口商所付货款后,将资金划拨给出口保理商,保理交易终结。如果票据到期日进口商破产、倒闭或无理拒付,进口保理商仍应承担支付义务,若进口保理商拖延支付,还应承担延期支付的利息。如果进口商对货款支付存有争议,进口保理商应于自发票到期日起 90 天内通知出口保理商,双方应在 180 天内协商解决,进口保理商根据协商解决办法进行货款支付。如争议通过法院裁决,根据裁决结果,3 年内进口保理商仍须承担支付义务。

国际保理业务运作流程如图 9.4 所示。

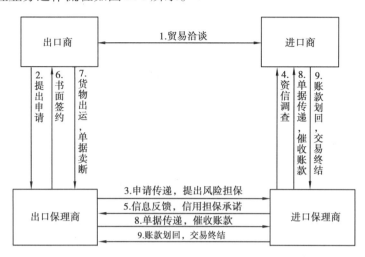

图 9.4　国际保理业务运作流程

案例:加拿大 A 公司(出口方)向美国 B 公司(进口方)出口了一笔 100 万美元的货物。双方签订合同时汇价为 1 美元兑换 1.20 加元,3 个月后到期收汇时汇率为 1 美元兑换 1.10 加元。这时,加拿大 A 公司就蒙受了外汇风险损失。进口商如期付款后,加方公司的收入仅为:1.10×100 万加元＝110 万加元,汇率损失为:10 万加元,损益率为:

$$\frac{120-110}{120}\times100\%=8.3\%$$

实际在这笔交易中,加方对汇率变动早有预见,提前做了出口保付代理业务,并未遭受如此风险损失。按照加方同保付代理商签订的协议,保付代理商预付发票金额的 90%,按 1.5% 扣除利息,以及剩余货款到期付款时应扣除 1% 的费用后,实际加方公司的收入是这样的:

$$1.2\times(100\text{ 万}\times90\%-100\text{ 万}\times90\%\times1.5\%)=106.38\text{ 万(加元)}$$

此为保付代理商预付 90% 时,加方公司的第一笔收入。3 个月后,保付代理商再付其余 10% 的收入为:

$$1.10\times(100\text{ 万}\times10\%-100\text{ 万}\times1\%)=9.9\text{ 万(加元)}$$

两项合计即为加方公司的实际收入,为:

$$106.38\text{ 万}+9.9\text{ 万}=116.28\text{ 万(加元)}$$

加方公司的损失率为:

$$\frac{120-116.28}{120}\times100\%=3.1\%$$

上述事实表明,出口商选择保付代理业务既可以防止进口商到期不支付合同货款,保证安全收汇,又可以大大减轻汇率波动带来的风险损失。加拿大 A 公司在这项出口交易中时损益率,因提前做了保付代理业务而从 8.3% 降至 3.1% 就是一个非常好的例证。这也恰恰反映出保付代理业务的优势。

2)国际保理业务的内容与特点

（1）保付代理组织承担了信贷风险

出口商将单据卖断给保理组织,如果海外进口商拒付货款或不按期付款等,保理组织不能向出口商行使追索权,全部风险由其承担,这是保理业务的最主要的特点和内容。

保理组织设有专门部门有条件地对进口商资信情况进行调查,并在此基础上决定是否承购出口商的票据。只要得到该组织的确认,出口商就可以赊销方式出售商品,并能避免风险。

（2）保付代理组织承担资信调查、托收、催收账款,甚至代办会计处理手续

出卖应收债权的出口商,多为中小企业,对国际市场了解不深,保理组织不仅代理他们对进口商进行资信调查,并且承担托收货款的任务。有时他们还要求出口商交出与进口商进行交易磋商的全套记录,以了解进口商负债状况及偿还能力。一些具有季节性的出口企业,每年出口时间相对集中,为减少开支,还委托保理组织代办会计处理手续等。所以,保理业务是一种广泛、综合的服务,不同于议付、贴现业务。这是保理业务另一个主要内容与特点。

（3）预支货款

典型的保理业务是出口商在出卖单据后,都立即收到现款,得到资金融通。这是保理业务的第三个主要内容与特点。但是,如果出口商资金雄厚,有时也可以在票据到期后再向保理组织索要货款。有时保理组织在票据到期日以前,先向出口商支付80%的出口货款,其余20%的货款待进口商付款后再予以支付。

3)国际保理业务的类型

（1）根据出口商出卖单据可否立即得到现金来划分

①到期保付代理业务（Maturity Factoring）。这是最原始的保付代理业务,即出口商将出口有关单据出卖给保理商,保理商确认并同意票据到期时无追索权地向出口商支付票据金额,而不是在出卖单据时向出口商立即支付现金。

②预支（Advance）保付代理业务。出口商装运货物取得单据后,立即将其单据卖给保理商,并取得现金。

（2）根据是否公开保理商的名称来划分

①公开保理商名称的保理业务,即在票据上写明货款付给某一保理商。

②不公开保理商名称的保理业务,即按一般托收程序收款,不一定在票据上特别写明该票据是在保付代理业务下承办的,即不突出保理商的名称。

（3）根据保理商有无追索权来划分

①无追索权的保理业务,即通常所做的保理业务。

②有追索权的保理业务。根据国际保理公约的规定,保理包括融资、保存账目、托收账款和坏账担保4项内容,只要承做其中两项业务即视为保理。据此,有追索权保理业务即保理商不承担坏账担保,而只承做融资、托收账款等其他业务,遇有坏账,保理商能行使追索权。一般来说,如果进口商资金雄厚,信用较好,或进口商为政府

部门,一般不会无理赖账,也无破产倒闭的风险,出口商为减少保理费负担,常做有追索权的保理业务。

（4）根据保理商与进出口商之间的关系来划分

①双保付代理业务,即出口商所在地的保理商与进口商所在地的保理商有契约关系,他们分别对出口商的履约情况及进口商的资信情况进行了解,并加以保证,以促进交易的完成与权利义务的兑现。

②直接进口保付代理业务,即进口商所在地的保理商直接与出口商联系,并对其汇款,一般不通过出口商所在地的保理商转送单据。在美国这种情况较多。

③直接出口保付代理业务,即出口商所在地的保理商直接与进口商联系,并对出口商融资,一般不通过进口商所在地的保理商转送单据。

国际保理业务的分类见表9.4。

表 9.4　国际保理业务的分类

依　据	种　类
出口商出卖单据是否可以得到现金	到期保付代理业务（Maturity Factoring） 预支（Advance）
根据出口商与保理商签订协议后,是否应将债权转让事宜通知债务人	公开型保理（Disclosed Factoring） 隐蔽型保理（Undisclosed Factoring）
根据保理商对保理业务项下的融通资金是否有追索权	无追索权保理（Nonrecourse Factoring） 有追索权保理（Recourse Factoring）
保理商与进出口商之间的关系	双保付代理业务 直接进口保付代理业务 直接出口保付代理业务
根据涉及保理商的数量	单保理（Single-factorsystem） 双保理（Two-factorsystem）

4）保理业务的费用

承购组织不仅向出口商提供资金,而且还提供一定的劳务,所以他们要向出口商索取一定的费用,该费用由以下两个部分内容构成。

（1）保理手续费

保理手续费,即保理组织对出口商提供劳务索取的酬金,包括以下3项。

①保理组织提出的、向进口商提供赊销额度的建议是经过周密调研的结果,对此项劳务,出口商要给予报酬。

②给予信贷风险评估工作一定报酬。

③支付保存进出口商之间的交易磋商记录与会计处理而产生的费用。

保理手续费根据买卖单据的数额一般每月清算一次。手续费的多少一般取决于交易性质、金额及信贷、汇价风险的大小。手续费的费率一般为应收账款总额的1.75%～2%。

（2）利息

保理组织从收买单据向出口商付出现金到票据到期从海外收到货款这一时期内的利息负担完全由出口商承付。利率根据预支金额的大小，参照当时市场利率水平而定，通常比优惠利率高2%～2.5%。出口商如以保理形式出卖商品，均将上述费用转移到出口货价中，其货价高于以现汇出卖的商品价。

9.4.3 国际保理的竞争优势和应用优势

对出口商来讲，国际保理使出口商容易获得有关进口商的资信情况。提供了更有竞争力的付款条件，从而有利于出口商拓展海外市场，扩大出口贸易额。保理商提供买方信用担保，使出口商得到收汇保障，在一定程度上降低了出口商的经营成本，间接避免了汇率波动风险；出口商利用保理业务进行融资，增强了对外负债能力。

对进口商来说，国际保理为暂时资金短缺的进口商增加了贸易机会，使进口商有限的资金得到充分应用，加速资金周转。进口商收到单据即可以提货，简化了手续，节省了时间。

对保理商来说，通过开展国际保理业务，可以开辟新的盈利来源。保理已经成为银行中间业务的主要品种，大力发展保理业务，是增加银行中间业务收入、提升银行竞争优势的重要方向。我国商业银行中间业务收入占总收入的比例一般只在10%，而西方商业银行的中间业务收入比重一般为40%～50%，差距显而易见。根据国际惯例，开展国际保理业务的利润相当于传统结算业务收入的10倍，利润相当可观。国际保理业务收益来源于两方面，一是保理服务佣金，二是进口商资信调查费。如果是融资保理业务，保理商还可获得相应的利息收入。

知识链接9.1

中国银行国际贸易融资业务简介

1. 融付达

中国银行应国外代理行的申请，对其在跟单信用证项下或跟单托收项下的应付款项在付款到期日先予以垫付，而给予国外代理行的短期资金融通业务。

业务示例：

俄罗斯进口商A公司委托俄罗斯B银行开立即期信用证，从中国C公司进口冷冻海产品。由于俄罗斯普遍融资成本较高，A公司要求将即期信用证变为远期信用证。出口商C公司又不愿意接受远期信用证，故寻求中国银行的帮助。

中国银行向C公司推荐了融付达，并与B银行联系，签署了融付达合作协议，在中行融付达产品的帮助下，A公司降低了进口融资成本，并同意继续采用即期信用证的方式与C公司交易。

2. 杂币进口汇利达

在进口结算业务项下，中国银行应进口商的申请，凭其提交的人民币保证金或人民币定期存款存单作为质押，为其以支付币种以外的其他币种（以下简称"杂币"）办理进口押汇或汇出汇款项下融资(以下统称进口融资)。以融资币种套换支付币种对外付款,同时要求客户在中国银行办理一笔同期限的融资币种远期售汇交易,并约定到期由中国银行释放质押的人民币保证金或人民币定期存款存单交割后归还进口融资款项。该项产品组合由人民币保证金或人民币定期存款、杂币进口融资、融资币种与支付币种套汇和融资币种远期售汇4部分组成。

3.进口押汇

中国银行在进口信用证或进口代收项下,凭有效凭证和商业单据代进口商对外垫付进口款项的短期资金融通。

4.买入票据

买入票据是指在光票托收等不附带贸易单据的结算业务项下,中国银行通过贴现方式购入由其他银行付款的银行即期票据,为客户提供融资服务。

5.打包贷款

中国银行应信用证受益人(出口商)申请向其发放的用于信用证项下货物采购、生产和装运的专项贷款。

6.出口贴现

出口贴现是指中国银行在出口信用证项下从出口商购入已经银行承兑的未到期远期汇票或已经银行承付的未到期远期债权或在跟单托收项下购入已经银行保付的未到期远期债权。如承兑/承付/保付/保付银行到期不付款,中国银行对出口商有追索权。

7.出口押汇

出口押汇是指出口商发出货物并交来信用证或合同要求的单据后,中国银行凭所交单据向其提供的短期资金融通。

8.出口全益达

"出口全益达"是中国银行针对出口企业在贸易活动中可能遇到的各种困扰和难题,而专门打造的一个功能强大、方便实用的贸易融资综合解决方案。

业务示例:

甲公司在东南亚某国拿到承建电站的5亿美元大单,但面临诸多困难。

①电站业主资金紧张,且在当地融资成本很高,希望甲公司带资承建,同时业主准备采用5年期延期付款方式结算。

②该国银行的信用评级不佳。

③尽管甲公司在该国有10多年承建工程的历史,但涉足如此大规模的电站项目还是第一次,相关风险难以预知。

④受自身资产规模限制,甲公司在国内无法取得承建工程所需的贷款。

基于以上信息,中国银行为甲公司设计解决方案如下。

①以银行保函为甲公司争取部分预付款。

②争取延期收款在信用证项下实现,从而以银行信用替代商业信用,并且可以利用信用证取得多种贸易融资。

之后中国银行专家又陪同甲公司两次赴该国,参与了该公司与业主、当地银行的一系列谈判,将以上解决方案逐一加以细化落实。

国际金融实务(第6版)

①当地银行开立5年期延期付款信用证,某外资银行加具保兑。

②甲公司在该电站项下投保出口信用险、营运险、完工险等,分散转移风险。

③在甲公司银行授信额度不足的情况下,中国银行利用独家叙做的保函风险专项资金出具预付款保函及履约保函,使甲公司即期收到部分工程款,能够迅速启动项目。

④收到信用证后,中国银行为甲公司叙做打包贷款。

⑤信用证下出单后,中国银行为甲公司办理押汇用以归还打包贷款。

⑥收到开证行/保兑行承兑后,中国银行为甲公司叙做福费廷,买断甲公司在该项目下的长期应收账款,用以归还押汇。

通过中国银行"出口全益达"提供的解决方案,甲公司这笔5亿美元大单面临的问题迎刃而解。

①通过预付款保函获得了宝贵的项目启动资金。

②通过打包放款、出口押汇和福费廷等融资产品的转换运用,减少了对银行授信额度的占用,扩大了融资规模。

③利用不同融资产品适用利率不同的特点,有效降低了财务成本,提高了业务利润。

④通过灵活运用金融工具,最大限度地分散和控制风险。

9. 出口汇利达

出口汇利达是指在出口结算业务项下,中国银行应客户的申请,凭其出口收汇款项作为外币保证金质押,为其办理人民币出口融资,同时要求客户在中国银行办理一笔同期限的远期结汇交易,并约定到期由中国银行释放质押的外币保证金交割后归还出口融资款项。该项产品组合由外币保证金、出口融资和远期结汇3部分组成。

10. 福费廷

福费廷是指中国银行无追索权地买入因商品、服务或资产交易产生的未到期债权。通常该债权已由金融机构承兑/承付/保付。中国银行福费廷业务可接受的债权形式包括:信用证、汇票、本票、有付款保函/备用信用证担保的债权、投保出口信用险的债权、IFC(国际金融公司)等国际组织担保的债权及其他可接受的债权工具。

业务示例:

我国机械设备制造企业A公司拟向中东某国B公司出口机械设备。这种设备的市场为买方市场,市场竞争激烈,A公司面临以下情况。

①B公司资金紧张,但在其国内融资成本很高,希望A公司给予远期付款便利,期限1年。A公司正处于业务快速发展期,对资金需求较大,在各银行的授信额度已基本用满。

②B公司规模不大,信用状况一般。虽然B公司同意采用信用证方式结算,但开证银行C银行规模较小,A公司对该银行了解甚少。

③A公司预计人民币在1年内升值,如等1年后再收回货款,有可能面临较大的汇率风险。

A公司与中国银行联系,希望提供解决方案。

为满足A公司融资、规避风险、减少应收账款等多方面的需求,中国银行设计了福费廷融资方案,A 公司最终采用了中国银行的方案,并在商业谈判中成功将融资成本记入商品价格。业务过程如下。

　　A. C 银行开来见票 360 天远期承兑信用证。

　　B. A 公司备货发运后,缮制单据交往中行。

　　C. 中行审单无误后寄单至 C 银行。

　　D. C 银行发来承兑电,确认到期付款责任。

　　E. 中行占用 C 银行授信额度,为 A 公司进行无追索权贴现融资,并结汇入账。

　　F. 中行为 A 公司出具出口收汇核销专用联,A 公司凭此办理出口收汇核销和退税手续。

　　通过福费廷业务,A 公司不仅用远期付款的条件赢得了客户,而且在无须占用其授信额度的情况下,获得无追索权融资,解决了资金紧张的难题,有效规避了买方信用风险、国家风险、汇率风险等各项远期收汇项下风险,同时获得提前退税,成功将应收账款转化为现金,优化了公司财务报表。

　　11. 出口商业发票贴现

　　出口商业发票贴是指出口商将现在或将来的基于其与进口商(债务人)订立的出口销售合同项下产生的应收账款转让给银行,由银行为其提供贸易融资、应收账款催收、销售分户账管理等服务。

　　12. 进口双保理

　　进口双保理是指中国银行应国外出口保理商(不包括非 FCI 成员的中国银行海外机构)的申请,为某一特定的进口商核定信用额度,从而向出口商提供应收账款催收、资信调查、坏账担保等服务。按是否将应收账款转让通知债务人分为公开型进口双保理与隐蔽型进口双保理。

　　13. 出口双保理

　　出口双保理是指出口商将其现在或将来的基于与进口商(债务人)订立的货物销售合同项下产生的应收账款转让给中国银行,再由中国银行转让给国外进出口保理商,由中国银行为出口商提供贸易融资、销售分户账户管理,并由进口保理商为其提供应收账款的催收及信用风险控制与坏账担保等服务。按有无追索权分为有追索权保理与无追索权保理;按是否将应收账款转让通知债务人分为公开型出口双保理与隐蔽型出口双保理。

　　业务示例:

　　S 公司是一家民营企业,生产家用炊具。2002 年起,公司考虑拓展海外市场。当时,S 公司品牌在海外知名度不高,欧美等地的进口商均拒绝开证,要求 O/A90 天。S公司既要对进口商提供优惠的付款条件,又担心进口商的信用风险,同时面临资金周转的问题,公司向中国银行寻求解决方案。

　　中国银行向 S 公司推荐了出口双保理业务,利用与美国保理商的良好合作关系,成功为公司在美国的进口商核准了保理额度,为公司开办了出口双保理业务。2003年 S 公司业务量即超过 1 500 万美元。之后,中国银行又为 S 公司对欧洲和香港的出口提供了出口双保理业务。在中国银行出口双保理业务的帮助下,S 公司成功开拓了海外市场,销售额和利润率节节上升,于 2004 年成功上市。中国银行这一成功营销案例也登上了 FCI 2005 年的年报。

14. 出口退税托管账户质押融资

借款人将出口退税专用账户托管给本行,并承诺以该账户中的退税款作为还款保证,以取得短期资金融通或叙做授信开立信用证等贸易融资业务。

15. 国际组织担保项下贸易金融

在中国银行与国际金融公司(IFC)、亚洲开发银行(ADB)、欧洲复兴开发银行(EBRD)及泛美开发银行(IDB)等国际组织签署的全球贸易融资协议下,中国银行为客户向涉及新兴市场国家的出口贸易和项目工程提供福费廷/信用证保兑/转开保函等贸易金融服务,由国际组织担保债务人的信用风险和国家风险。

知识链接9.2

中国银行的全方位、一条龙整合商业服务

中国银行可以为不同类型企业寻求全球机遇,实现国际化发展提供的全方位、一条龙整合商业服务。具体见表9.5 至表9.9。

表9.5 "进口贸易型"企业业务流程及金融服务需求

交易流程	企业需求	契合的金融产品与服务
1.寻找交易对手签署合同	甄选交易对手,获取交易对手所在国信息,评估国别风险、商业风险与法律风险;确定结算方式;防范信用风险;减少资金占用	资信调查 | 授信额度 | 保函通知 代审保函 | 转开保函
2.备付	获得银行的信用支持	现汇贷款 | 信用证开立 | 通易达 | 付款保函 租赁保函 | 进口双保理
3.运输	避免运输过程中遭受损失	货物运输保险 | 提货担保 | 海事调查
4.来单	减少资金占压,获得银行的信用支持;提高资金周转效率;简化通关手续;降低运营成本;获得符合企业特征的个性化服务	进口代收 | 融货达 | 加工贸易保证金台账 加工贸易税款保付保函 | 关税保函 ATA 单证册保函 | 网上支付税费担保
5.付款	减少资金占压,获得银行的信用支持;降低运营成本;规避汇率风险;获得符合企业特征的个性化服务	现汇贷款 | 授信额度 | 汇出汇款 | 进口押汇 进口汇利达 | 海外代付 | 汇出汇款融资 即期售汇 | 远期售汇

表9.6 "出口贸易型"企业业务流程及金融服务需求

交易流程	企业需求	契合的金融产品与服务
1.寻找交易对手签署合同	甄选交易对手,获取交易对手所在国信息,评估国别风险、商业风险与法律风险;确定结算方式;增强企业自身信用;减少资金占用	资信调查 | 资信证明 | 出口全益达 | 投标保函 履约保函 | 备用信用证

交易流程	企业需求	契合的金融产品与服务
2. 备货	获得银行的授信支持,确保有充足的资金采购原材料、生产和备货	现汇贷款｜授信额度｜打包贷款｜信用证通知 信用证保兑｜出口退税托管账户质押融资 预付款保函｜备用信用证｜加工贸易保证金台账 加工贸易税款保付保函｜关税保函 融信达｜融易达｜融货达｜通易达｜订单融资
3. 运输	避免运输过程中遭受损失	货物运输保险
4. 交单	加快资金回笼,提高资金使用效率;规避和防范信用风险、市场风险和汇率风险;改善现金流量,优化企业财务报表,降低财务成本;获得个性化解决方案	出口买方信贷｜信用证审单/议付｜出口跟单托收 光票托收｜出口押汇｜出口贴现｜买入票据 福费廷｜国际组织担保项下贸易金融 出口双保理｜出口商业发票贴现｜融信达
5. 收款	管理应收账款;管理和控制信用风险;获得坏账担保,采取有效措施催收坏账;规避汇率风险;获得符合企业特征的个性化服务	汇入汇款｜即期结汇｜远期结汇｜出口汇利达 出口双保理｜出口商业发票贴现｜进口双保理 融付达｜质量/维修保函｜预留金保函 备用信用证

表9.7　"境外投资型"企业业务流程及金融服务需求

交易流程	企业需求	契合的金融产品与服务
1. 启动阶段	获取目标企业所在国信息,评估国别风险、商业风险与法律风险;增强自身信用;获取备用信用额度或融资承诺	资信调查｜资信证明｜财务顾问｜授信额度 投标保函｜履约保函｜备用信用证
2. 实施阶段	获得融资支持;增强自身信用;规避和防范信用风险、市场风险和汇率风险;确保资金汇划的及时性和准确性;获得符合企业特征的个性化服务	银团贷款｜项目融资｜全球统一授信｜ 短期融资券｜中期票据｜企业融资评标 汇出汇款｜融资保函｜付款保函｜租赁保函 为境外企业提供的融资性对外担保 国际组织担保项下贸易金融｜备用信用证
3. 后续经营阶段	规避风险,融通资金,获得方便快捷的专业结算和融资服务,提高资金使用效率,降低财务成本,资金保值增值等	全球统一授信｜海外账户服务｜跨境现金管理 国际结算产品｜贸易融资产品｜供应链融资产品 出口商业发票贴现｜出口双保理｜进口双保理 福费廷｜外汇资金类产品｜财产保险

表 9.8 "对外工程总承包与劳务合作型"企业业务流程及金融服务需求

交易流程	企业需求	契合的金融产品与服务
1. 工程投标	获取项目业主所在国信息,评估国别风险、商业风险与法律风险;增强自身信用;获取备用信用额度或融资承诺	资信调查 ∣ 资信证明 ∣ 财务顾问 ∣ 贷款承诺函 授信额度 ∣ 对外承包工程保函风险专项资金 投标保函 ∣ 履约保函 ∣ 备用信用证
2. 工程实施	获得融资支持;增强自身信用;规避和防范信用风险、市场风险和汇率风险;确保企业及员工享有高效的海外账户服务;获得符合企业特征的个性化服务	银团贷款 ∣ 项目融资 ∣ 全球统一授信 对外劳务合作备用金保函 ∣ 预付款保函 租赁保函 ∣ 信用证开立 ∣ 备用信用证 ∣ 汇出汇款 福费廷 ∣ 国际组织担保项下贸易金融 融货达 ∣ 融易达 ∣ 融信达 ∣ 通易达∣订单融资 海外账户服务 ∣ 跨境现金管理 工程保险 ∣ 雇主责任保险 ∣ 机器损坏保险 货物运输保险 ∣ 融货达存仓货物保险
3. 工程结束	管理应收账款;管理和控制信用风险;获得坏账担保,采取有效措施催收坏账;规避汇率风险;获得符合企业特征的个性化服务	质量/维修保函 ∣ 预留金保函 ∣ 汇入汇款 出口商业发票贴现 ∣ 出口双保理 ∣ 进口双保理 福费廷 ∣ 融付达 ∣ 外汇资金类产品∣财产保险

表 9.9 "区域管理型"企业业务流程及金融服务需求

交易流程	企业需求	契合的金融产品与服务
1. 筹建期	获取所在国信息,甄选交易对手,规避风险,获得个性化的"一揽子"综合金融服务方案	财务顾问 ∣ 海外账户服务
2. 运营期	融通资金,获得方便快捷的专业结算和融资服务,提高资金使用效率,降低财务成本,资金保值增值等	全球统一授信∣海外账户服务∣跨境现金管理 国际结算产品 ∣ 贸易融资产品 ∣ 供应链融资产品 保函产品 ∣ 福费廷 出口商业发票贴现∣出口双保理∣进口双保理

(资料来源:中国银行网站)

本章主要内容概要

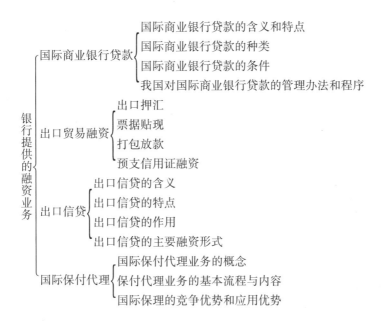

国际商业银行贷款
- 国际商业银行贷款的含义和特点
- 国际商业银行贷款的种类
- 国际商业银行贷款的条件
- 我国对国际商业银行贷款的管理办法和程序

出口贸易融资
- 出口押汇
- 票据贴现
- 打包放款
- 预支信用证融资

出口信贷
- 出口信贷的含义
- 出口信贷的特点
- 出口信贷的作用
- 出口信贷的主要融资形式

国际保付代理
- 国际保付代理业务的概念
- 保付代理业务的基本流程与内容
- 国际保理的竞争优势和应用优势

银行提供的融资业务

技能训练

1. 有一笔为期 5 年的 5 000 万美元银团贷款,于 2020 年 3 月 20 日签订贷款协议,确定承担期为半年(到 2020 年 9 月 20 日截止),并规定从签订贷款协议日 1 个月后(即 2020 年 4 月 20 日起)开始支付承担费,承担费率为 0.3% 。该借款人实际支用贷款情况如下:3 月 28 日支用了 1 000 万美元;4 月 5 日支用了 2 500 万美元;5 月 6 日支用了 700 万美元;8 月 17 日支用了 600 万美元;到 9 月 20 日仍有 200 万美元未动用,自动注销,试计算该借款人应支付的承担费是多少?(计算结果保留两位小数)

2. 东北某省农垦集团发展公司欲从意大利菲亚特公司引进一套全自动的喷灌收割农机设备。该农垦集团发展公司打算采取延期付款方式购买该项设备,设备价款 800 万美元,内含延期付款利息 60 万元。经谈判双方确定,自设备的验收保证期满后的半年开始付款,每半年付款一次,付款期限为 6 年;由菲亚特公司向意大利出口信贷机构 SACE 申请卖方信贷。在双方贸易合同洽谈的过程中,菲亚特公司欲增资重组,并筹划发行新股上市,不愿以延期收款的方式出售该设备,但又不愿失去这次出口设备的机会。经菲亚特公司的奔走安排,SACE 同意向农垦集团发展公司提供买方信贷,由中国银行哈尔滨分行对按期还款提供担保。由于不再包含延期付款的利息,用买方信贷后,菲亚特公司出口设备的价格降至 740 万美元。

根据上述案例回答下列问题,并将答案填在括弧中。

(1)如果采用卖方信贷

①如果采用卖方信贷,则信贷申请是(　　　　)。

A. 意大利菲亚特公司　　　　　　　B. 农垦集团发展公司

C. 意大利出口信贷机构　　　　　　D. 中国银行哈尔滨分行

②如果采用卖方信贷,则其信贷发放人是( )。

A. 意大利菲亚特公司　　　　　　　B. 农垦集团发展公司

C. 意大利出口信贷机构　　　　　　D. 中国银行哈尔滨分行

③贸易合同的( )。

A. 设备价款较高　　　　　　　　　B. 设备价款较低

C. 支付条件为延期付款　　　　　　D. 支付条件为即期付款

④对出口商的作用( )。

A. 有利于有价证券上市　　　　　　B. 不利于有价证券上市

C. 有利于其资金周转加速　　　　　D. 不利于其资金周转加速

(2)菲亚特公司最初考虑接受农垦公司以延期付款方式进口设备的条件,则:

①卖方信贷的申请人是( )。

A. 意大利菲亚特公司　　　　　　　B. 农垦集团发展公司

C. 意大利出口信贷机构　　　　　　D. 中国银行哈尔滨分行

②贸易合同设备价款800万元,其中( )。

A. 包括利息因素

B. 不包括利息因素

C. 包括管理费、承担费和信贷保险费

D. 不包括管理费和信贷保险费

③对菲亚特公司的作用是( )。

A. 有利于其增资重组　　　　　　　B. 不利于其增资重组

C. 改善其资产负债表状况　　　　　D. 恶化其资产负债表状况

(3)农垦公司最后利用买方信贷进口菲亚特公司的设备,则:

①买方信贷的申请人是( )。

A. 意大利菲亚特公司　　　　　　　B. 农垦集团发展公司

C. 意大利出口信贷机构　　　　　　D. 中国银行哈尔滨分行

②买方信贷的发放人是( )。

A. 意大利菲亚特公司　　　　　　　B. 农垦集团发展公司

C. 意大利出口信贷机构　　　　　　D. 中国银行哈尔滨分行

③买方信贷一般按( )计收利息。

A. LIBOR　　　　　　　　　　　　B. Prime Rate

C. CIRR　　　　　　　　　　　　　D. Discount Rate

④除了利息外,借款人尚需向贷款行支付( )。

A. 管理费　　　　　　　　　　　　B. 代理费

C. 杂费　　　　　　　　　　　　　D. 承担费

⑤贸易合同设备价款740万元( )。

A. 包括利息　　　　　　　　　　　B. 不包括利息

C. 包括融资的从属费用　　　　　　D. 不包括融资的从属费用

⑥农垦公司可得到的贷款金额为(　　　　)。

A. 740 万元

B. 740 万元加管理费

C. 595 万元

D. 629 万元

案例分析

案例分析 1

　　经营日用纺织品的英国 Tex UK 公司主要从我国、土耳其、葡萄牙、西班牙和埃及进口有关商品。几年前,当该公司首次从我国进口商品时,采用的是信用证结算方式。最初采用这种结算方式对初次合作的公司是有利的,但随着进口量的增长,他们越来越感到这种方式的烦琐与不灵活,而且必须向开证行提供足够的抵押。为了继续保持业务增长,该公司开始谋求至少 60 天的赊销付款方式。虽然他们与我国出口商已建立了良好的合作关系,但是考虑到这种方式下的收汇风险过大,因此我国供货商没有同意这一条件。之后,该公司转向该国保理商 Alex Lawrie 公司寻求解决方案。英国的进口保理商为该公司核定了一定的信用额度,并通过中国银行通知了我国出口商。通过双保理制,进口商得到了赊销的优惠付款条件,而出口商也得到了 100% 的风险保障以及发票金额 80% 的贸易融资。目前 Tex UK 公司已将保理业务推广到了 5 家中国的供货商以及土耳其的出口商。公司董事 Jeremy Smith 先生称,双保理业务为进口商提供了极好的无担保迟期付款条件,使其拥有了额外的银行工具,帮助其扩大了从中国的进口量,而中国的供货商对此也应十分高兴。

　　虽然出口商会将保理费用加到进口货价中,但 Jeremy Smith 先生认为对进口商而言,从某种角度看也有它的好处。当进口商下订单时,交货价格就已确定,他们无须负担信用证手续费等其他附加费用。而对于出口商十分关心的保理业务中的合同纠纷问题,虽然理论上说信用证方式可以保护出口商的利益,但实务中由于很难做到完全的单证一致、单单一致,因此出口商的收汇安全也受到挑战。Jeremy Smith 先生介绍,该公司在与中国供货商合作的 5 年时间里仅有两笔交易出现一些货物质量方面的争议,但问题都很快得到了解决,且结果令双方满意。

　　日本轮胎制造商 Shimano 公司为了开拓北欧这一新市场,于 1984 年首次采用出口保理的结算方式。目前该公司已对许多国家的出口采用了这种方式。公司一位发言人介绍,出口保理作为一种价廉高效的结算方式,帮助公司抓住了出口机遇,改善了公司的资金流动性,减少了坏账,同时也节省了用于销售分户账管理、资信调查、账款回收等管理费用。该公司认识到,仅靠公司规模以及产品声誉不足以应付跨国贸易中的各种问题,与日本出口保理商的合作以及 FCI 全球网络提供的服务构成了公司成功开发海外市场的一个组成部分。

请问:

1. 国际保理业务包括哪些费用?

2. 若出口保理商已向出口商提供融资,在遭到进口商及进口保理商拒付时,出口保理商是否可以向出口商追索?

3. 若进口商到期不付款怎么办?

案例分析2

国际保理助推"一带一路"

自"一带一路"倡议被提出以来,得到了国际社会的高度关注,很多项目已经落地,变成了现实。"一带一路"逐渐从理念转化为行动,从愿景转变为现实,取得了重要进展。中国制造、中国建设、中国服务受到越来越多沿线国家的欢迎。

"一带一路"的相关建设项目,多为国际级的大项目。而周边"一带一路"上各国的财政状况普遍不太理想,外汇储备也不丰厚。对于这些工程基建项目,越来越多的国家为了拉动外资企业的投资,经常要求必须在当地注册企业才能承揽项目,并以当地货币结算及赊销等方式作为交易付款条件,这也造成了企业巨大的资金管理困扰。这些出口商为了争取订单,往往需要配合提供进口商信用交易与较长的放账日期。出口商的风险也会随着放账日期的拉长而增加,同时产生了更强烈的融资需求。目前,国内银行的贸易融资大都集中于信用证项下的融资产品,对于汇款结算的配套融资风险难以把控,品种也相对较少,大量贸易融资需求未能被满足。

为了有效解决当地国资企业或在国内的出口商收款及融资需求等问题,使用国际保理业务是最直接、有效的方法。保理业务是企业开展信用销售以后必需的服务之一。使用国际保理业务,出口商就可以将应收账款债权移转给保理商,并提前取得保理融资服务,也可以透过保理商向进口商收款,还可以透过账款买断的方式,由保理商承担进口商因财务问题无法付款的信用风险。当今"一带一路"带来的融资机会,给保理企业带来了巨大的商机。"一带一路"能够直接带动出口与进口的外贸增量,透过出口保理、进口保理、离岸保理,可以为企业做出收款风险趋避及营运资金支持。同时,"一带一路"还能够间接带动内贸增量,透过国内保理模式,经过国贷、省贷等多种流程,为企业做出收款风险趋避及营运资金支持。

(资料来源:搜狐网,2019-05-10)

思考:保理业务的特点是什么? 为什么说"一带一路"给保理企业带来了巨大的商机?

实训项目

1. 实地调研目前我国的外汇信贷业务

实训方法:将学生分成若干小组,每组指定具体的调研项目(3~5项),自由选择调研方式,如电话咨询、实地调查、网上查询等,最后形成调研报告,并以小组为单位在课堂上向大家展示调研成果。

　　重点调研项目:出口买方信贷、出口卖方信贷、福费廷、保理业务、出口押汇业务、预支信用证融资、打包放款、出口贴现。

　　2.比较中外资银行的贸易融资和外汇贷款业务,分析双方各自的特点。

第 10 章
政府提供的融资业务

【学习目标】

1. 能够正确理解政府贷款的概念和特点,熟练掌握政府贷款的操作程序。
2. 熟悉政府贷款的条件和种类。
3. 理解政府贷款的注意事项。

【引　例】

利用以色列政府贷款　助力现代农业发展

2016 年,仍有 40 余万贫困人口的六盘水市,寻求农业产业转型升级,力争让更多贫困群众富起来。产业要发展,钱从哪里来? 面对捉襟见肘的地方财政,引入其他资本助力产业发展成了一条路径。在市农业农村等部门 3 年的努力下,争取到 2 500 万美元以色列政府贷款,用于建设猕猴桃种植基地。贷款资金主要用于购置以色列水肥一体化喷滴灌、自动化果品分选包装及冷藏物流中心等所需设备。以色列以"沙漠之国"打造"农业强国"奇迹闻名于世,其中一个重要法宝就是喷滴灌水肥一体化技术设备和技术的运用。以色列每年都在推出新的滴灌技术与设备,并从滴灌技术中派生出埋藏式灌溉、喷洒式灌溉、散布式灌溉等。这些技术从 1995 年"中以政府贷款合作"开始,逐步进入中国市场。

以色列政府贷款利率优惠、期限较长、还款模式灵活多样,外方批准程序简单,为农业设备更新换代提供了一种有效、便捷的融资解决方案。水肥一体化的精准灌溉是种植者、作物和地球环境都可以从中获得好处的"三赢"灌溉方式。用以色列政府贷款发展猕猴桃产业，是贵州省首个农业类外国政府贷款项目，为产业转型升级和标准化建设提供了强有力的资金支持，更为产业富民创造了条件。

2021 年 7 月，在"2021 贵州以色列智慧农业助力乡村振兴商务洽谈会"上，以色列驻华大使潘绮瑞在致辞中称赞："六盘水市完成的以色列政府优惠贷款猕猴桃项目，成为当地政府和企业有效利用以色列政府贷款服务于本地产业的最好案例。"

（资料来源：中国六盘水网，2022-01-09）

10.1　认识政府贷款

10.1.1　政府贷款的概念和特点

1）政府贷款的概念

政府贷款是指一国政府利用国库资金向另一国政府提供赠与成分在 25% 以上的优惠贷款。

所谓"赠与"是指既不需要付息，也不需要还本，是国际间资金单方面转移。一般来说，衡量一笔贷款是否属于优惠性贷款就是看它的赠与成分是否超过 25% 。

外国政府贷款是指一国政府向另一国政府提供的，具有一定赠与性质的优惠贷款。它具有政府间开发援助或部分赠与的性质，在国际统计上又叫双边贷款，与多边贷款共同组成官方信贷。其资金来源一般分为两部分：软贷款和出口信贷。软贷款部分多为政府财政预算内资金，出口信贷部分为信贷金融资金。双边政府贷款是政府之间的信贷关系，由两国政府机构或政府代理机构出面谈判，签署贷款协议，确定具有契约性偿还义务的外币债务。政府贷款一般是由各国中央银行经过完备的立法手续加以批准，因此政府贷款的形成通常是在政治关系良好的基础上，配合外交活动的一种经济手段。

2）政府贷款的特点

政府贷款有以下几个特点。

①政府贷款作为双边政府间贷款，要经过各自国家的议会通过，完成应具备的法律批准程序。

②一般在两国政治外交关系良好情况下进行，为一定的政治外交关系服务。

③在经济上带有援助性质，期限长，利率低，有的甚至无息。一般年利率在 2% ~ 3% ，还款平均期限为 20 ~ 30 年，长者可达 50 年。

④贷款一般受到贷款国的国内生产总值、财政收支及国际收支状况的制约，故数

量有限。

⑤贷款一般都限定用途,如用于支付从贷款国进口资本货物,或用于某种开发项目。

3)其他政府贷款

目前许多国家政府还通过本国的官方金融机构或商业银行向本国的出口商或国外的进口商提供条件优惠的贷款,旨在提高本国货物的出口能力。

外国政府参与提供进口融资便利一般有以下3种方式:除了合同预付一定比例(通常为15%)的定金外,其余使用政府贷款。由外国政府为本国银行的出口信贷提供信贷担保和利息补贴,以此保证本国银行直接对进口商发放优惠利率的买方贷款或者直接对出口商发放优惠的卖方信贷。政府贷款或者赠款、出口信贷、商业银行贷款按比例组成政府混合贷款。由于政府赠与成分的加入,混合贷款的综合条件优于一般的商业银行贷款。

10.1.2 政府贷款的机构、期限和费用

1)政府贷款的机构

政府贷款是利用国家财政资金所进行的借贷,一般均由政府的财政部主管,或者通过财政部或政府设立的专门机构办理,如日本政府经济企划厅下的"海外经济协力基金(OECF)"、美国国务院下的"国际开发署(AID)"等。

2)政府贷款的期限

政府贷款属于中长期贷款,一般为10~30年,最长可达50年。政府贷款的期限由偿还期、使用期、宽限期3部分组成。

偿还期是指从贷款协议规定开始提款之日起到本利全部还清之日止这一段时期。贷款的本金在宽限期满后开始偿还,一般每半年还一次,每次偿还金额通常按下列公式计算。

$$每次偿还金额 = \frac{全部本金}{(偿还期年数 - 宽限期年数) \times 2}$$

使用期是指从贷款协议规定开始提款之日起到规定截止提款之日止的时期,一般规定为1~5年。

宽限期是指贷款使用后一段时期内不必偿还本息或只付息不还本的期限,一般不超过10年,有时规定包含在偿还期之内。

3)政府贷款的利率及有关费用

政府贷款因含有赠与成分,一般为无息或低息贷款,年利率为3%左右。另外,政府贷款通常还规定借款国应向贷款国支付在借贷中所发生的必要费用,大致有以下费用。

①手续费。是指贷款国从开始与借款国接触谈判直到签订协议为止所开支的费用。手续费由借款者按协议规定的时间一次交付,在具体执行中,有的手续费是从提取的本金中扣除,有的手续费并入本金计息,手续费的费率因手续的繁杂程度不同而异,一般为 0.5% ~ 1.25% 。

②管理费。近似手续费,按贷款总额收取一定的比例,一次支付,费率为 0.25% ~ 0.5% 。在银团贷款情况下才有这种费用。

③承诺费。也叫承担费,是贷款方因借款方没有按期使用贷款,造成贷款资金闲置不能生息,向借款人收取的一种补偿性费用。承担费一般以年利计算,通常为未提贷款额的 0.125% ~ 0.25% 。它也是每半年支付一次,交付日期在贷款协议中规定,一般与利息同时交付。

10.2　政府贷款的条件和种类

10.2.1　政府贷款的条件

①政府贷款一般以混合贷款方式提供,即在贷款总额中,政府贷款一般占 1/3,其余 2/3 为出口信贷。这样既有利于贷款国民间金融资本和商品输出,又能获得借款国在使用出口信贷时应付的 5% ~ 15% 的现汇收入。

②提供政府贷款的国家通常规定贷款必须全部或大部分用于购买贷款国的货物,限制借款国以公开国际招标的方式采购使用贷款的商品。如第一个向我国承诺提供政府贷款的国家比利时就规定,贷款主要用于支付从比利时厂商进口物资设备和咨询与技术服务费用,也可采用第三国技术设备,但最多不超过贷款额的 20% 。

10.2.2　政府贷款的种类

政府贷款按不同的分类方式,可以划分为不同的种类。

①按政府贷款的用途划分,可分为项目贷款和商品贷款。项目贷款是一国政府对另一国政府确定的建设项目所提供的援助性贷款,主要用于交通、运输、能源等建设项目方面;商品贷款是一国政府对另一国政府用于购买机器、工具、物资、材料等商品提供的援助性贷款。

②按政府贷款是否计付利息划分,分为无息贷款和计息贷款。

③按政府贷款有无附加成分划分,分为混合贷款和单一贷款。

10.3　政府贷款的操作程序和注意事项

10.3.1　政府贷款的操作程序

1)申请贷款

借款国政府根据发展计划和战略向出借国政府或出借国银行提出备选项目,并提交有关申请资料。

2)评估

出借国银行对受理项目进行评估审查,并将评审结果报送出借国政府主管部门。

3)签署协议

出借国政府或者出借国银行和借款国政府签署政府间优惠贷款框架协议,规定贷款用途、金额、贷款期限和利率等。出借国政府或者出借国银行与借款人签署项目贷款协议,贷款条件与框架协议一致。

4)项目实施和放款

项目实施是借款人和出借国政府或者出借国银行双方执行机构的义务,在实施中未经出借国政府或者出借国银行同意不能擅自改变项目内容。借款人按贷款协议规定向出借国政府或者出借国银行提交有关单据,申请提款。银行审核同意后将贷款拨付至中方执行机构账户。为保证资金有效使用,出借国政府或出借国银行按照项目进度发放贷款,并监督项目实施。借款人应向出借国政府或者出借国银行报告项目进展、资金使用情况,并为实地检查提供协助。项目完工,借款人需提交完工报告。

5)贷款偿还

借款人根据贷款协议规定偿还本金和支付利息。

10.3.2　政府贷款的注意事项

1)汇率风险

借用外国政府贷款一般使用贷款国货币,使用外币贷款均存在汇率风险,如日元贷款。在20世纪80年代初中国开始借用外国政府贷款时,仅注意到日元贷款的条件优惠,赠与成分较高,对汇率风险估计不足,在随后的 10 多年,日元不断升值,1980 年日元与美元的平均汇率为 227：1,而到 1990 年,这一汇率变为 145：1,日元升值 56%。据统计,1990—1992 年,中国一共偿还日本政府贷款 161.7 亿日元,若按日元对美元 145：1 计算,折合 1.1 亿美元,比按借款时汇率折合的 0.7 亿美元多支付 0.4 亿美元。而在 1997 年 7 月亚洲金融危机爆发后,受国内经济政策和政局不稳的影响,日元对美元汇率连续大幅度贬值。若是抓住这个时机,主动偿还日本债务,那么与日元升值时期相比,就会减轻债务负担。这种汇率风险带来的损失,已远远超过利用外国政府优惠贷款所带来的好处。不仅日元贷款有汇率风险,其他升值货币贷款也有类似问题。

2) 项目选择

选择项目首先要掌握好贷款资金的投向。根据国家产业政策,外国政府贷款应当优先用于能源、交通运输、原材料、通信、农业等基础设施和基础产业,同时也要符合贷款国的政策要求和技术特点。近年来,经济合作与发展组织加强了对政府贷款使用领域的限制,规定政府贷款只能用于较贫困地区的基础设施、扶贫。环保和其他非营利性项目,在选择项目时必须考虑到这一点。选择项目还有一个前提条件,即申请使用贷款的项目必须首先完成国内审批手续。凡未批准立项,配套资金不落实,没有还贷担保的项目一律不得借款;还贷欠佳的地区报送的项目,一般也不予考虑新的贷款。

3) 竞争采购

日本、科威特采用国际竞争性招标方式对外采购,一般价格比较合理。但其他国家的贷款均为限制性贷款,物资采购只能在贷款国内进行,而供货商报价又往往偏高。在这种情况下,要注意选择几家有能力的贷款国厂商参加竞争。同时,还要注意引进技术、设备的先进性与适用性,应与国内配套设备、吸收和消化能力相适应,硬件和软件(包括工艺设计、技术服务和人员培训等)比例要适当,不能忽视软件的引进。

4) 债务管理

外国政府贷款项目,不管贷款金额大小,无论出于何种原因,只要不能按时还本付息,都会直接影响借款国对外信誉。因此,在借用贷款时,更要重视还款,及时制订还贷计划,采取必要措施,切实保证对外按期如数偿还贷款。一些国家政府贷款偿还期较长,有的长达 40 年,必须建立一套行之有效的制度确保按期还贷。要健全债务管理体系和监测。偿还制度,包括设专人负责债务的信息跟踪预报、管理和催还。为了解决还贷过程中可能出现的拖欠问题,要建立偿债基金,同时对现行转贷方式也应进行改革。

本章主要内容概要

政府提供的融资业务 {
  认识政府贷款 {
    政府贷款的概念和特点
    政府贷款的机构、期限和费用
  }
  政府贷款的条件和种类 {
    政府贷款的条件
    政府贷款的种类
  }
  政府贷款的操作程序和注意事项 {
    政府贷款的操作程序
    政府贷款的注意事项
  }
}

案例分析

案例分析1

南昌地铁 2 号线获德国政府贷款 1 亿欧元

2016 年 1 月 21 日,国家发展改革委批复江西省南昌轨道交通集团有限公司轨道交通工程配套设备设施项目德国政府贷款 1 亿欧元(约合 7.1 亿人民币),为此批次批复金额最大的一个项目。

这批资金主要用于购置南昌轨道交通 2 号线一期工程气体灭火集成系统、车站电扶梯设备、供电系统、自动售检票系统等工程配套设施。所借国外贷款本息由项目单位或所在地方财政负责偿还。

此前,南昌轨道交通 2 号线一期工程已经获利用世界银行贷款 2.5 亿美元(约合人民币 15.53 亿元),占总投资额的 9.7%。世界银行贷款主要用于项目土建工程 24 937.5 万美元和先征费 62.5 万美元。据悉,南昌轨道交通 2 号线一期工程线路全长 23.78 千米,总投资 159.67 亿元。该项目采用多种方式募集资金,有效地推动了项目建设。

(资料来源:中国江西网,2016-01-21)

分析:

1. 为什么德国政府会支持这个项目?

2. 申请德国政府贷款需要哪些条件?

3. 德国政府贷款有哪些特点?

案例分析2

缅甸通信业获日本政府混合贷款 6 200 万美元

2019 年 12 月 1 日,从缅甸通信业得知,缅甸为了升级仰光、曼德勒、内比都及迪勒瓦经济特区内的通信网络系统,从日本政府处获得了 6 200 万美元的混合贷款。升级项目将持续至 2021 年。此前,有关部门已经对其进行了可行性调研,包括即将在缅甸普及的 5G 网络在内。不久后,缅甸国内的网络系统将升级 3 倍以上。

日本政府提供的贷款混合利率为 0.01%,宽限期为 10 年,还款期为 30 年。此次获得缅甸通信基站项目承包权的是日本电气股份有限公司(NEC)和日本电报电话公司(NTT)。NEC 是日本的一家跨国信息技术公司,NTT 则是日本最大的电信服务商,成立于 1976 年。

从缅甸电信业获悉,2015 年,日本政府已向缅甸电信部门提供了 105 亿日元的发展贷款。现在,将与日本 Sojitz 公司、NTT 公司、NEC 公司和系统集成公司(NESCI)合作开展相关电信基础设施工作。

据悉,Sojitz 公司于 1918 年进入缅甸,并参与基础设施和能源项目。此外,NTT 公司和 NEC 公司在缅甸从事的有高速 LET 基站建设,在内比都、仰光和曼德勒建设了电信网络。

(资料来源:缅甸金凤凰报,2019-12-04)

问题:

1. 日本政府混合贷款有哪些使用条件?

2. 如何申请日本政府混合贷款?

第 11 章
国际金融机构提供的融资业务

【学习目标】

1. 了解国际金融机构的产生和发展。

2. 熟悉国际货币基金组织、世界银行集团及具有代表性的区域性国际金融机构的宗旨、组织结构、资金来源和主要业务。

3. 熟悉各金融组织的贷款条件以及贷款程序。

4. 熟悉作为会员国应尽的义务和享有的权利。

5. 能够对主要的国际金融机构信贷业务流程进行操作。

6. 能够对国际金融机构信贷业务案例进行正确的分析和评价。

【引　例】

宁波垃圾分类获批世界银行贷款二期项目

世界银行贷款中国塑料垃圾减排项目:宁波城镇生活垃圾智慧分类、收集、循环利用示范项目(简称宁波世行二期项目)于 2021 年 5 月 13 日至 14 日在世界银行北京代表处顺利完成谈判,该项目总投资 151 554 万元,其中,申请世界银行贷款 15 000 万美元,主要用于宁波全品类智能回收箱的落地。该项目结合智慧化管理、区块链记账等技术优势对前段垃圾分类用户进行引导、对垃圾回收流程进行大数据分析、智慧化管理,实现对生活垃圾分类端+回收端的清运回收可控管理、成本优化、数据分析,这也标志着宁波即将步入垃圾分类数字化智能管理时代。

同时,作为中国首个塑料减排项目,宁波世界银行二期项目特别在可回收物回收品类中增加了低价值"其他塑料"类别,用于回收日常产生的低价值塑料包装袋、塑料膜等。项目将配套建设一座总产能为 4 万吨/年的塑料垃圾集中分选深加工基地。相信宁波垃圾分类的未来必将更加智能、高效、环保,也期待宁波通过项目获得的经验和启示能够得到复制推广,为其他省、市自治区、直辖市的改革和实践以及国家层面进一步开展政策研究提供借鉴。

(资料来源:宁波市综合行政执法局,2021-06-29)

11.1　国际金融机构概述

11.1.1　国际金融机构的概念和类型

国际金融机构又称国际金融组织,是指为协调各国间的货币政策,实现国际货币、金融合作而建立起来的从事国际金融经营和管理等业务活动的超国家性质的金融组织,它是国际经济交往发展到一定程度的产物。

按地区范围不同,国际金融机构可分为全球性国际金融机构和区域性国际金融机构。全球性国际金融机构成员国遍布全球各地,如国际货币基金组织、世界银行集团和国际农业发展基金组织等。区域性国际金融机构也可以分为两类。

①半区域性国际金融机构:成员国以某地区区域内国家为主,同时也有区域外国家参加,如亚洲开发银行、非洲开发银行、泛美开发银行等。

②区域性国际金融机构:成员国仅由本地区国家组成,如欧洲投资银行、阿拉伯货币基金组织、西非开发银行、伊斯兰开发银行、加勒比开发银行等。

11.1.2　国际金融机构的产生和发展

1930 年 5 月,英国、法国、德国、意大利、比利时、日本等国的中央银行与美国三大银行(摩根银行、纽约花旗银行、芝加哥花旗银行)组成的银团在瑞士巴塞尔成立国际清算银行,以处理战后德国赔款的支付和清算问题,这是国际金融机构建立的重要开端。

20 世纪 30 年代的世界性资本主义经济危机和第二次世界大战的爆发,使大多数西方国家的经济遭受严重破坏,国际货币制度一片混乱。众多国家迫切希望建立全球化的国际金融机构,以摆脱金融困境,重整战后经济秩序。1944 年 7 月,美、英、中、法等 44 个国家在美国新罕布什尔州的布雷顿森林召开了联合国货币金融会议,会议通过了《国际货币基金组织协定》和《国际复兴开发银行协定》,国际货币基金组织和国际复兴开发银(世界银行)于 1945 年 12 月正式成立。世界银行后来又增设 4 个附属机构,即国际金融公司、国际开发协会、解决投资争端国际中心和多边投资担保机构,统称世界银行集团。目前,国际货币基金组织和世界银行集团已成为世界上规模最大、成员国最多、影响最广泛的全球性国际金融机构。

区域性国际金融机构发端于西欧,1957 年西欧共同体创立的欧洲投资银行是世界上最早诞生的区域性国际金融机构。此后,各大洲和地区国家为加强互助合作,促进本地区发展,纷纷建立区域性国际金融机构。

11.1.3　国际金融机构的作用

国际金融机构建立以来,在加强国际合作及发展国际经济方面起到了一定的积极作用。具体表现在以下几个方面。

①加强国际经济协调。组织商讨国际经济、金融领域的重大问题,协调各国间的相互关系,维持国际金融秩序。

②提供短期贷款,解决部分国家国际收支逆差问题,缓解其债务危机,促进其经济恢复发展。

③提供中长期贷款和技术援助,促进各国特别是发展中国家的经济发展。

④维持汇率稳定,保证国际货币体制正常运转,促进国际贸易和投资增长。

⑤创造新的结算手段,调节国际清偿能力,满足国际贸易和世界经济发展需要。

但也必须看到,目前国际金融机构仍存在一定缺陷。

①几个全球性国际金融机构的领导权大都掌握在少数发达国家手中,难以充分体现和保护发展中国家的利益。

②国际金融机构对发展中国家提供贷款的条件较为苛刻,尤其是对于陷入外债或金融危机的发展中国家更是如此。有些国际金融机构常常通过贷款干涉发展中国家的财经政策和发展规划,在某种程度上妨碍了这些国家的自由发展。

③国际金融机构制定的规则对发达国家约束力不够,甚至成为发达国家向发展中国家施压的借口。

④一些国际金融机构虽多次增资,但可直接动用的资金面对重大国际金融危机时,往往捉襟见肘,力不从心。

11.2　国际货币基金组织

11.2.1　国际货币基金组织简介

国际货币基金组织(International Monetary Fund, IMF)是根据1944 年 7 月布雷顿森林会议上通过的《国际货币基金协定》而建立起来的全球性政府间国际金融机构。国际货币基金组织于

国际货币基金组织

1945 年 12 月 27 日正式成立,是世界两大金融机构之一。1947 年 3 月 1 日开始工作,1947 年 11 月 15 日成为联合国的专门机构,在经营上有其独立性。截至 2020 年年底,国际货币基金组织一共有 190 个会员国,总部设在美国华盛顿。

11.2.2　国际货币基金组织的职责和宗旨

1）责任

国际货币基金组织的主要责任是确保国际货币体系,即各国相互交易所依赖的汇率体系及国际支付体系的稳定。

2）最初宗旨

①为会员国就国际货币问题进行磋商和协作提供所需的机构,促进国际货币合作。

②促进国际贸易的扩大与平衡发展,从而提高和保持高水平的就业、实际收入以及各会员国生产性资源的开发,并以此作为经济政策的主要目标。

③促进汇率稳定,保持会员国之间有秩序的汇率安排,避免竞争性通货膨胀。

④为会员国经常性交易建立一个多边支付和汇兑制度,并设法消除妨碍国际贸易发展的外汇管制。

⑤在适当的保障下,向会员国提供临时性资金融通,使其有机会在不采取危害本国和国际经济繁荣措施的情况下,纠正国际收支的失衡。

⑥争取缩短会员国国际收支失衡的持续时间,减轻其失衡的程度。

从上述 6 条宗旨可以看出,国际货币基金组织的基本职能是向会员国提供中、短期信用,调整国际收支的不平衡,维持其汇率的稳定,促进国际贸易的发展。

11.2.3　国际货币基金组织的治理机构

国际货币基金组织的机构由理事会、部长级委员会、执行董事会、总裁和工作人员组成。

1）理事会

理事会是国际货币基金组织的最高决策机构。理事会由每个会员国的 1 名理事和 1 名副理事组成。理事由会员国任命,通常是财政部部长或中央银行行长。理事会将其大部分权力授予执行董事会,但保留以下权力,即批准增加份额、分配特别提款权、接受新会员国、强制取缔会员国资格,修订《国际货币基金协定》及其附则。理事会负责选举和任命执行董事,并对与《国际货币基金协定》解释有关的问题做出最终裁决。

2)部长级委员会

两个部长级委员会向理事会提供咨询。这两个委员会是国际货币与金融委员会、发展委员会。

(1)国际货币与金融委员会

国际货币与金融委员会有24名成员,他们来自190名理事当中,并代表所有会员国。其结构与执行董事会及其24个选区对应。国际货币与金融委员会每年在基金组织—世界银行春季会议和年会期间举行两次会议,讨论国际货币和金融体系的管理事宜,审议执行董事会的《基金组织协定》拟议修正,或对各国共同关注的影响全球经济的其他一些问题进行讨论。在每次会议结束时,委员会会发布一份公报,概述其观点,并以之作为基金组织工作计划的指引。国际货币与金融委员会采取协商一致的原则,不进行正式投票。

(2)发展委员会

发展委员会是一个联合委员会,负责与新兴市场和发展中国家经济发展有关的问题向基金组织和世界银行理事会提供咨询。委员会有25名成员(通常是财政部部长或发展部部长),委员会代表基金组织和世界银行的全体会员国,主要是作为一个论坛促进各国对关键的发展问题达成共识。

3)执行董事会

执行董事会目前由24人组成,24位执行董事分别代表1个国家或1组国家,由持有基金份额最多的5个会员国,即美、英、德、法、日各派1名,中国、俄罗斯与沙特阿拉伯各派1名。选派董事由其他会员国按选区轮流选派。由24名成员组成的基金组织执行董事会负责基金组织的日常业务,行使由理事会授予的权力。执行董事会讨论基金组织的所有问题,包括从基金组织的工作人员对会员国经济平衡状况的年度检查到与全球经济有关的政策问题。

4)总裁和工作人员

国际货币基金组织总裁是执行董事会主席,也是基金组织工作人员的首领。总裁由执行董事会任命,任期5年,可连任,并由3名副总裁协助。基金组织的理事和执行董事可以提名基金组织任何会员国的公民担任总裁。尽管执行董事会可以通过多数票选方式选出总裁,但过去一直采用协商一致的原则任命。2011年,法国女财长拉加德出任国际货币基金组织总裁。拉加德提名中国央行前副行长朱民出任新增设的第四副总裁。2019年10月1日,世界银行首席执行官克里斯塔利娜·格奥尔基耶娃任国际货币基金组织总裁。

基金组织治理结构必须跟上快速变化的世界经济步伐,以确保其可以继续成为有效代表所有190个会员国的机构。为实现该目标,基金组织理事会于2010年12月批准了基金组织份额和治理的一揽子深远改革计划。2016年1月26日生效的这些改革计划对份额比重排名进行了重大调整,以更好地反映全球经济现状,并加强基金组织的合法性和有效性。国际货币基金组织当前治理结构如图 11.1 所示。

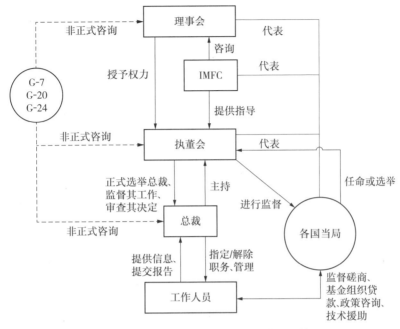

图 11.1　国际货币基金组织当前治理结构

11.2.4　国际货币基金组织的资金来源

国际货币基金组织必须有一定的资金才能维持运转,其资金来源主要有以下 3 个途径。

1)份额

会员国认缴的份额是国际货币基金组织最基本的资金来源,以基金组织的记账单位特别提款权计值。凡是国际货币基金组织的成员国必须认缴一定的份额。份额类似于股金,一旦缴纳,就成为基金组织的资本,每个基金组织成员国被分配一个份额,份额大致基于成员国在世界经济中的相对规模。在加入基金组织时,成员国通常以普遍接受的货币(如美元、欧元、日元或英镑)或特别提款权认缴 1/4 以内的份额,其余 3/4 的份额以成员国本国货币支付。份额中的外汇存放于有关国家的中央银行,本币则存放于本国的中央银行在基金组织的账户中,基金组织可以随时调用。

成员国在国际货币基金组织的投票权按其缴纳份额的大小来确定,成员国基金份额的大小,不仅决定其投票权的大小,而且决定其从基金组织所能分配到的普通提款权和特别提款权的多少以及从基金组织借款的最高限额。

国际货币基金组织理事会至少每 5 年对份额进行一次检查。2010 年,完成了第 14 次份额总检查。基金组织成员国一致认为,应将基金组织的份额资源增加 1 倍至 4 770 亿美元特别提款权。第 14 次份额总检查下的份额增加于 2016 年 1 月生效。

知识链接 11.1

国际货币基金组织的投票权

国际货币基金组织(IMF)的一切活动都与成员国缴纳的份额相联系,重大事项要有85%以上的票数通过。IMF规定,每一成员国有代表国家主权的250份基本票,然后按成员国认缴份额数量,每10万特别提款权折合一票。认缴的份额越多,所获票数就越多,表决权也就越大。目前IMF的投票权主要掌握在美国、欧盟和日本手中。美国是IMF的最大股东,拥有17.09%的份额,中国仅占3.72%。尽管包括美国在内的发达国家在IMF扩资后所认缴的份额有所下降,但其影响力并未削弱,可以说,IMF实际上为发达国家尤其是美国所控制。IMF这种以经济实力划分成员国发言权的做法与传统国际法的基本原则是背离的,引起了不少国家尤其是发展中国家的不满。2010年11月,IMF执行董事会通过份额改革新方案:发达国家向新兴市场和发展中国家整体转移份额2.8个百分点,前者份额整体降至57.7%,后者份额升至42.3%。改革后,我国份额将从3.72%升至6.39%,超过德国、法国和英国,次于美国、日本,名列第三。"金砖四国"(中国、印度、俄罗斯和巴西)总份额将升至14.18%。

2)借款

国际货币基金组织设有两项常备多边借款安排:借款总安排和扩大的新借款安排。若基金组织认为其份额无法满足会员国的需要,如遭遇重大经济危机,基金组织可以启动这些安排。

借款总安排又称借款总协定,是国际货币基金组织和美国、英国、德国、法国、日本、比利时、意大利、荷兰、加拿大、瑞典10个发达国家(即10国集团)于1962年达成的金融协定。国际货币基金组织在国际资本发生大规模短期流动,可能引发经济危机时,有权从这10个国家借入资金,贷给国际收支有困难的国家。

扩大的新借款安排是国际货币基金组织于1997年1月与25个会员国和地区达成借款协定,从而解决了重债务国的债务危机。2011年,新借款安排从380亿特别提款权扩大至3700亿特别提款权,有14个新出资国加入,包括多个新兴市场国家。扩大的新借款安排被启动10次,均为最长期限(6个月)和全额,上一次启动的起始日为2016年10月1日。2010年12月第14次份额总检查中,各方同意将基金组织的份额资源增加一倍。在此背景下,各方同意应相应缩减新借款安排的规模,这使基金组织贷款资源的组成由新借款安排转向份额。在2016年2月第14次总检查份额增加的款项到位后,新借款安排已经从3700亿特别提款权缩减至1820亿特别提款权,且上一次启动于2016年2月25日终止。

另外,国际货币基金组织签署多个双边贷款协议,以作为份额的补充。截至2016年3月10日,共有34项协议生效,总额相当于2790亿特别提款权。这些资金作为基金组织份额和借款安排资源的第二道防线。

3）出售黄金

目前,国际货币基金组织持有约 9 050 万盎司黄金,是全球第三大黄金官方持有者,存放在指定的存放托管机构。根据历史成本计算,基金组织的黄金持有总量为 32 亿特别提款权(约合 45 亿美元)。但按市场价格计算,基金组织的黄金持有总量约为 801 亿特别提款权(约合 1 127 亿美元)。《国际货币基金协定》严格限制黄金的使用,但如果获得会员国投票权 85% 的多数同意,基金组织可以出售黄金或接受会员国以黄金支付,但基金组织不能购买黄金或参与其他黄金交易。

根据执董会 2009 年 9 月的授权,基金组织于 2010 年 12 月完成了 403.3 吨黄金的出售(约占其持有量的 1/8)。为避免冲击市场,在进行有限黄金出售时采取了稳健的保障措施,所有黄金均以市场价格售出,包括出售给官方持有者的黄金。44 亿特别提款权的黄金出售收益用于设立一项基金,作为基金组织新收入模式的一部分,为基金组织的财务奠定可持续的基础。出售黄金所得的一部分用于补贴对低收入国家的优惠融资。

此外,捐款和经常性收入构成了 IMF 少量的资金来源。

11.2.5　国际货币基金组织的主要业务

1）监督

为了保持稳定,防止国际货币体系发生危机,国际货币基金组织对各国、各地区和全球经济与金融发展进行检查。基金组织的监督工作有两个方面:对各成员国政策进行评估并提出建议的双边监督以及多边监督。

（1）双边监督

基金组织的经济学家每年会访问一次成员国,与政府或央行交换意见,研讨该国是否存在威胁内部和外部稳定的风险,从而需要在经济或金融政策方面做出调整。返回总部后,工作人员向基金组织执董会提交一份报告。执行董事会的意见随后转交该国有关当局。

（2）多边监督

基金组织对全球和区域经济发展趋势进行检查,分析成员国对全球经济产生的溢出效应。其多边监督的主权手段是定期出版相关刊物,包括《世界经济展望》《全球金融稳定报告》和《财政监测报告》。

2）金融贷款

基金组织的核心职责是向面临实际或潜在国际收支困难的成员国提供贷款。通过贷款帮助成员国重新建立国际储备、稳定本国货币、恢复经济增长所需要的条件。

（1）贷款程序

基金组织通常会应成员国的要求提供资金。根据所使用的贷款工具,需要成员国为解决国际收支问题实施具体的经济政策和措施。执行董事会批准后,基金组织的资金会随措施的实施分阶段发放。

（2）贷款工具

多年来,基金组织根据成员国的具体情况制定各种贷款工具,主要分为两类:针对低收入成员国的优惠贷款工具和收取与市场挂钩利率的非优惠贷款工具。优惠贷款工具有中期信贷(ECF)、备用信贷(SCF)和快速信贷(RCF)等;非优惠贷款工具有备用安排(SBA)、灵活信贷额度(FCL)、预防性和流动性额度(PLL)、中期贷款(EFF)、快速融资工具(RFI)等。

①优惠信贷工具。基金组织对低收入国家的新的优惠贷款机制于2010年1月在减贫与增长信托(PRGT)下生效,其目的是使基金组织的资金支持更加灵活,并更好地适应低收入国家的不同需要。

中期信贷是基金组织向长期面临国际收支问题的低收入国家提供中期支持的主要工具。中期信贷下的贷款利率为零,宽限期为5.5年,最终期限为10年。

备用信贷是向面临短期国际收支需要的低收入国家提供资金援助。备用信贷下的贷款利率为零,宽限期为4年,最终期限为8年。

快速信款是向面临紧急国际收支需要的低收入国家提供贷款条件有限的、迅速的资金援助。快速贷款简化了基金组织对低收入国家的紧急援助,可以在多种情况下灵活运用。快速贷款下的贷款利率为零,宽限期为5.5年,最终期限为10年。

②非优惠贷款工具。基金组织的所有非优惠贷款均收取与市场挂钩的利率,对超过一定期限的大额贷款还收取附加费,费率以特别提款权利率为基础。成员国可以向基金组织借款的最高数额称为贷款限额。贷款限额因贷款类型的不同而不同,但通常是成员国缴纳基金组织份额的倍数。

备用安排的目的是帮助各国解决短期国际收支问题,是帮助成员国解决短期国际收支而设计的。基金组织的拨款以成员国是否实现规划目标为条件。备用安排的期限通常为12~24个月,还款在拨款之后的3.25~5年进行。基金组织的非优惠贷款大多是通过备用安排提供的。

灵活信贷额度是针对那些经济基本面、政策及政策实施记录良好的国家。申请国家必须达到事先确定的资格标准。灵活信贷额度的期限为1年或2年,贷款期限在个案基础上决定,不受贷款限额限制。

预防性和流动性额度是针对那些具有稳健的经济基本面及政策实施记录良好的国家。有资格获得预防性和流动性额度的国家可能面临轻度脆弱性,不符合灵活性信贷额度资格标准,但它们不需要实施备用安排,通常需要进行重大的政策调整。

中期贷款于1974年设立,其目的是帮助成员国解决长期国际收支问题,而且这些问题是由严重扭曲所致,要求成员国采取重大经济改革。中期贷款安排的贷款限额为成员国认缴份额的140%,期限通常不超过3年。还款一般在拨款之后的4.5~10年进行。

快速融资工具向所有面临紧急国际收支需要的成员国附带条件有限的快速资金援助。快速资金工具的年度贷款限额为份额的50%,累计贷款限额为份额的100%,贷款需要在3.25~5年偿还。

一般情况下,一国政府必须在基金组织向其提供贷款之前,与基金组织商定经济政策计划。该国须承诺采取某些政策行动,这些承诺被称为政策条件,在大多数情况下属于基金组织贷款的重要组成部分。基于某一安排的政策计划通常以"意向书"的形式提交给基金组织执行董事会,并在"谅解备忘录"中进一步详述。

3)能力建设工作

基金组织的能力建设工作包括经济制度建设(技术援助)和相关人员能力开发(培训),基金组织的能力建设工作是需求驱动的,即成员国提出需求。基金组织面向所有成员国提供支持。通过在成员国加强人力和制度建设,以帮助各国政府建立有效的政策和制度。基金组织的能力建设工作帮助各国增强经济、促进包容性增长和创造就业。

基金组织提供广泛的培训课程,包括宏观金融联系、货币和财政政策、国际收支问题、金融市场和机构,以及统计和法律框架。其目的是帮助各国实现宏观经济稳定和可持续增长。基金组织提前一年通过在线课程目录公布课程。除公布课程目录外,还在网上宣布课程安排,以反映重点的调整和需求的变化。培训是通过面对面或在线形式提供的。另外,还通过地区能力建设中心提供实践性、政策导向型培训。基金组织大幅增加了在线课程,将其作为向政府官员提供培训的载体。公众也可以随时通过网络公开课学习在线课程。

基金组织依靠外部和内部评估来评价其技术援助和培训的有效性。在每个地区技术援助中心的融资周期的中期以及每次课程结束时开展这种评估。基金组织的技术援助一直被评为"好"或"非常好"。

11.3　世界银行集团

11.3.1　世界银行集团简介

世界银行集团(World Bank Group,WBG)是联合国系统下的多边开发机构。世界银行集团包括 5 个机构:国际复兴开发银行、国际开发协会、国际金融公司、多边投资担保机构和国际投资争端解决中心。一般来说,世界银行与世界银行集团是有区别的,世界银行通常是国际复兴开发银行与国际开发协会的合称。

过去的 70 年世界经济发生了的巨大变化。在此期间,世界银行集团作为世界最大的开发机构,通过提供贷款和量身定制的知识与咨询服务,致力于帮助上百个发展中国家和转轨国家适应这些变化。世界银行集团协同各国政府、私营部门、民间组织、地区开发银行、智库以及其他国际机构,应对从气候变化、冲突、粮食安全到教育、农业、金融和贸易等各种问题。所有这些努力都支持世界银行集团的两大目标:以可持续的方式消除极端贫困,促进共享繁荣。

国际复兴开发银行成立于 1944 年,之后扩大为 5 个密切相关的开发机构组成的集团。起初,国际复兴开发银行贷款帮助在第二次世界大战中遭受严重破坏的国家进行战后重建。之后的关注点从战后重建转向发展,重点放在大坝、电网、灌溉体系、道路等基础设施建设上。1956年,国际金融公司成立,开始向发展中国家的私营企业和金融机构提供贷款。1960年,国际开发协会成立,加大对最贫困国家的重视,逐渐转向以消除贫困作为世界银行集团的首要目标。随后成立的国际投资争端解决中心和多边投资担保机构,使世界银行集团集聚全球金融资源,满足发展中国家需求的能力日臻完善。

截至2021年年底,世界银行集团有189个成员国,员工来自170多个国家,在130多个地方设有办事处。世界银行集团是一个独特的全球性合作伙伴,所属5个机构共同致力于寻求在发展中国家减少贫困和建立共享繁荣的可持续之道。

11.3.2　国际复兴开发银行

国际复兴开发银行(International Bank forReconstruction and Development,IBRD)于1944年7月建立,1946年6月开始营业,1947年11月成为联合国的一个专门机构,其总部设在华盛顿。截至2021年年底,成员国为189个,在130多个地方设有办事处。国际复兴开发银行与国际开发协会共同构成世界银行,与世界银行集团所有机构以及发展中国家的政府和私营部门密切配合,致力于减少贫困,建立共同繁荣。

一个国家要想成为世界银行的成员国,首先必须加入国际货币基金组织。加入国际复兴开发银行是成为国际开发协会、国际金融公司和多边投资担保机构成员的前提条件。

1)国际复兴开发银行的宗旨和目标

(1)国际复兴开发银行的宗旨

作为世界最大的开发银行,国际复兴开发银行通过向中等收入国家和资信良好的低收入国家提供贷款、担保、风险管理产品和分析咨询服务,促进公平和可持续发展,创造就业,减少贫困,并通过协调各国应对地区性和全球性挑战,支持世界银行集团的使命。

(2)国际复兴开发银行的两个目标

①消除极端贫困。到2030年,将极端贫困人口占全球人口的比例降低到3%。

②促进共享繁荣。提高各国占人口40%的最贫困人群的收入水平。

2)国际复兴开发银行的组织机构

(1)理事会

世界银行的组织机构与国际货币基金组织差不多,理事会为最高权力机构,由每一成员国委派理事和副理事组成,任期5年,可以连任。成员国一般委派财政部部长或中央银行行长担任。如果一个国家同时是国际复兴开发银行、国际金融公司或国际开发协会成员国,其任命的理事和副理事同时也担任国际金融公司和国际开发协会理事会的理事和副理事。他们也在国际投资争端解决中心行政理事会中担任本国的代表,除非另行说明。多边投资担保机构的理事和副理事则单独任命。

理事会的主要权力是：批准新会员、决定普遍地增加或者调整成员国应缴股本、决定银行净收入的分配及其他重大问题。世界银行与国际货币基金组织密切配合。每年 9 月，两个机构的理事会联合召开一次年会。

（2）执行董事会

执行董事会是世界银行负责日常事务的机构，在平时代行理事会各项职权。执行董事会成员包括世界银行行长和 25 名执行董事。其执行董事中有 5 人由持有股份最大的美、英、德、法、日 5 国指派担任。由行长主持执董会会议，未经执行董事会明确授权，执行董事不能单独行使任何权力。

（3）行长

行长是国际复兴开发银行的最高行政长官，兼任董事会主席，由执行董事会选举产生，负责世界银行的日常业务。一般来说，行长无投票权，只有执行董事会在表决中双方票数相等时，才可以投下决定性的一票。现任行长戴维·马尔帕斯（David Malpass）（美国籍），2019 年 4 月上任，任期 5 年。2008 年 2 月，我国经济学家林毅夫被任命为世界银行副行长兼首席经济学家，2012 年 6 月任期届满。2016 年 1 月，世界银行宣布任命时任中国财政部国际财金合作司司长杨少林担任世界银行首任常务副行长兼首席行政官。

3）国际复兴开发银行的资金来源

国际复兴开发银行的资金来源主要有成员国缴纳的股金、借款、债权转让、利润收入 4 个渠道。

（1）成员国缴纳的股金

成员国在加入国际复兴开发银行时需认购股金，认购数额主要取决于该国的经济实力，并同时参照该国在国际货币基金组织认缴的份额而定。国际复兴开发银行成立之初，法定资本为 100 亿美元，分为 10 万股，每股 10 万美元。之后，国际复兴开发银行又进行了多次增资。但成员国并非按认缴股本缴纳股金，而是在参加时先缴纳应缴股本的 20%，其中 2% 以黄金、美元缴纳，18% 以本国货币缴纳，另外 80% 不需要立即交付，只有在国际复兴开发银行催缴时才缴纳。国际复兴开发银行的重要事项都需要会员国投票决定，投票权的大小与会员国认购的股本成正比，与国际货币基金组织的有关投票权的规定相同。国际复兴开发银行每一会员国拥有 250 票基本投票权，每认购 10 万美元的股本即增加一票。

知识链接11.2

中国成为世界银行第三大股东国

新华网华盛顿 2010 年 4 月 25 日电（记者：刘丽娜、刘洪）世界银行发展委员会春季会议 25 日通过了发达国家向发展中国家转移投票权的改革方案，这次改革使中国在世行的投票权从目前的 2.77% 提高到 4.42%，成为世界银行第三大股东国，仅次于美国和日本。

本次改革中，发达国家一共向发展中国家转移了 3.13% 的投票权，使发展中国家整体投票权从 44.06% 提高到 47.19%。通过了国际金融公司提高基本投票权以及 2 亿美元规模的特别增资方案,使发展中国家在国际金融公司整体的投票权从 33.41% 上升到 39.48%。会议还决定世界银行进行总规模为 584 亿美元的普遍增资,提高世界银行支持发展中国家减贫发展的财务能力。

(2)借款

国际复兴开发银行大部分资金筹自国际金融市场,这使其能自 1946 年以来提供贷款 5 000 多亿美元用于在世界各地扶贫。国际复兴开发银行主要通过在国际金融市场发行中长期债券筹得资金。国际复兴开发银行发行的债券,期限从 2 年至 25 年不等。此外,国际复兴开发银行还向成员国政府、中央银行等机构发行中、短期债券来筹集资金。国际复兴开发银行自 1959 年以来始终保持 3A 级信用等级。这一高信用等级使其能以低成本借债,并以优惠的条件向中等收入国家提供贷款,帮助确保发展项目以更可持续的方式付诸实施。同时,往往还辅以或调动私人资本。

(3)债权转让

国际复兴开发银行常常把贷款的债权转让给商业银行等私人投资者,提前收回一部分资金,以扩大银行贷款资金的周转能力。

(4)利润收入

国际复兴开发银行资信较高,利润收入也较为可观。自创立以来,除第一年度有亏损外,每年均有盈余。国际复兴开发银行的净利润并不分配给股东,除一部分增拨国际开发协会作为向发展中国家发放贷款外,其余均作为银行的自有资金,成为银行发放贷款的一个资金来源。

4)国际复兴开发银行的主要业务活动

(1)贷款业务

国际复兴开发银行的主要业务是贷款业务。

①贷款条件。

A.贷款的对象仅限于成员国,而且只向成员国政府或由政府、中央银行担保的公私机构提供贷款。

B.借款国确实不能以合理的条件从其他方面取得贷款。

C.贷款一般用于国际复兴开发银行批准的特定项目,并且该项目经国际复兴开发银行审定在经济上和技术上均可行,也有助于借款国经济发展时才会批准。

D.贷款必须专款专用。

E.贷款只发放给那些有偿还能力的成员国。

②贷款方向。

A.农业和农村的发展。

B.能源。

C.成员国政府设立的开发金融公司。

③贷款特点。

A.国际复兴开发银行贷款的重点是各种基础设施。

B.贷款期限长,贷款利率低。国际复兴开发银行的贷款期可长达 20 ~ 30 年,并有 5 ～ 10 年的宽限期。贷款利率参照资本市场利率,但一般低于市场利率,贷款收取的杂费很少,对签约未使用的贷款额收取 0.75% 的承担费。

C. 贷款手续严密。一般来说,国际复兴开发银行首先要对申请国的经济结构现状和前景进行调查,以确定贷款项目,然后还要派专家小组对已确定的项目进行评估,最后才举行贷款谈判,并签订贷款与担保协议等法律文件。

D. 贷款一般需要按时偿还,不得改期。

E. 借款国承担汇率变动的风险。

④贷款程序。

国际复兴开发银行贷款有一套严格的程序,分 6 个阶段进行。

A. 项目的选定。由借款国与世界银行合作,对借款国初步提出的项目分别进行筛选,然后将合格的项目纳入贷款规划。

B. 项目的准备。主要由借款国或借款机构负责进行,世界银行不参与准备工作,只提供指导和资金援助。

C. 项目评估。由世界银行工作人员根据借款人的项目可行性报告,进行全面系统的审查,提出贷款额度和贷款条件建议,写出书面评估报告,并征求借款人意见进行修正。该报告是项目贷款谈判的基础。

D. 谈判并报执董会批准。借款人代表与国际复兴开发银行代表就贷款协定草案进行谈判,然后报执董会讨论通过。

E. 项目的执行和监督。由借款人负责项目的执行,国际复兴开发银行则通过借款人报送的项目执行报告和定期到现场考察对项目实行监督。

F. 项目后评价。国际复兴开发银行工作人员帮助借款人编写一份项目完成报告,由国际复兴开发银行的业务评价局进行严格审查后做出评价。

（2）其他业务活动

除贷款业务外,国际复兴开发银行还向成员国提供技术援助、研究培训等。技术援助与贷款项目相结合,以帮助借款国更好地使用资金,提高资金的使用效率。国际复兴开发银行还积极从事对社会经济问题的调查研究,并帮助发展中国家成员国加强自己的研究能力,帮助其培训负责计划与发展工作的中高级官员。

11.3.3　国际金融公司

1）国际金融公司的简介

国际金融公司（International Finance Corporation,IFC）于 1956 年 7 月成立,总部设在华盛顿,目前包括 185 个成员国。国际金融公司虽然是世界银行的附属机构,但实际上在法律和财务方面是独立的国际金融组织,其管理办法和组织结构与世界银行相同。国际金融公司凭借自己的金融资源、技术专长、全球经验和创新思维,为客户提供符合需求的解决方案,帮助合作伙伴应对资金、业务等层面的挑战;为客户提供并动员稀缺的资本、知识和长期合作关系,帮助客户破解在金融、基础设施、雇员技能和监管环境等领域面临的制约和难题。同时,国际金融公司擅于为项目筹集第三方资金,在私营部门融资领域发挥领导作用,产生更大的发展影响力。

2)国际金融公司的宗旨

国际金融公司的宗旨是促进发展中国家私营部门的发展,帮助新兴市场的企业和金融机构创造就业和税收,改善企业治理和环境绩效,为当地社会经济发展做出贡献。

3)国际金融公司的组织机构

国际金融公司的组织机构同世界银行一样,只有世界银行的成员国才有资格成为公司的成员国。公司的最高权力机构是理事会,公司的正副理事、正副执行董事,也就是世界银行的正副理事、正副执行董事,公司的总经理由世界银行行长担任。因此,公司与世界银行实质上是一套班子、两块牌子。

4)国际金融公司的资金来源

(1)股金

股金,即各成员国认缴的股本。公司最初成立时的法定股本为1亿美元,分为10万股,每股1 000美元。各成员国缴纳股本须以黄金或自由兑换货币缴纳。成员国缴纳的股金与其投票权成正比,每个成员国有基本投票权250票,每增加1股,增加1票。

(2)借款

向世界银行借款是其重要的资金来源,此外,也发行债券筹集资金。

(3)利润收入

公司历年经营所得的利润也是其一项资金来源。

5)国际金融公司的贷款与投资业务

与世界银行相比,国际金融公司的贷款和投资有以下特点。

①贷款的对象仅限于成员国的生产性私营企业或公私联营企业,不需要成员国政府提供担保,贷款一般不得用于公共基础工程,主要用于制造业、加工业、开采业、金融和旅游服务等预期收益较好的部门。

②一般只对中小企业提供贷款,不对大型企业,贷款额度一般在200万～400万美元,最高不超过3 000万美元。

③贷款期限一般为7～15年,还款时须用原借入的货币,贷款的利息率视投资对象的风险和预期收益而定,一般高于世界银行贷款,对已安排未提用的贷款资金收取1%的承担费。

④提供资金时,采取贷款和资本投资相结合的方式,即购买借款方公司的股票,但不参与公司的经营管理。

⑤常常与私人投资者共同对成员国的私营生产企业进行联合投资,从而起到促进私人资本在国际范围流动的作用。

⑥在进行投资时,向项目主办企业提供必要的技术援助,向成员国政府提供政策

咨询服务,以协助创造良好的投资环境,从而达到促进私人资本投资的目的。

最近 5 个财年,IFC 全球承诺贷款和股权投资总额约为 903.29 亿美元,其中,2021 财年 IFC 全球承诺贷款和股权投资额约为 206.69 亿美元。IFC 2018 年增资决议于 2020 年 4 月通过生效,增资完成后,中国在 IFC 的股权将升至 2.95%,投票权将升至 2.82%,保持第十大股东地位。

2018 年 10 月 13 日,在印度尼西亚巴厘岛举行的世界银行年会上,国际金融公司(IFC)和支付宝联合宣布:启动 10×1 000 科技普惠计划,计划在未来 10 年,每年为新兴市场国家培训 1 000 名科技领军者。

11.3.4　国际开发协会

1)国际开发协会简介

国际开发协会(International Development Association,IDA)成立于 1960 年 9 月,同年 11 月开始营业,总部设在美国首都华盛顿,是世界银行集团的一个附属机构,目前包括 173 个成员国。

（1）国际开发协会的宗旨

通过向世界上最贫困国家提供无息贷款和赠款,促进其经济发展,减少不平等现象,提高人民生活水平。

（2）国际开发协会的组织机构

国际开发协会的组织机构和管理方式与世界银行相同。世界银行的理事会、执行董事会和办事机构就是协会的理事会、执行董事会和办事机构。经理、副经理由世界银行行长、副行长兼任,办事机构的各部门负责人也由世界银行相应部门的负责人兼任。协会与世界银行也是一套班子,两块牌子。

但国际开发协会又是一个独立的实体,它有自己的股本、资产和负债,有自己的协定,法规和财务系统。国际开发协会不能向世界银行借款。

国际开发协会的成员国分为两组:第一组是高收入的工业化国家;第二组为亚非拉发展中国家。

（3）国际开发协会的资金来源

①成员国缴纳的股本。国际开发协会原定股本为 10 亿美元。其中,第一组国家 78 670 万美元,第二组国家 23 700 万美元。第一组国家认缴股本以黄金和自由外汇缴付,第二组国家 10% 以黄金和自由外汇缴纳,其余 90% 以本国货币缴纳。以后随着成员国的增加,股本额不断增大。截至 1995 年 6 月底,成员国认缴股本额已达到 928.91 亿美元。成员国认缴的股本与其投票权成正比。每一成员基本票 500 票,另外,每认缴 5 000 美元增加一票。

②补充资金。由于股本有限,国际开发协会又规定不得在国际金融市场上发行债券来筹集资金,因此,国际开发协会只能要求成员国政府不时地提供补充资金。

③世界银行赠予形式的拨款和国际开发协会的利润也是其资金来源。

2)国际开发协会的贷款业务

（1）贷款对象

贷款只向低收入的发展中国家发放。贷款只向成员国政府或其公私企业发放，但实际上都贷给成员国政府。从 1999 年 7 月起，国际开发协会停止对中国提供贷款。有 82 个国家符合获得 IDA 援助的资格。这些国家一共拥有 25 亿人口，占全世界总人口的一半。据估计，这些国家有 15 亿人口每天靠 2 美元或不到 2 美元的收入维持生活。

（2）贷款用途

贷款主要用于电力、交通、水利等公共工程部门及农业和文化教育方面，在使用和监督方面与世界银行的规定相同。

（3）贷款特点

国际开发协会的贷款称为信贷（Credit），与世界银行的贷款相比，其贷款具有高度的优惠性，因此称为软贷款。而世界银行提供的普通条件的贷款称为硬贷款（Hard Loan），贷款期限较长，一般为 35 ~ 40 年，平均期限为 38.5 年，宽限期为 10 年，第二个 10 年每年还本 1%，以后每年还本 3%，偿还贷款时可以全部或部分用本国货币支付，贷款不收利息，只收取 0.5% 的手续费。

国际开发协会是向最贫穷国家提供优惠贷款和赠款的最大多边渠道。近 5 个财年，IDA 全球承诺优惠贷款和赠款约 1 318.48 亿美元。其中，2021 财年 IDA 全球承诺优惠贷款和赠款约 360.28 亿美元。

11.3.5 国际投资争端解决中心

国际投资争端解决中心（International Center for Settlement of Investment Disputes，ICSID）成立于 1966 年，现有 159 个成员国。ICSID 依华盛顿公约而成立。ICSID 总部设在华盛顿特区，是一个绝对的国际性法人组织。中心设立的目的在于增加发达国家投资者向发展中国家进行投资的信心，并通过仲裁和调解方式来解决投资争议。它要求争议的双方须为公约的成员国，争议主体为国家或国家机构或代理机构。其解决的争议性质必须为直接由投资引起的法律争议。

ICSID 有自己的仲裁规则，并且仲裁时必须使用其规则。审理案件的仲裁员，调解时的调解员须从其仲裁员名册和调解员名册中选定。其裁决为终局的，争议方必须接受。

国际投资争端解决中心组织机构有：理事会，为最高权力机构，由各成员国派 1 名代表组成，每年举行 1 次会议，世界银行行长为理事会主席；秘书处，由秘书长负责，处理日常事务。其成员包括世界银行成员国和其他被邀请国。

国际投资争端解决中心的宗旨和任务是：制定调解或仲裁投资争端规则，受理调解或仲裁投资纠纷的请求，处理投资争端等问题，为解决会员国和外国投资者之间争端提供便利，促进投资者与东道国之间的互相信任，从而鼓励国际私人资本向发展中国家流动。该中心解决争端的程序分为调停和仲裁两种。

11.3.6　多边投资担保机构

多边投资担保机构(Multilateral Investment Guarantee Agency,MIGA)成立于 1988 年,现有 181 个成员国,是世界银行集团里成立时间最短的机构,1990 年签署第一笔担保合同。多边投资担保机构的宗旨是向外国私人投资者提供政治风险担保,包括征收风险、货币转移限制、违约、战争和内乱风险担保,并向成员国政府提供投资促进服务,加强成员国吸引外资的能力,从而推动外商直接投资流入发展中国家。作为担保业务的一部分,多边投资担保机构也帮助投资者和政府解决可能对其担保的投资项目造成不利影响的争端,防止潜在索赔要求升级,使项目得以继续。多边投资担保机构还帮助各国制定和实施吸引和保持外国直接投资的战略,并以在线服务的形式免费提供有关投资商机、商业运营环境和政治风险担保的信息。近 5 个财年,MIGA 担保承诺总额约为 248.01 亿美元,其中,2021 财年 MIGA 全球担保承诺额约为 51.99 亿美元。

11.4　区域性国际金融机构

11.4.1　国际清算银行

1)国际清算银行的建立与宗旨

国际清算银行(Bank for International Settlement,BIS)是最早出现的国际金融机构。第一次世界大战结束后,为处理战后德国赔款的支付和清算问题,1930 年 5 月,英国、法国、意大利、比利时、德国、日本等国的中央银行与美国三大银行(摩根银行、纽约花旗银行、芝加哥花旗银行)组成的银团在荷兰海牙签订国际协议,共同出资成立了国际清算银行,总部设在瑞士巴塞尔,并分别在中国香港特别行政区和墨西哥首都墨西哥城设有代表处。刚建立时只有 7 个成员国,现已发展到 60 个。2019 年,国际清算银行宣布分阶段在不同城市设立创新中心,首先设立的两个中心位于瑞士巴塞尔和中国香港,第三个位于新加坡。

成立国际清算银行的最初目的是处理第一次世界大战后德国赔款的支付和清算等业务问题。第二次世界大战后,作为经济合作与发展组织成员国之间的结算机构,该行的宗旨也逐渐转变为促进各国中央银行之间的合作,为国际金融业务提供便利,并接受委托或作为代理人办理国际清算业务等。国际清算银行不是政府间金融决策机构,也不是发展援助机构,而是"中央银行的银行"。通过各国中央银行向整个国际金融体系提供一系列高度专业化的服务,办理多种国际清算业务。

2)国际清算银行的组织结构

国际清算银行是股份制形式的金融组织,由股东大会、董事会和经理部组成。

(1)股东大会

股东大会是最高权力机构,由认缴该行股份的各国中央银行派代表组成,股东投票权的多少由其持有的股份决定。股东大会每年6月份在巴塞尔召开,讨论年度决算、资产负债表和损益计算书、利润分配办法和接纳新成员国等重大事项。在决定修改银行章程、增加或减少银行资本、解散银行等事项时,召开特别股东大会。除各成员国中央银行行长或代表作为有表决权的股东参加股东大会,所有与该行建立业务关系的中央银行代表均被邀请列席。

(2)董事会

董事会是国际清算银行的经营管理机构,有20名董事。6名董事由比利时、德国、法国、英国、意大利和美国中央银行行长担任,上述董事再各自任命1名本国工商和金融界代表作为董事,其他董事由董事会2/3多数票选举产生,但最多不超过9人。目前加拿大、中国、日本、墨西哥、荷兰、瑞典、瑞士和欧洲中央银行的行长是选举产生的董事。董事会设主席1名,由银行行长兼任,副主席若干名。董事会每月召开一次例会,审议银行日常业务工作。目前董事会主席是法国银行行长弗朗索瓦·维勒鲁瓦·德·加尔豪(François Villeroy de Galhau)。他的任期为3年,从2022年1月12日开始。董事会负责确定国际清算银行的战略和政策方向,监督其管理层,并履行银行章程赋予它的具体任务。

(3)经理部

董事会根据主席建议任命1名总经理和1名副总经理,就银行的业务经营向银行负责。总经理和副总经理下设银行部、货币经济部、秘书处和法律处4个业务机构。

3)国际清算银行的资金来源

国际清算银行的资金主要来源于3个方面。

(1)成员国缴纳的股金

该行建立时,法定资本为5亿金法郎,股本全部由参加创建的各国中央银行和美国银行集团认购。1969年增至15亿金法郎,以后几度增资。随着银行规模的扩大,其股票也在市场上交易,持股者又包括了与该行有业务关系的其他国家中央银行或金融机构,以及在市场上购进该行股份的私人。近年来,私人持股的数量和比重均有所下降,85%以上的股份掌握在有关国家中央银行手中。所有股东在分享该行利润方面都享有同等权利,但是私人持股人没有代表权和投票权。

(2)借款

向各成员国中央银行借款,补充该行自有资金的不足。

(3)吸收存款

接受各国中央银行的黄金存款和商业银行存款。

4）国际清算银行的主要业务

（1）处理国际清算事务

第二次世界大战后，国际清算银行先后成为欧洲经济合作组织、欧洲支付同盟、欧洲煤钢联营、黄金总库、欧洲货币合作基金等国际机构的金融业务代理人，承担着大量的国际结算业务。

（2）办理或代理有关银行业务

第二次世界大战后，国际清算银行业务不断拓展，目前可从事的业务主要有：接受成员国中央银行的黄金或货币存款，买卖黄金和货币，买卖可供上市的证券，向成员国中央银行贷款或存款，也可与商业银行和国际机构进行类似业务，但不得向政府提供贷款或以其名义开设往来账户。全世界约有 80 多家中央银行将其大约 10% 的外汇储备和 3 000 多吨黄金存于该行。国际清算银行办理黄金存储业务，既不计息也不收存储费，但可以按市场价的 85% 进行抵押，取得贷款。国际清算银行资金力量雄厚，积极参与国际金融市场活动，是国际黄金市场和欧洲货币市场的重要参加者。国际清算银行还尽力使其全部金融活动与国际货币基金组织的活动协调一致，并与其联手解决国际金融领域的一些棘手问题。例如，在缓和 20 世纪 80 年代初发展中国家国际债务危机的过程中，国际清算银行提供了大量的贷款，起到了重要作用。

（3）组织各种会议，促进货币与金融合作

国际清算银行每年召开一次股东大会，每两个月举行一次中央银行行长例会，讨论与货币和金融稳定相关的政策性问题，监测全球经济和金融发展。此外，国际清算银行还经常组织中央银行高官会和专家会议，讨论储备管理、法律事务、信息系统和内部审计等技术性问题，对推动国际货币与金融合作作出了重要贡献。

（4）开展国际货币金融研究和统计工作

国际清算银行开展经济、货币、金融和法律研究，以支持该行组织会议和设在巴塞尔的各个委员会工作。其国际金融调研与信息披露有很高的权威性，其经济数据库集中了全球银行、证券、外汇及衍生产品市场的统计数据，是各国中央银行分享统计数据的中心。该行以年报、季报及系列论文的形式发布有关会议讨论的专题信息和研究成果，受到国际金融界的广泛重视。

11.4.2　亚洲开发银行

亚洲开发银行（Asian Development Bank，ADB），简称"亚行"是一个致力于促进亚洲及太平洋地区发展中成员经济和社会发展的区域性政府间金融机构。亚行创建于 1966 年 11 月 24 日，总部设在菲律宾马尼拉。截至目前，亚行一共有 68 个成员，其中，49 个来自亚太地区，19 个来自其他地区（目前，以色列、科威特均在积极申请成为亚行成员）。中国于 1986 年 3 月 10 日加入亚行。

1)亚洲开发银行的宗旨

2018 年 7 月,亚行通过了《2030 战略》,明确亚行新的宗旨为:致力于实现一个繁荣、包容、有韧性和可持续的亚太地区。同时,继续努力消除该地区的极端贫困。尽管该地区取得了许多成功,但它仍然是世界很大一部分穷人的家园:2.63 亿人每天的生活费不到 1.90 美元,11 亿人每天的生活费不到 3.20 美元。

亚行通过提供贷款、技术援助、赠款和股权投资来协助其成员和合作伙伴,以促进社会和经济发展。

亚行通过促进政策对话、提供咨询服务以及通过利用官方、商业和出口信贷来源的联合融资业务调动财政资源,最大限度地发挥其援助对发展的影响。

2)亚洲开发银行的治理结构

亚行的组织机构由理事会、执董会和管理层组成。

(1)理事会

理事会是最高决策机构,由 68 个成员代表组成,根据亚行章程,理事会负责决定新成员的接纳、成员资格暂停、审议股本金方案、选举执董和行长、审议执董和行长薪酬方案、批准年度财务报告和净收入分配方案等,理事会在每年亚行年会期间召开正式会议。亚行年会每年举行一次,由亚行成员轮流举办。截至 2020 年,已举行过 53 届年会。中国曾先后于 1989 年和 2002 年在北京和上海承办过两次亚行年会。

(2)董事会

董事会由理事会选举产生。董事会共有 12 个选区,每个选区选出董事、副董事各 1 人,任期 2 年,可以连任。其中,美国、日本、中国为单一选区,其余为多国选区。董事(副董事)常驻菲律宾马尼拉,主要负责核准亚行行政预算、审批政策文件以及贷款、股权和技术援助项目等。

(3)管理层和内设机构

截至 2020 年年底,亚行一共有 7 名高级管理人员(其中行长 1 人,副行长 6 人),27 个局级单位和 43 个国家或地区代表处及办事处,职员总数 3 605 人。现任行长浅川雅嗣(日本籍)于 2020 年 1 月 17 日当选,任期至 2026 年 11 月 23 日。

3)亚洲开发银行的资金来源

(1)普通资金

普通资金是亚行开展业务的主要资金来源,包括成员国认缴的股本、国际金融市场借款、普通储备金、特别储备金和净收益,一般用来向成员国发放硬贷款。

①成员国认缴的股金。凡参加亚行的成员国都应认缴银行股金。亚行初建时,法定股本为 10 亿美元,后经多次增资,股本额不断增大。2009 年 4 月,亚洲开发银行增加两倍资本金的计划获得理事会批准,该行资本金将逐步扩充至 1 650 亿美元。出资比例与在亚行内的表决权有直接关系。目前,日本和美国同为亚行最大股东,各

持股 15.571%，拥有 12.756% 的投票权。我国是第三大股东国，持股 6.429%，拥有 5.442% 的投票权。

②借款。亚行在建立初期，主要依靠自有银行资本对外发放贷款。此后，随着贷款业务的增加，从 1969 年起，亚行开始从国际金融市场借款。到 1982 年，亚行借款额已超过其自身所拥有股本和储备金总额。亚行借款的方式主要有 3 种：一是以发行债券的方式从国际资本市场上筹措资金；二是与有关国家政府、中央银行以及其他金融机构直接安排证券销售吸收资金；三是直接从商业银行借款。

③普通储备金。根据《亚行章程》第 40 条规定，亚行理事会每年从亚行业务净收益中划拨一部分作为普通储备金。

④特别储备金。亚行对其 1983 年 3 月 28 日以前发放的未偿还的普通资金贷款，除了收取利息和承诺费外，还收取一定数量的佣金作为特别储备金。但从 1985 年开始，亚行已停止收取这种佣金。

⑤净收益。亚行收入来源包括贷款利息收入、承诺费收入、投资收益及其他收入，除去借款利息、其他财务费用、行政管理费用及雇员工资等费用外，每年可获取数亿美元的净收益。这些净收益不进行分红或再分配，都作为自有资金。

（2）亚洲开发基金

亚洲开发基金设立于 1974 年 6 月，专门对亚太地区贫困成员发放优惠贷款。该基金主要来源于亚行发达成员国的捐赠，最大认捐国是日本和美国。

（3）技术援助特别基金

技术援助特别基金设立于 1967 年，主要用于提高发展中国家人力资源素质和加强执行机构的建设，具体用于资助发展中成员聘请咨询专家、培训人员、购置设备进行项目准备、项目执行、制定发展战略、加强机构建设和技术力量、从事部门研究等。技术援助特别基金主要来源于各成员国的捐赠，其中最大的出资者是日本。

（4）日本特别基金

日本特别基金设立于 1988 年 3 月。该基金用于支持发展中国家开发自然资源、人力资源以及引进技术有关的活动，以便加速发展中国家的经济增长。该项基金全部由日本政府捐赠。

（5）联合融资

亚行的联合融资是指亚行与一个或一个以上的金融机构共同为某一开发项目融资。具体来说，亚行联合融资的渠道主要有：

①主要工业发达国家的政府机构。

②多边国际组织，如联合国开发计划署、欧洲经济共同体、国际农业开发基金等。

③主要工业发达国家的商业银行。

④有关国家的出口信贷机构。目前，亚行的联合融资已成为发展中国家成员国日益重要的融资手段，它可以加速国际资本向本地区的流动。

（6）日本扶贫基金

2000 年 5 月 23 日，亚行决定建立"日本扶贫基金"，用以资助亚行的扶贫项目。

4)亚洲开发银行的主要业务

亚行的主要业务是对成员国进行贷款,同时还广泛地开展技术援助业务。

(1)贷款业务

亚行自成立以来,贷款业务发展十分迅速。贷款对象为成员国政府及所属机构、境内公私企业和与开发本地区有关的国际性或地区性组织;贷款方向偏重农业和农产品加工业、能源及交通运输业,也涉及工业、供水、城市发展、金融、教育和卫生等领域。

亚行贷款业务的种类采用两种划分标准:按贷款条件划分,可分为硬贷款、软贷款和赠款3大类。硬贷款是用亚行普通资金提供的贷款,主要向较富裕的发展中国家发放,用于工业、农业、电力、运输、邮电等部门开发项目,贷款期限为10~30年,含2~7年的宽限期,贷款的利率为浮动利率,每半年调整一次。软贷款又称优惠贷款,是用亚洲开发基金提供的贷款,提供给贫穷的发展中国家,主要用于农业、能源、交通、电信和供水等工程项目,贷款的期限最长可达40年,并有10年宽限期,软贷款不收利息,每年仅收1%的手续费;赠款用于技术援助,资金由技术援助特别基金提供,但金额有限制。按贷款方式划分,可分为项目贷款、规划贷款、部门贷款、开发金融机构贷款、综合项目贷款、特别项目执行援助贷款和私营部门贷款等。截至2020年年底,亚行累计承诺硬贷款2 535.04亿美元,软贷款699.65亿美元,亚洲发展基金(ADF)赠款108.79亿美元,股权投资23.84亿美元,担保77.75亿美元,技术援助50.72亿美元,其他赠款8.7亿美元。从2020年业务规模(不含联合融资)看,前五大借款成员分别是:印度、菲律宾、印尼、中国、巴基斯坦。

项目贷款是亚行传统的和主要的方式,取得亚行项目贷款必须符合3个要求。

①项目的经济效益好。

②有利于促进借款成员国的经济发展。

③借款成员国政府有较好的资信。

亚行的贷款项目从项目确定直到项目完成后的总结评价,中间要经过一系列的工作环节,这些环节与世界银行的项目贷款程序相似。

(2)技术援助

亚行在办理各项贷款业务的同时,还向成员国积极开展了广泛的技术援助,帮助其更有效地利用投资,搞好经济开发项目建设。技术援助可分为项目准备技术援助、项目执行技术援助、咨询性技术援助和区域性技术援助等多种形式:

①项目准备技术援助。用于帮助成员国确定项目或进行项目审核,使亚行或其他金融机构能顺利对项目进行贷款或投资。

②项目执行技术援助。用于帮助项目执行机构(包括开发性金融机构)提高管理能力,保证贷款使用效率。

③咨询性技术援助。用于帮助有关机构(包括亚行贷款的执行机构)加强建设,提高人员素质,以正确地制定国家总体和部门发展规划及政策等。

④区域性技术援助。用于举办涉及整个区域发展规划的培训班或专题研讨

会等。

此外,亚行通过购买私人企业股票或私人金融机构股票等形式,向发展中国家的私人企业提供融资便利。还吸引多边、双边机构以及商业金融机构的资金,进行联合融资,对参加联合融资的私营机构提供担保服务,帮助成员国从私营机构争取到优惠贷款。

11.4.3　非洲开发银行

非洲开发银行集团(African Development Bank Group,AfDB)成立于 1964 年,它由 3 个部分组成:非洲开发银行(AfDB),根据 23 个创始成员国于 1963 年 8 月 14 日在苏丹喀土穆签署的协议成立。该集团包含两个特许融资窗口:一个是非洲开发基金,由非洲开发银行和 13 个非洲以外的国家于 1972 年 11 月 29 日成立。另一个是尼日利亚信托基金,由尼日利亚联邦政府于 1976 年成立。截至 2021 年年底,非洲开发银行集团的成员由 54 个非洲国家和 27 个非洲以外的国家组成。中国于 1985 年 5 月加入非洲开发银行。要成为非洲开发银行成员,非本地区的国家必须首先成为非洲开发基金成员。

非洲开发银行理事会的就职会议于 1964 年 11 月 4—7 日在尼日利亚拉各斯举行,并于 1965 年 3 月在科特迪瓦的阿比让设立总部。非洲开发银行自 1966 年 7 月 1 日开始运营。从 2003 年 2 月开始,因科特迪瓦发生大规模的政治冲突,非洲开发银行开始在突尼斯首都突尼斯市的临时安置机构运营业务,直到 2013 年年底才开始迁回阿比让总部。

1)使命与战略

非洲开发银行集团的首要目标是促进本地区成员国的经济可持续发展和社会进步,从而减少贫困。本银行集团通过两种方式达到此目标:调动和分配成员国的投资资源,提供政策建议和技术援助以支持发展工作。在 2000 年,所有多边发展机构已就一系列目标达成一致,名为千年发展目标。它们是:消灭极端贫穷和饥饿,改善孕产妇健康,普及小学教育,抗击艾滋病毒/艾滋病、疟疾和其他疾病,促进两性平等并赋予妇女权利,确保环境可持续性,降低儿童死亡率,建立全球发展伙伴关系。

2)非洲开发银行的组织机构

最高权力机构为理事会,由各成员国委派理事和副理事各 1 名。理事一般由各国财政部或非洲开发银行经济部部长担任,理事会每年举行 1 次。理事会的执行机构为董事会,一共 9 名成员,由理事会选举,任期 3 年。董事会每月举行 1 次会议。经常性业务工作由银行行长负责。行长由董事会选举,任期 5 年,在董事会指导下开展工作。另设副行长 1 名,协助行长工作。

此外,为满足该行贷款资金的需要,先后设立了以下合办机构。

（1）非洲开发基金

非洲开发基金 1972 年在经济合作与发展组织援助下设立。由该行和 22 个非洲以外的工业发达国家出资。其宗旨与职能是：协助非洲开发银行对非洲 29 个最贫穷的国家贷款，重点是农业、乡村开发、卫生、教育事业等。此项基金对非洲国家提供长达 50 年的无息贷款（包括 10 年宽限期），只收取少量手续费。其业务由非洲开发银行管理，其资金来源于各成员国认缴的股本。

（2）尼日利亚信托基金

尼日利亚信托基金成立于 1976 年，由该行和尼日利亚政府共同建立。其主要目的是：与其他基金合作，向成员国有关项目提供贷款。期限 25 年，包括最长为 5 年的宽限期。

（3）非洲投资与开发国际金融公司

非洲投资与开发国际金融公司于 1970 年 11 月设立，总公司设在瑞士日内瓦。其目的是：促进非洲企业生产力的发展。股东是国际金融公司以及美国和欧洲、亚洲各国约 100 家金融和工商业机构。法定资本 5 000 万美元，认缴资本 1 259 万美元。

（4）非洲再保险公司

非洲再保险公司于 1976 年 2 月建立，1977 年 1 月开始营业。其宗旨是：加速发展非洲保险业，总公司设在拉各斯。法定资本 1 500 万美元，该行出资 10%。

3）资金来源

分为普通资金来源和特别资金来源。

（1）普通资金来源

①核定资本认缴额，最初为 2.5 亿非洲开发银行记账单位，每非洲开发银行记账单位价值 0.888 671 克纯金，核定资本分为 2.5 万股，每股 1 万记账单位。

②自行筹措资金。

③用实收资本或筹措资金发放贷款所获得的还款资金。

④依据该行待缴资本发放贷款或提供担保所获得收入。

⑤不构成该行特别资金来源的其他资金和收入。

（2）特别资金来源

①捐赠的特别资金和受托管理资金。

②为特别资金筹措的专款。

③从任一成员国筹借的该国货币贷款，用途是从贷款国购买商品与劳务，以完成另一成员国境内的工程项目。

④用特别基金发放贷款或提供担保所获偿还资金。

⑤用上述任何一项特别基金或资金从事营业活动获得的收入。

⑥可用作特别基金的其他资金来源。

4）主要业务

向成员国提供贷款（包括普通贷款和特别贷款），以发展公用事业、农业、工业项目及交通运输项目。普通贷款业务包括用该行普通资本基金提供的贷款和担保贷款业务;特别贷款业务是用该行规定专门用途的"特别基金"开展的贷款业务。后一类贷款的条件非常优惠,不计利息,贷款期限最长可达 50 年,主要用于大型工程项目建设。此外,银行还为开发规划或项目建设的筹资和实施提供技术援助。

5)贷款对象

非行贷款的对象是非洲地区成员国,主要用于农业、交通、通信、工业、供水等公共事业,也包括卫生、教育和私营领域的投资项目。自 1986 年后,非行还支持了一些非项目计划,如结构调整和改革贷款,技术援助和政策咨询方面的投资等。非行贷款的期限一般是在 12 ~ 20 年,包括展延还款期 5 年。

11.4.4　泛美开发银行

1)泛美开发银行的建立与宗旨

泛美开发银行 (Inter-American Development Bank,IADB),也称为美洲开发银行,主要由美洲国家组成,是向拉丁美洲国家提供信贷资金的区域国际金融机构。1959 年 4 月 8 日,20 个拉丁美洲国家和美国签订了建立泛美开发银行的协定,1959 年 12 月 30 日泛美开发银行正式成立,1960 年 10 月 1 日开始营业,行址设在美国华盛顿。该行的创始成员国包括 20 个拉美国家和美国。截至目前,泛美开发银行成员国共有 48 个,分为 3 类:

①区内出资国:美国和加拿大。

②26 个区内借款成员国,其中阿根廷、巴西、墨西哥和委内瑞拉是主要股东。

③20 个区外成员国。根据该行章程,非本地区成员须是国际货币基金组织的成员,方可加入。

目前,该机构已发展成包括泛美开发银行、泛美投资公司和多边投资基金 3 个机构在内的泛美开发银行集团。泛美开发银行的宗旨:集中各成员国的力量,对拉丁美洲国家的经济、社会发展计划提供资金和技术援助,并协助它们单独和集体为加速经济发展和社会进步作出贡献。

2)泛美开发银行的组织机构

(1)理事会

最高权力机构,由各成员国委派 1 名理事组成,每年举行 1 次会议。理事通常为各国经济、财政部部长、中央银行行长或其他担任类似职务者。

(2)执行董事会

理事会领导下的常设执行机构,由 14 名董事组成,其中拉美国家 9 名,美国、加拿大各 1 名,其他地区国家 3 名,任期 3 年。

(3)行长和副行长

在执行董事会领导下主持日常工作。行长由执行董事会选举产生,任期 5 年,副行长由执行董事会任命。

（4）分支机构

在拉美各成员国首都及马德里和东京设有办事处。

（5）投资机构

①美洲投资公司(Inter-American Investment Corporacion,IDB INVEST)，1989年成立，为美洲开发银行全资附属公司，旨在通过向中小型企业提供融资以促进该地区发展。现有47个成员国，26个为拉美和加勒比地区国家。美洲开发银行自2013年起在该投资公司基础上成立新公司，并于2015年向新公司注资20.3亿美元。其中，各成员国新注资13.05亿美元。

②多边投资基金(Multilateral Investment Fund,MIF)，1993年成立，主要目的是为私营企业创造更好的投资环境，促进其发展，由39个成员国集资建立，由美洲开发银行管理。

（6）拉美一体化研究所

1964年成立，设在阿根廷首都布宜诺斯艾利斯，负责培养高级技术人才，研究有关经济、法律和社会等重大问题，为该行成员国提供咨询。

3）泛美开发银行的资金来源

泛美开发银行的资金来源：成员国分摊；发达国家成员国提供；在世界金融市场和有关国家发放债券。1960年开业时拥有8.13亿美元资金。截至2020年年底，该行总资产为1 767.5亿美元。认缴股份较多的国家有：美国占30.006%，阿根廷和巴西各占11.354%，墨西哥占7.299%，日本占5.001%，加拿大占4.001%，委内瑞拉占3.403%，智利和哥伦比亚各占3.119%。各成员国的表决权依其加入股本的多寡而定。按章程规定，拉美国家表决权在任何情况下不得低于50%。截至2020年年底，中国在美洲开发银行投票权为0.004%，美洲投资公司为5.015%，多边投资基金为3.620%。

4）泛美开发银行的主要业务

提供贷款促进拉美地区的经济发展、帮助成员国发展贸易，为各种开发计划和项目的准备、筹备和执行提供技术合作。银行的一般资金主要用于向拉美国家公、私企业提供贷款，年息通常为8%，贷款期10~25年。特别业务基金主要用于拉美国家的经济发展优惠项目，年息1%~4%，贷款期20~40年。银行还掌管美国、加拿大、德国、英国、挪威、瑞典、瑞士和委内瑞拉等政府及梵蒂冈提供的"拉美开发基金"。

20世纪60—70年代，该行主要为卫生和教育等公共项目提供资金，20世纪90年代起逐渐加大了对私营企业的投资贷款。50多年来，该行的贷款规模增长迅速，为促进拉美经济社会发展发挥了重要作用。

美洲开发银行将社会包容和平等列为优先事项，致力于改善拉丁美洲和加勒比地区的人民生活水平。通过向致力于减少贫困和不平等的国家提供财政和技术支持，帮助改善卫生和教育，并推进基础设施建设。目标是以可持续、气候友好的方式实现发展。

金砖国家新开发银行

金融危机以来,美国金融政策变动导致国际金融市场资金的波动,对新兴市场国家的币值稳定造成很大影响。中国货币波动较小,但是印度、俄罗斯、巴西等国都经历了货币巨幅贬值,导致通货膨胀。而靠 IMF 救助存在不及时和力度不够的问题,金砖国家为避免在下一轮金融危机中受到货币不稳定的影响,计划构筑一个共同的金融安全网。2012 年初金砖五国就提出"金砖国家开发银行"方案,2013 年 3 月,第五次金砖国家领导人峰会上决定建立金砖国家新开发银行。2014 年 7 月 15—16 日,金砖国家领导人第六次会晤在巴西福塔莱萨举行,中国、巴西、俄罗斯、印度和南非等金砖国家财政部长在五国领导人见证下签署了成立金砖国家新开发银行的协议。根据协议,该银行初始核定资本为 1 000 亿美元,初始认缴资本为 500 亿美元并由各创始成员国均摊。该银行总部设在中国上海,2015 年 7 月 7 日,在金砖国家领导人第七次会议召开前夕,金砖国家新开发银行在莫斯科举行了首次理事会会议,以完成正式运营前的组织准备工作。在本次会议上,来自印度的瓦曼·卡马特被任命为首任银行行长,任期 5 年。之后将按巴西、俄罗斯、南非、中国的顺序轮流产生。会议上还产生了成员国驻银行董事会的代表名单。2015 年 7 月 21 日,金砖国家新开发银行在上海正式开业。

金砖国家新开发银行主要资助金砖国家以及其他发展中国家的基础设施建设,对金砖国家具有非常重要的战略意义。巴西、南非、俄罗斯、印度的基础设施缺口很大,需要共同的资金合作。金砖国家新开发银行不只面向 5 个金砖国家,而是面向全部发展中国家。作为金砖成员国,可能会获得优先贷款权。金砖国家新开发银行拓展了中国和金砖国家在合作方面新的空间,作为金融合作方面的一个具体体现,金砖国家新开发银行建立之后,会不断拓展金砖国家合作新的空间。同时,它也代表着金砖国家在金融合作方面新的进程。

11.4.5　亚洲基础设施投资银行

1)亚洲基础设施投资银行的建立与宗旨

亚洲基础设施投资银行(Asian Infrastructure Investment Bank,AIIB),简称"亚投行"是一个政府间性质的亚洲区域多边开发机构。亚投行成立的宗旨是通过在基础设施及其他生产性领域的投资,促进亚洲经济可持续发展、创造财富并改善基础设施互联互通;与其他多边和双边开发机构紧密合作,推进区域合作和伙伴关系,应对发展挑战。亚投行是首个由中国倡议设立的多边金融机构,总部设在北京,法定资本 1 000 亿美元。截至 2021 年 12 月,亚投行成员国达到 103 个。

2015 年 12 月 25 日,亚洲基础设施投资银行正式成立。2016 年 1 月 16 日至 18

日,亚投行开业仪式暨理事会和董事会成立大会在北京举行。楼继伟被选举为亚投行首届理事会主席,金立群当选亚投行首任行长。

2)创立背景

在区域层面上,亚投行建立的主要背景是亚洲基础设施落后。亚洲经济占全球经济总量的1/3,是当今世界最具经济活力和增长潜力的地区,拥有全球六成人口。但因建设资金有限,一些国家铁路、公路、桥梁、港口、机场等基础建设严重不足,这在一定程度上限制了该区域的经济发展。

在区域层面上,各国要想维持现有经济增长水平,内部基础设施投资至少需要8万亿美元,平均每年需投资8 000亿美元。8 000亿美元中,68%用于新增基础设施的投资,32%是维护或维修现有基础设施所需资金。现有的多边机构并不能提供如此巨额的资金,亚洲开发银行和世界银行也仅有2 230亿美元,两家银行每年能够提供给亚洲国家的资金大概只有200亿美元,都没有办法满足需求。由于基础设施投资的资金需求量大、实施的周期长、收入流不确定等的因素,私人部门大量投资于基础设施的项目是有难度的。

在国家层面上,亚投行建立的主要背景是中国进入“新常态”。中国已成为世界第三大对外投资国,中国对外投资2012年同比增长17.6%,创下了878亿美元的新高。而且,经过30多年的发展和积累,中国在基础设施装备制造方面已经形成了完整的产业链。同时,在公路、桥梁、隧道、铁路等方面的工程建造能力在世界上也已经是首屈一指。中国基础设施建设的相关产业期望更快地走向国际。但亚洲经济体之间难以利用各自具备的高额资本存量优势,缺乏有效的多边合作机制,缺乏把资本转化为基础设施建设的投资。

3)治理结构

亚投行的治理结构分理事会、董事会、管理层3层。理事会是最高决策机构,可根据亚投行章程授权董事会和管理层一定的权力,每个成员在亚投行有正副理事各1名。董事会有12名董事,其中域内9名,域外3名。管理层由行长和5位副行长组成。董事会由理事会选举的总裁主持,负责对日常事务的管理决策;银行总部下设银行各主要职能部门,包括综合业务部、风险管理部等,分别负责亚投行日常业务的开展。运行后的亚投行将是一个政府间性质的亚洲区域多边开发机构,按照多边开发银行的模式和原则运营,重点支持亚洲地区基础设施建设。

亚投行业务定位为准商业性。初期亚投行将主要向主权国家的基础设施项目提供主权贷款。针对不能提供主权信用担保的项目,引入公私合作伙伴关系模式。亚投行也会通过成立一些专门的基金进行投融资进而保证资金规模。亚投行也将考虑设立信托基金,通过亚投行和所在国政府出资,与私营部门合理分担风险和回报,动员主权财富基金、养老金以及私营部门等更多社会资本投入亚洲发展中国家的基础设施建设。

亚投行法定股本为1 000亿美元,域内成员和域外成员的出资比例为75∶25,域内外成员认缴股本参照GDP比重进行分配,并尊重各国的认缴意愿。按照协定规定的原则计算,中国以 297.804 亿美元的认缴股本和 26.06% 的投票权,居现阶段亚投行第一大股东和投票权占比最高的国家。印度、俄罗斯分列第二、第三大股东。

4)业务类型

根据协定,亚投行的业务分为普通业务和特别业务。普通业务是指由亚投行普通资本(包括法定股本、授权募集的资金、贷款或担保收回的资金等)提供融资的业务。特别业务是指为服务于自身宗旨,以亚投行所接受的特别基金开展的业务。两种业务可以同时为同一个项目或规划的不同部分提供资金支持,但在财务报表中应分别列出。

5)多方态度

亚投行虽名为"亚投行",其创始成员却遍及亚洲、欧洲、非洲、南美洲和大洋洲,中国这一倡议获得了全球认可,掀起了一股"亚投行热"。纵观亚投行诞生过程,中美外交"暗战""交锋""对决"等说法,频现于各大媒体。而各方受内政外交因素影响,加入亚投行的决策过程各异。亚投行倡议的成功实现,成为标志性事件,最终结果也显示出各方对于中国合作共赢理念的认同。

本章主要内容概要

技能训练

1. 中国一汽集团公司打算研发一种新的技术来提高其汽车的国际竞争力。假设现在有机会向国际金融组织借款,那么中国一汽集团公司比较适合向国际货币基金组织、世界银行、国际金融公司、国际开发协会、国际清算银行中的哪家提出贷款申请?

2. 浙江丝绸股份有限公司重点生产丝巾、睡衣、床品、家居服等产品。每年出口额 5 000 万美元,最近公司通过调研了解到纱丽在印度、巴基斯坦、孟加拉国、斯里兰卡都有很大的潜在市场,公司试生产了一批,反映很好。所以公司准备大批量生产。但传统的机械不能够批量生产,必须从意大利或日本进口一批印染机械设备,大概需要外汇资金 800 万美元。

(1)浙江丝绸股份有限公司可以考虑向(　　　　)申请贷款。
    A. IMF　　　　　　B. IBRD　　　　　　C. IDA　　　　　　D. IFC
(2)IFC 发放贷款(　　　　)。
    A. 需要政府机构担保　　　　　　B. 不需要政府机构担保
    C. 对象是会员国的国有企业　　　　D. 对象是会员国的私人企业
(3)IFC 贷款利率(　　　　)。
    A. 含有赠与成分　　　　　　　　B. 不含有赠与成分
    C. 按照市场利率　　　　　　　　D. 有援助成分
(4)IFC 发放贷款考虑的因素有(　　　　)。
    A. 借款企业资本金的大小
    B. 借款企业使用贷款所产生的潜在效益
    C. 借款企业所属国家在 IFC 认缴的股本额
    D. 借款企业使用贷款生产产品在国际市场有无销路
(5)IFC 的贷款需向其提供(　　　　)。
    A. 信用担保
    B. 物权担保
    C. 抵押担保
    D. 浮动抵押(有形资产、无形资产全部抵押给贷款人)

案例分析

案例分析1

IMF 拒绝委内瑞拉抗疫援助贷款请求

2020 年 3 月 17 日,委内瑞拉总统尼古拉斯·马杜罗向 IMF 总裁克里斯塔利娜·格奥尔基耶娃致函,请求援助:"委内瑞拉政府正采取多项预防性措施,并竭尽全力执行彻底、严格的控制措施保护委内瑞拉人民。因此,我方请求您的组织评估,能否批准利用快速融资工具的应急基金渠道,授予委内瑞拉 50 亿美元融资。"

IMF 一名发言人发表声明:"可惜,(国际货币)基金无法考虑这一请求。如我们先前所说,IMF 参与各会员国项目必须以国际社会对国家官方政府的承认为依据……当前(委内瑞拉政府所获)承认不清晰。"

马杜罗在 2018 年总统选举后宣布赢得连任,但以时任委内瑞拉国会议长胡安·瓜伊多为首的反对派指责马杜罗阵营舞弊,选举无效。美国以及欧洲、拉丁美洲的部分国家不承认马杜罗政府,支持瓜伊多出任委内瑞拉领导人。美国借经济制裁、外交孤立、军事威胁等手段试图逼迫马杜罗下台。

思考:IMF 2011 年设立快速融资工具,作为一次性、短期贷款工具,旨在帮助低收入国家纾解自然灾害等突发事件冲击。一国可申请的援助额度以该国给 IMF 缴纳的"份子钱"数额为上限,委内瑞拉的额度大约为 50 亿美元。IMF 拒绝的理由是"当前委内瑞拉政府所获承认不清晰"。你认为还有其他原因吗?

案例分析 2

阿根廷政府和国际货币基金组织达成一项 3 年期的备用贷款协议

2018 年 6 月 9 日,阿根廷政府和国际货币基金组织达成一项 3 年期的备用贷款协议(SBA)融资协议,总额为 500 亿美元。

对阿根廷来说,这 500 亿美元可谓"救命钱"。2018 年以来,国内脆弱的经济状况叠加美元走强带来的影响,阿根廷比索一泻千里,年内兑美元跌幅达 25%。为了化解危机,阿根廷央行曾在 8 天内连续加息 3 次,将基准利率从 27.25% 升至 40%,并大量抛售美元。暂时稳住阵脚后,阿根廷政府于 5 月 8 日向 IMF 寻求援助。

需要注意的是,500 亿美元协议要正式生效,还需获得 IMF 执行委员会投票通过。阿根廷目前的问题不仅仅是汇率大幅度下跌,同时还有大规模的债务违约,外汇储备很少,贫困人口增多。

思考:

1. 如果你是 IMF 执行委员会成员,你会同意这份协议生效吗? 为什么?

2. 如果同意,你会给阿根廷提出什么样的条件呢?

案例分析 3

助力中国有效治理荒漠化

1. 挑战

中国受到荒漠化的严重影响,国土面积的 1/4 以上面临荒漠化的挑战。荒漠化既有自然的原因,比如气候变化,也有人为的原因,比如植被减少、过度放牧和水资源耗竭。在中国,人为的问题是最普遍的,而气候变化则有可能加剧这些问题。

在地处中国西北部的宁夏回族自治区,沙漠扩侵是一项历史性挑战,过度放牧导致许多沙丘丧失了保护性的植被,变成了流动沙丘。截至2010年,宁夏沙化土地面积为297公顷,超过全区土地总面积的57%,全区300多万人饱受风沙危害之苦。

荒漠化也严重影响宁夏的农业生产,降低土壤肥力,农田和基础设施随时有可能被风沙掩埋。其影响远在千里之外都能感受到。土地退化使得大量泥沙流入黄河,降低了水质,加大了下游的洪涝风险,而沙尘暴也影响到中国北方越来越多的地区。

2. 方法

2010年,宁夏自治区政府要求世界银行帮助提升荒漠化防治和补救措施的效益,从而形成了世行贷款宁夏荒漠化防治和生态保护项目。

这个项目缓解了宁夏受荒漠化影响最严重的部分县市的资金缺口,使其能够扩大试点活动的规模。此外,项目推广先进技术,采取经过改进的生态恢复方法,种植多种本地原生草本植物和灌木,更有效地防治荒漠化,与此同时也增强了生态系统的韧性。

虽然这个投资项目只针对宁夏部分地区的荒漠化问题,但世界银行的支持也对其他地区产生了显著影响,通过项目的创新和示范作用影响到后续的政府项目。

3. 成果

宁夏荒漠化防治和生态保护项目的实施期为2012—2020年。项目通过恢复植被和固沙措施,保护了宁夏部分地区的农田和基础设施,并产生了更广泛的影响,比如有利于减少流入黄河的泥沙量,减少影响中国北方地区的沙尘暴天气。此外,增加植物多样性,在景观层面促进生物多样性主流化,促使土地退化趋势得到扭转,有助于增强生态系统的韧性。项目取得的更多具体成果如下。

通过修复植被和促进植被自然恢复等措施,治理退化土地32 351公顷。

项目区土地退化趋势得到扭转,植被覆盖面积增加了28%,植物多样性得到提高,形成生物土壤结皮使得土质得到改善(生物结皮是地衣、藻类、苔藓、微细菌等与土壤砂砾黏结形成的复合物,有助于保持水和营养)。

为政府官员、项目工作人员和当地农民提供培训,提高了土地管理能力,推广项目开发的新技术,从而使恢复植被工作中的造林成活率超过70%,比项目前至少提高5%。

造林、植被的管护和巡检工作为8 158人提供就业,工资收入使得人均收入增加约相当于每年2 300美元。中卫市农户3 809人参加多功能灌木种植试点,种植钙果和枸杞2 134公顷,有望获得更长期的收益。这些项目活动带来的人均收入相当于每年1 700~2 400美元,根据不同的作物类型,随着果树生长,水果产量和农民收入都有望增加。此外,受到禁牧影响的农户4 700多人获得了农业机械和其他生产资料,帮助他们实现生计转型。

截至项目关账日,据估计碳汇总量超过8.8万吨,并随着植被生长有望大幅增长。

由于植被增加,风蚀现象减弱,据估计年土壤保持量达到3 396吨。

建立防护林2 455公顷,保护农田3 800公顷、建设公路铁路等基础设施514千米。

通过减少泥沙流入使黄河得到保护,据估计节约清淤费用相当于 2 亿美元。在三个最大的项目县,每年沙尘天气的天数从 12.4 天减少到了 9.1 天。

4. 世界银行贡献

国际复兴开发银行给项目提供贷款 6 850 万美元。世行也带来了多年来在中国开展林业项目的经验,并引进了恢复植被和修复退化土地的全球知识与良好实践,如采取减少水土损失的创新性造林措施,选择耐干旱树种,设计和推广显著提高成活率的生态敏感型造林模式等;项目推行树种多样化,在景观层面促进生物多样性主流化,从而增强了生态系统的韧性。项目开发的技术继续对中国各地乃至其他抗击荒漠化的国家的干旱土地治理产生积极影响。

5. 合作伙伴

生态友好型荒漠化防治始终是宁夏自治区政府发展战略的核心重点。因此,自治区政府坚定地致力于这个项目,各级政府有关部门和项目管理办公室与世行项目团队密切配合,确保项目的顺利实施。尤其是项目机构为克服项目区恶劣的自然条件(降雨量有限,土壤营养贫瘠)付出了巨大的努力,通过设计新型和改进型技术措施,开发耐旱性植被恢复模型,对项目取得成功发挥了至关重要的作用。

6. 今后工作

在宁夏回族自治区“十四五”规划中,荒漠化防治仍是一项关键优先重点。项目获得的经验将继续为相关的政府项目和计划提供参考。项目的技术开发成果(包括树种选择和种植方法等)对中国国家层面以及其他受荒漠化影响国家的干旱土地管理产生了更广泛的影响。项目经验被纳入围绕荒漠化治理的外国代表团和国际研讨会的考察和培训内容。作为后续项目,欧洲投资银行贷款黄河流域沙化土地可持续治理项目也采纳了世行项目开发的造林模型和技术。

7. 受益人

王文清是灵武县的农民,他说:“以前这个地方一片沙漠,风沙迷得人眼睛都睁不开。”他和其他村民都参加了治沙造林工作。如今,他种植销售温室沙漠韭菜。“我有 4 个温棚,一年收入十几万元。”王文清说。

思考:

1. 结合案例给出的材料,分析讨论怎样全面正确地评价项目效果。

2. 试分析政府行为在项目中的作用。

视野拓展

布雷顿森林会议,让美元成为世界货币,“镀金”的美元给第二次世界大战后的全球贸易发展带来了蓬勃发展的动力,同时,也为固定汇率制的崩溃埋下了伏笔。推荐观看中央电视台纪录片《资本的故事》之《镀金的美元》。

参考文献

［1］卢永忠,李翠君. 国际金融［M］. 2 版. 重庆:重庆大学出版社,2009.

［2］张宗英,纪建新. 国际金融实务［M］. 2 版. 北京:对外经济贸易大学出版社,2017.

［3］只井杰. 国际金融理论与实务［M］. 北京:北京邮电大学出版社,2013.

［4］潘海红,黄光明. 国际金融实务［M］. 北京:清华大学出版社,2012.

［5］刘金波. 国际金融实务［M］. 2 版. 北京:中国人民大学出版社,2013.

［6］杜敏. 国际金融实务［M］. 2 版. 北京:对外经贸大学出版社,2015.

［7］刘舒年,温晓芳. 国际金融［M］. 5 版. 北京:对外经济贸易大学出版社,2017.

［8］李敏. 国际金融实务［M］. 3 版. 北京:中国金融出版社,2019.

［9］李翠君. 国际金融实务［M］. 5 版. 重庆:重庆大学出版社,2019.

［10］田文锦,杨桂苓. 国际金融实务［M］. 3 版. 北京:机械工业出版社,2019.

［11］刘玉操,曹华. 国际金融实务［M］. 6 版. 大连:东北财经大学出版社,2021.

［12］李翠君. 国际金融［M］. 4 版. 重庆:重庆大学出版社,2021.